KB006767

학원에서는 절대 알려주지 않는

사교육의 함정

이현택 지음

마음
상자

학원에서는 절대 알려주지 않는
사교육의 함정

초판 1쇄 발행 2013년 1월 10일
지은이 이현택
펴낸이 박숙향
펴낸곳 마음상자
총괄 · 진행 김석일
기획 · 마케팅 홍성근
편집디자인 박은정
교정교열 김정미
신고번호 제251000-2011-322호

주소 서울특별시 마포구 성산동 239-9 중산빌딩 402호
대표전화 02)322-0465 **팩스** 02)322-0466
문의메일 kotra001@naver.com
ISBN 978-89-97737-04-8 03370

Copyright©이현택 2013 (저작권자와 맺은 특약에 따라 검인을 생략합니다)

이 책은 저작권법에 따라 보호받는 저작물이므로 무단전재와 무단복제를 금지하며, 이 책 내용의 전부 또는 일부를 이용하려면 반드시 저작권자와 마음상자의 서면동의를 받아야합니다.

* 책값은 뒷표지에 있습니다. 잘못된 책은 바꾸어 드립니다.

지은이 소개

이현택 _명덕외고 영어과 및 연세대 경영학과 졸업. 대학 시절부터 학원강사 겸 상담선생님으로 활동했으며, 대형 논술 업체의 논술경시대회 채점 및 첨삭을 맡기도 했다. 현재는 중앙일보 기자이다. 한국기자협회 재능기부 저널리스트 멘토로 활동하는 한편, 자기소개서와 커리어 관리, 면접법에 대해 강의를 하고 있다. 숙명여대, 이화여대, 고려대, 세종대, 영락고, 진선여고, 송곡여중 등에서 특강을 했으며, 유엔환경계획(UNEP) 세계어린이청소년환경회의(2009년)와 EBSi '글쓰기 고수 비밀특강' (2012년)에서 강사로 활동했다. (공)저서에는 『입학사정관제 족집게 특강(상상공간)』, 『자기소개서 잘 쓰는 법(21세기북스)』, 『대한민국 20대, 스펙을 높여라(비즈니스맵)』 등이 있다.

공동연구(가나다 순)

권지용 _연세대 전기전자공학과 석박사통합과정 수료. TND인재개발연구회장대외활동 운영진. 『입학사정관제 족집게 특강(상상공간)』 스펙편 공저자.

조현우 _연세대 정치외교학과 졸. 현 SBS 미디어크리에이트. 전 취업카페 스펙업

조영석 _컬럼비아대 치과대학원 박사(DDS). 현 컬럼비아대 치과병원.

유용수 _서울대 대학원 경영학과 석사. 현 타워스 왓슨 선임컨설턴트. 『합격하셨습니다(북폴리오)』 공저자.

오경묵 _경희대 언론정보학과 졸. 현 뉴스1. TND인재개발연구회 부회장

이창엽 _고려대 전기전자공학부 졸. 현 현대자동차. 『국가대표 공학도에게 진로를 묻다(생각의 나무)』 공저자.

김태호 _경희대 화공 · 언론정보 졸. 부산일보 주최 전국 대학생 토론대회 우승. 현 한국경제 기자. 『언론고시 하우 투 패스(커뮤니케이션북스)』 공저자.

백재영 _성균관대 경영학과 졸. 현 삼성카드 재직.

김진아 _인하대 언론정보학과 졸. 불교방송 '고성국의 아침저널' 작가.

사교육 없애자,
학벌 타파하자 하는데…

"왜 사교육인가."

흔히들 공교육의 희망, 사교육 없는 세상을 말한다. 말하기는 쉽다. 하지만 현실은 어떤가. 외고 폐지를 외치는 윗분(?)들의 자녀가 특목고에 가고, 조기유학을 가고, 고액 학원에 다니는 것이 현실이다. 외신에서는 "한국의 가정은 자녀를 명문대에 보내기 위해 존재한다"는 말까지 한다. 대치동 학원가에서는 자녀가 국영수 등 주요과목 수업을 듣는데 시간이 없어, 부모가 '사이드 과목' 수업을 대신 듣고 노트필기를 전해준다는 웃지못할 이야기까지 있다. 하지만 비(非) 대치동 지역의 학원은 거의 죽었고 그 자리를 인강(인터넷 강의)이 차지했다. 인터넷 강의가 내용이 좋고, 유명 강사가 해서 듣는 것일까? 그것은 대치동에서 자녀를 키운 윗분들이 위로를 위해 던지는 말이다. 분당 지역의 한 영어 강사는 "경기 침체로 학원비를 낼 돈이 없어 인강으로 전환한 학생이 많다"는 이야기를 한다. 맞벌이를 해도 전셋값 폭등으로 견디기 힘든 와중에, 누가 자녀를 학원마다 픽업해주고, '사이드 과목' 수업을 대신 듣는단 말인가. 게다가 2008년 이후 지속적인 경기 침체로 인해 학원을 다니는 것 자체가 어려워졌다. 이런 상황이 대치동을 제외한 분당, 목동, 노원 등의 학원 상권이 죽어가고 있는 이유이다.

비 대치동 지역에서 학원이 고사한 대표적인 이유로 이명박 정부의 학원 죽이기가 꼽힌다. 이명박 정부와 비교했을 때 김대중, 노무현 정부는 '학원가의 르네상스' 같은 시기였다. 김대중 정부는 수능이라는 단순한 잣대로 학생을 평가했다. 줄세우기라는 논란이 있었지만, 적어도 '가난한 집에서 큰 똑똑한 자녀'에게는 최고의 정책이었다. 죽어라 공부만 하면 적어도 '인서울대(서울시 내에 있는 대학을 말한다)'는 물론이고, SKY 대학(서울대, 고려대, 연세대)도 그리 어렵지 않게 들어갈 수 있었다. 그 덕에 학원도 비교적 순탄하게 운영됐다. '이해찬 세대' 논란이 있었지만, 노무현 정부 시절 역시 학원 운영에 큰 어려움은 없었다.

하지만 이명박 정부 들어서 밤 10시 이후에 학원 영업을 할 수 없도록 규제하고 사회·과학탐구 선택과목을 10여 개로 늘려 사교육 자체를 불가능하게 했다. 이 때문에 동네별로 있던 소규모 그룹 학원들이 거의 대부분 사라졌다. 이에 반해 대형 프랜차이즈 학원들은 오히려 가격을 올렸다. 일부 과목별 전문학원은 수준별 레벨을 다양화해 수익을 극대화하는 전략에 들어섰다.

이 때문에 오늘날 학원비는 뉴욕의 물가를 뛰어넘는 수준으로 올랐다. 대치동에서 국어 강좌가 한 달에 30만원이고, 목동에서 법과사회 첨삭

지도가 50만원에 육박하는 시기가 됐다. 김영삼, 김대중 정부 시절 국영수는 과목별 월 7만원 정도로 꾸준히 공부하고, 고3 정도에 사회·과학탐구 방학특강(당시 30만~40만원 수준) 한 번만 들으면 됐던 것과는 단위 자체가 다르다. "엄마가 파출부 해서 너 키웠어"라는 말은 이제 성립하지 않는다. 사교육비 총액도 10조를 훌쩍 넘었다. '강남 정권', '부자 정부' 등의 비난을 의식한 이명박 정부의 교육 정책이 역설적으로 비 강남 지역 학부형들에게 폭탄으로 돌아온 것이다.

 학부형들은 "그렇다고 학원을 안 보낼 수도 없다"고들 한다. 그렇다면 결론은 하나다. 한정된 재원에서 학원을 가장 싸고, 효율적으로 보내는 것이다. 보통 아이를 대학까지 키우는데 2억 5000만원 정도의 교육비가 든다는 이야기를 한다. 최근 10년 사이에 2배 이상으로 오른 것이다. 이 비용을 1억원 이하로 만들기 위한 내용을 집약해 만든 것이 바로 이 책이다. '서민 가정에서 약간의 무리를 하더라도, 현실에 맞는 교육비를 투자하여 자녀를 명문대에 보내는 사교육의 왕도(王道)'가 바로 이 책의 주제이다. 이를 위해 이 책에서는 학원에서 사용하는 상담 기법, 마케팅 기법에 대한 분석을 다뤘다. 어떻게 학원비가 책정되는지, 방학 때 돈을 더 걷어내기 위해 어떤 꼼수를 쓰는지 등을 분석했다.

또한 필자는 집필 과정에서 비(非) 대치동, 비(非) 부유층, 비(非) 우등생이라는 3대 전제를 유념했다. 이 중 하나라도 만족한다면 굳이 이 책을 볼 필요는 없다. 대치동에 살거나 돈이 많으면, 돈을 많이 들여 초특급 강사를 써서 사교육을 시키면 된다. 또, 애가 천재면 사교육이 무슨 필요인가. 소위 'EBS만 보고 대학갔다'는 학생들이 있는데, 그런 학생은 그냥 놔둬도 대학 잘 간다.

이 책에서는 학원을 보내지 않고도 서울대를 보낸 어머니의 이야기, 학원에 의존하던 아이를 자기주도형 학습자로 만들었다는 이야기 등 '꿈에서나 볼 수 있는 이야기'는 없다. 그런 아이는 그냥 신경 안 써도 명문대에 갈 수 있다. 이 책은 부모의 지속적인 관심과 올바른 학원 선택으로 자녀의 대학이 '수도권'에서 '인서울'로, '인서울'에서 'SKY대학'으로 바뀔만한 자녀를 둔 일반 서민들을 위한 책이라 할 수 있다. 장관, 교육감 자녀도 외고에 가고 조기유학을 떠나는 판에 '평민' 자녀가 무슨 '자기주도학습'인가. 일선 교사들께는 죄송하지만 이게 현실이다.

필자는 한 평생을 사교육의 현장에서 '살아' 왔다. 기자가 되기 전까지 20여 년을 학원을 운영하시는 아버지의 곁에 살았다. 많은 학생들의 성공과 실패 사례를 두 눈으로 지켜보고, 또 조언해 왔다. 기자가 된 이후에는 유엔환경계획(UNEP) 세계 어린이 청소년 환경 회의 강사로 활동하고, EBS에서 '글쓰기 고수 비밀특강' 강의를 하는 등 다양한 교육 활동을 하면서 '사교육 대란'의 대안을 찾아왔다. 그 결실이 이 책이라 할 수 있을 것이다. 중고교 시절 학원 프린트를 제작하고 강의 베타테스팅을 했던 경험, 대학 이후 상담 선생, 학원 강사로 활동했던 경험을 바탕으로 사교육비 절감 노하우 모두를 담았다.

이 책을 쓰기까지 많은 선·후배, 동료들의 가르침과 도움을 받았다. 특히 필자와 함께 학원에서 호흡하며, 필자를 키워주신 아버지께 감사드린다. '목동 학원강사 사관학교장'이라는 별명의 아버지는 필자에게 학원

현장에서 20여 년 호흡할 수 있게 해 준 바탕이 됐다. 중고교 시절 필자에게 아버지는 각종 강좌를 런칭하기 전 베타테스트를 했다. 베타테스트 강의의 수강생은 필자 하나였고, 한 달 간의 강의를 통해 필자는 강의의 방향과 수험 적합성 등에 대해 아버지(원장), 담당 강사와 3각 토론을 펼치기도 했다. 대학 진학 이후에는 아버지와 학원 교습법에 관한 꾸준한 토론을 벌이기도 했다. 이 책의 내용 중 상당 부분은 아버지의 영향에서 비롯되었다.

집필 전 서베이를 함께 진행한 오경묵(뉴스1)의 도움 역시 빼놓을 수 없다. 또한 자신의 공부방법을 직접 전해주며 책의 방향을 함께 고민해 준 장은호 변호사(김앤장 법률사무소), 조현우 선생(SBS 미디어크리에이트), Mnet 김태민 PD, 김태호 기자(한국경제), 권지용 연구원(연세대 전기전자공학과 석박사통합과정) 등의 헌신적인 노력에도 감사를 표한다. 특히, 아이비리그와 국내 교육과정을 비교하며 집필 방향을 조언해 준 필자의 명덕외고 동기 조영석(컬럼비아대 치과대학원 박사), 본인의 공부 노하우와 사교육 경험을 알려준 동창 유용수(타워스 왓슨 선임 컨설턴트)에게도 깊은 감사를 전하고 싶다. 김종윤 에디터, 정재홍 팀장을 비롯한 필자의 중앙일보 선배들께도 감사의 인사를 드린다. 또한 필자의 집필에 많은 아이디어를 준 박종미, 박경호, 김영민, 송지영, 김소민, 심새롬, 심규창, 민경원, 하선영에게도 고맙다는 말을 전하고 싶다. 논란의 여지가 적지 않은 책인데도 흔쾌히 법률 검토를 맡아 주신 양지열 선배(법무법인 가율 대표변호사)께도 감사드린다.

학벌 사회 타파라는 이야기를 한다. 사교육은 없어져야 한다, 한국 사회의 고질적인 학벌주의가 문제라는 등의 이야기도 한다. 필자 역시 그런 문제를 모르고 이 책을 쓴 것은 아니다. 하지만 많은 재산을 가지고 있거나 자녀에게 물려줄 사업체를 가지고 있지 않다면 희망은 자녀가 명문대에 진학해 주는 것뿐이다. 그래서 최소한의 비용으로 명문대를 보내기 위해 이 책을 썼다. 고생 변변히 안 해본 '식자층', '강남 좌파' 들의 비판은 사절한다. 들을 가치도 없다. 그럴 시간에 가난한 집 학생 하나라도 더 지도하고 싶은 생각이 간절하다.

2012년 10월
서울 목동에서
이현택 씀

왜 사교육인가' : 사교육 없이 대학 못 가는 진짜 이유

 아직까지 우리나라는 '사교육 공화국'이다. 사교육 없이 명문대에 가기는 하늘에 별따기 보다 어렵다. 사교육비를 절약하기 위한 책을 쓰는데, 서문에 "사교육은 꼭 필요하다"는 이야기를 하려니, 이런 어폐가 어디 있나 싶지만 엄연한 사실이다. 이는 평범한 집에서 태어나 반에서 5~15등 쯤 하는 아이들을 대상으로 하는 이야기다. 교과서만으로도 전교 10등 이내에 드는 학생들은 부모가 신경을 쓰지 않아도 좋은 대학에 잘만 가거니와 이런 책을 볼 필요도 없을 것이다.

'사교육 없는 1등'…믿고 싶지만 절대 따라하지 말자!

 평범한 아이들은 학원을 다녀야 비교적 수월하게 대학을 갈 수 있다. 실력보다 그나마 나은 대학을 갈 확률도 높아진다. 학원 강사도, 학부모도, 학생 자신도 그 사실을 안다. 하지만 '사교육 전문가'라는 사람들은 모른다. 그들은 자신들만의 논리를 내세워 "당장 다니고 있는 학원을 끊으라"고 한다. 학원을 끊어야 아이가 행복해지고, 1등 공부법을 '장착'할 수 있다고 한다.

 정말일까? 당신의 상식이 스스로에게 이야기하듯이, 그 말은 사실이 아니다. 하지만 많은 어머니들은 이런 감언이설(甘言利說)에 스스로를 최면시킨다. 마구잡이 가이드북, 각종 엄마들, 상담 강사들이 나서 너도나도 사교육의 왕도를 논한다. 일부는 "학원을 무조건 끊으라"며 나름의 공부법을 제시한다. "국사는 암기보다 이해해야 한다"는 식의 말도 안 되는 이야기를 뿜어낸다. 외워야 이해를 하지 않을까. 지문으로 나온 비석이 뭔지도 모르는데 무슨 이해를 하겠는가. "영어의 핵심[精髓]은 리스닝(듣기)"이라는 말도 있다. 그럼, 듣기 70% 맞고, 독해를 반 틀리는 우리 아들은? 수능 감각도 없는 엄마들이 아이 망친다는 이야기가 여기서 나온다.

분명히 이런 책 읽고 잘 됐다 싶어 학원 끊었다가 "분명 자기주도적으로 독학하면 고3때 빛을 발한다고 했는데…"라는 말과 함께 아이가 고3이 된 뒤에도 성적이 오르지 않아 부랴부랴 학원을 찾을 것이다. 그러면 이런 아이들만 기다리고 기다리던 학원장의 좋은 먹잇감이 된다. 절박한 심정인데 돈 몇 백만원이 대수랴. 이렇게 거액이 투자된다. 수능을 잘 본다면 다행이지만 상당수는 1년 더 해야 한다. 이제는 몇 천만원 수준의 돈이 들어간다. 한 번 더 도전하면 삼수다. 재수를 하지 않고 성적에 맞춰서 간다면 편입의 문턱에서 사교육비가 들어가거나, 그 학교를 다니다가 취업에 애를 먹는 경우도 많다.

안타까운 결과지만 대부분이 겪는 현실이다. 하지만 사교육 관련 책 좀 쓰신다는 '선생님' 중 아무도 이런 이야기를 하지 않는다. 자신의 영역이 줄어드는 이야기를 굳이 꺼낼 필요 없기 때문이다. 사교육 방지 전도사로 강연 다녀야 하는데, 어느 누가 "필요한 과목은 학원을 반드시 다녀야 한다"는 이야기를 하겠나. 욕 먹을 각오로 쓴 이 책의 의도는 '올바른 사교육 왕도'를 알고 급한 마음에 학원장들에게 휘둘리지 말기를 바라는 마음에서 시작됐다.

독학 위주의 '자기주도학습'을 하면 명문대갈까?

필자가 읽었던 교육 서적의 한 구절 중에, "사교육은 항생제와 같아서, 계속 맞으면 아이를 망친다"는 이야기가 있었다. 의사 처방을 받았더니 아이가 더 아팠다는 이야기를 비유로 들이댄다. 항생제 격인 학원을 끊고, 스스로 면역력을 길러줘야 한다는 것이다. 하지만 아플 때 의사 처방을 받지 않고 항생제을 맞지 않으면 사망할 수도 있다.

현실적으로 학교에서 새는 학생[1]이 학원에 다니게 된다. 학교에서 제대로 못 배웠으면 강제로라도 가르쳐야 한다. 주입식 교육이라도 해야 한다. 전인 교육, 암기식이 아닌 교육이라고? 한가한 소리다. 애 하나 바라보고 몸이 부서져라 일하는 부모에게 할 말인가. 물론 10년, 20년이 지난 뒤 우리나라 교육 현실이 전인 교육의 장이 되고, 토론과 학문 탐구가 정착된다면 모를까, 현행 '입시지옥'에서 서민 가정에 할 소리는 아니다. 혼내서라도 무조건 성적을 높여야 한다. 대학에 잘 가게 되면 부모의 마음을 이해하다. 비뚤어질 뻔 했는데 잡아줘서 고맙다는 말을 한다.

---

1) 공부를 잘해서 선행학습을 위해 학원을 다닌다면 얼마나 좋을까. 이런 경우의 학부형들은 '항생제론'에 휘둘리지 않을 것이기에 별도의 언급은 생략한다. 적절한 선행학습은 향후 고교 과정에서의 이해를 높이는 것은 물론 꾸준히 우등생 성적을 유지하게 해 주는 역할을 한다. 선행학습의 방법에 대해서는 추후 설명하기로 한다.

많은 교육서적에서 말하는 잘못된 논리 중 하나가 '자기주도학습=독학'이라는 편견이다. 필자의 은사이기도 한 현직 특목고 선생님은 "자기주도학습은 결코 혼자 공부하는 것이 아닌데 많은 학생들이 혼자서 모든 공부를 하겠다는 이야기를 외워오는 것 같다"고 말했다. 자기주도학습은 학교에서 배운 것을 예·복습하는 과정에서 스스로 원리와 풀이방식을 숙지하고, 더 나아가 대학 입시까지 수학(修學) 능력을 발전시키는 과정이다. 결코 선생님 없이 혼자서 모든 것을 풀어나가는 것이 아니다. 상식적으로 교육청과 학교 교육 현장에서 "혼자서 다 공부하라"고 할 리가 없지 않나.

　역으로 생각해 보자. 그러면 학교에서 공부를 안 하고, 집중력이 떨어지는 학생은 어떻게 하면 될까? 학원을 다녀야 한다. 물론 학교에서 그 학생을 챙겨주고, 집중 코치를 해 준다면 사교육 같은 것은 필요 없다는 말이 나오겠지만, 현실은 그리 녹록지 않다. 2012년 6월 11일자 한겨레신문 11면을 보면 바로 알 수 있다. 아파도 쉴 틈을 주지 않고, 가르치는 방법의 변화 없이 무작정 경쟁만 시키는 '기숙형 고등학교'의 문제점을 단적으로 보여준다. 다 같이 독학하고 기숙사에 들어가려고 피터지게 시험 보는 사이, 똑똑한 부모는 조용히 학원 보내고 자녀 학습 계획을 세운다. 누가 더 대학 잘 가는지 3년 뒤면 결과가 나오고, 전문가들은 뻔히 그 답을 알고 있다.

사교육은 필요악… '싸게 가르치는' 혜안이 필요

1983년생들은 흔히 '이해찬 세대'라고 불린다. 중3이던 이 학생들에게 이해찬 당시 교육부장관이 "한 가지만 잘 해도 대학에 잘 간다"는 말로 헛된 환상을 심어줬기 때문이다. '단군이래 최저 학력'이라는 타이틀은 둘째 치고, 많은 학생들이 수능을 망쳐 재수를 했다. 그 덕에 이들이 재수한 2002년은 학원가에 르네상스를 일으켰던 시기와 겹치기도 했다. 이 책의 공동연구에 참여한 조현우 씨(SBS미디어크리에이트)는 "그 때 '한 가지만 잘 하자'는 환상에 빠져 재수한 친구가 부지기수였다"고 회고했다.

현재는 자기주도학습 교육에 대한 왜곡된 인식이 퍼지고 있다. 혼자 공부하고, 포트폴리오(라고 부르고, 각종 자료를 덕지덕지 붙인 콜라주라고 읽는다)를 만들면 좋은 대학에 다 가는 줄 안다. 자기주도학습에 대한 잘못된 지식이 가져올 결과가 얼마나 클지 알 수 없다. 그저 '선생님'이라 불리는 공부법 멘토들이 떠들어 대는 대로 휘둘리고 있는 셈이다. 그러기에는 서민 가정의 자녀들이 감당해야 할 사회적 비용이 너무 크다.

차라리 사교육을 '저렴하게' 시키는 것이 옳다. 소위 '사이드'라고 불리는 과목은 적절히 단과를 이용하거나 학교 교육을 보조해 주는 대형 여름 특강 위주로 진행하고, 영어·수학을 중심으로 필요한 과목만 그룹반 강의를 들으면서 집중 지도를 받는 것이다. 물론 각자의 경제 형편과 성적 수준 등에 따라 여건이 다르겠지만 사교육을 아예 안 받는 것보다는 성적이 잘 나온다.

이 책의 1장에서는 사교육에 대한 각종 '감언이설'을 깨뜨리는 쓴소리를, 2장에서는 최소한의 비용으로 최대의 효과를 거둘 수 있는 사교육의 전략을 얘기한다. 내용 중 틈틈이 사교육을 줄이기 위해 부모가 대신할 수 있는 역할에 대해서도 서술했다. 3장에서는 '목동지역 학원강사 사관학교장'이라는 별명으로 활동했던 필자의 부친과 함께 설계한 '관리기법'에 대해 논하고자 한다.

필자의 짧은 교육현장 경험에서 나온 내용이라 이 책의 내용이 모든 학생들에게 적용되지 못하는 한계가 있다. 또한 책의 주요 대상을 반에서 5~15등 정도하는 평범한 학생들로 규정했다는 점도 이 책의 분석에서 한계가 될 수 있을 것이다. 하지만 가장 많은 학생에게 적용되는 솔직한 이야기요, 쓴소리일 것이다. 보약이라 생각하고 한 입 들이켜 보자. 배워야 학원장, 자칭 '사교육 전문가'들한테 속지 않을 것 아닌가.

고교 1학년 때 반드시 읽어야 하는 글 중에 '학문의 목적'이라는 글이 있다. 박종홍 선생께서 쓰신 글이다. 학문의 목적은 '진리 탐구' 그 자체라고 한다. 사교육의 목적은 무엇인가? 입시 교육의 목적은 무엇인가? 진리 탐구는 아니다. 인성 교육은 학교의 몫이다. 사교육의 목적은 대학을 잘 보내는 것이라고 볼 수 있다. 실력이 떨어지더라도 좋은 학교에 보내면 '장땡'이다. 그게 현실이다. 하지만 학교 교육과 자율학습만으로는 우리 자녀가 대학을 잘 가기는 요원해 보인다. 그래서 사교육을 해야 하고, '없는 집' 부모라면 최소한의 비용으로 사교육을 시킬 방법을 찾아야 한다.

목 차

1장 학원만 알고 당신은 모르는 모든 것

1
P a r t

학원만
알고
당신은 모르는
모든 것

❝

"후려쳐 먹는 게 기술"

 전직 학원장에게 들은 말이다. 이제는 사교육 현장을 떠난 사람이지만 학원의 방향에 대해서는 정확히 알고 있었다. 학원이 호황기였던 1990년대에는 매스(mass, 많은 사람)를 위한 학원이었지만, 2000년대 들어서부터는 소수를 위한 학원, 그중에서도 일부 부유층을 위한 마케팅을 하는 학원을 표방하지 않을 수 없었던 것이다.

 하지만 그 학원장에게도 할 말은 있었다. 공부를 하지 않는 학생은 제아무리 돈이 많은 부모가 있더라도 강의를 엮어낼 수는 없다고 했다. '후려친다'는 말에 함축된 다양한 강의나 개인지도를 수강하게 하는 것은 학생이 공부를 한다는 전제하에 성립한다. 공부를 하니 당연히 성적은 올라가고, 기대했던 대학보다 더 좋은 곳에 들어가게 된다. 그러면 고객인 학부형은 고맙다며 오히려 간식거리를 가져오거나 회식을 시켜주는 것이 현실이다.

오늘날 학원가는 '수익 극대화'가 그 첫 번째 목표이다. 이전의 학원들은 적어도 교육기관이라는 자부심은 있었다. 하지만 경기가 어려워 학원의 존립기반이 흔들리면서 수익을 향한 몸부림은 격해지고 있다. 대기업급으로 성장한 대형 학원들은 브랜드 파워를 통한 수익 창출을 추구한다. 몇몇 영어학원은 자체적으로 실력 레벨을 정하고, 이를 얻어내기 위해 추가적인 비용이 드는 구조를 마련했다. 수학학원들은 각종 특설 강좌를 개설하고 매달 자체 경시대회를 개최한다. 매달 보는 사설 경시대회가 어디에 쓸모가 있을지는 모르겠지만, 학부형들은 이 시험에 매달 자녀를 응시하게 하고 이 시험을 위한 추가 강의를 수강하게 한다.

요즘 학원에는 대형 단과 수업이 사라지고 있다. 각 강사의 이름값으로 단과반 경쟁을 시켰던 것을, 브랜드 파워를 이용하여 국·영·수·과를 묶어 종합반으로 판매하고 있다. "우리 학원은 이름난 유명 학원이기 때문에, 한 과목만 듣는 학생은 받아줄 수 없다"는 이유를 들어 종합반 끼워팔기를 강요하고 있다. 싫으면 안 다니면 된다. 소비자에게 '갑'인 대형 학원들의 횡포인 것이다.

소규모 학원들은 과외식 학원으로 변질되고 있다. 강의당 단가를 맞추지 못할 것이라면 "수준에 맞는 반이 없다"면서 과외식으로 한 명씩 한 명씩 엮는 방식이다. 부유한 가정의 학생은 과외형 수업을 여러 개 들어 한 달 학원비만 몇 백 만원에 이를 정도이다.

욕먹을 각오로 쓰는 이번 장은 사교육에 대한 불편한 진실로 시작하고자 한다. 학원에서 들었던 이야기들은 과연 진실일까? 학원은 어떤 매커니즘으로 돌아가는 것일까? 상담실장이 한 말의 진실은 무엇일까? 학원에 대한 불편한 진실을 아는 것은 바로 사교육비 절감을 위한 첫걸음이라 할 수 있다.

학원 상담의 기술

01

❝ 학부형들이 학생이던 20년 전, 30년 전만 해도 학원에서 '상담을 한다'는 말은 없었다. 1970년대에 학원의 개념은 재수생학원이 전부였고, 1980년대에는 전두환 정권의 학원금지 정책이 시행되면서 학원에 다니는 것은 물론, 과외 하나 구하기도 하늘의 별 따기였다. 그 때 형성된 '1과목 월30만원'이라는 시세가 30년이 지난 지금까지도 유효하다는 것은 아이러니하지만 말이다.

학원 상담은 왜 생겨났나

학원에서 상담을 받는다는 개념은 1990년대 들어서면서 형성됐다. 학력고사에서 수능으로 넘어가는 1993년도부터 학원 상담이 생겨나기 시작했다고 보는 것이 정확할 것이다. 그 전까지는 상담이라는 것이 따로 없었다. 대형 단과학원에서 학생 스스로 필요한 과목을 몇 만원 주고 수강하는 것이 전부였다. 필요하면 방학 기간에 보충과 총정리를 겸한 2개월짜리 방학 특설 단과를 들었다.

A3, A2 용지 크기의 대형 시간표가 전부였다. 가로 3cm, 세로 3cm짜리 표가 빼곡하게 들어있는 시간표에서 학생들은 사교육의 모든 것을 찾았다. 강의평이 인터넷을 통해 공유되는 시절도 아니라 시간표 맨 위에 적혀 있던 단 몇 줄에 불과한 선생님의 프로필과 사진 한 장을 보고 선택하는 경우가 많았다. 돈에 일찍 눈을 뜬 일부 강사들은 방학 시작과 동시에 첫 강의를 공개강의로 해, 감언이설과 '적중예언'[2]을 쏟아냈다. 거기에 혹한 학생들은 수업을 마치고 접수대로 몰려가 돈을 내고 수업을 들었다. 그게 전부다.

이 해묵은 학원의 역사를 왜 떠들어 댔을까. 학원의 상담이라는 콘셉트가 왜 생겨났는지 설명하기 위해서다. 상담이라는 콘셉트가 본격 도입된 93~97년은 소수 정예 강의 방식이 확산되기 시작한 시기이다. 강의의 규모는 점차 작아졌다. 80년대 후반 100명씩 놓고 강의하던 것이 90년대 중반 들어 30~50명, 90년대 말에는 10명 짜리 클래스로 작아졌다. 수준별 수업이 생겨나고, 반편성 배치고사가 치러졌다. 내 성적과 비슷한 학생들끼리 수업을 들으면서 사교육은 공교육에 비해 효과가 높아졌다.

---

2) 적중예언이란 불가능하다. 기껏해야 유형을 비슷하게 맞추는 것에 불과한데다, 약간의 문제 구성이 바뀌면 당황하는 수험생의 특성상 '찍어줬다'는 확신을 가질 수 없기 때문이다. 극히 드문 예로 2000년대 초 한 출판사에서 수능 문제 중에 3~4문제를 거의 똑같이 맞춰 난리가 난 적이 있었다. 하지만 이는 고교생 수만 명이 맞추는 앞부분 쉬운 문제에 불과했다.

강의의 규모만 달라진 것이 아니다. 각 학생의 객단가(고객 1인당 매출액)가 높아지면서 각 학생에 대한 관심이 높아졌다. 게다가 한 명의 학생이 특목고, 명문대를 가면 그 주변의 후배들이 그 학원을 선택하는 경우가 잦아졌다. 학생 하나하나를 제대로 관리해야 할 필요성이 생겨난 것이다. 해당 학생 및 학부형과의 상담을 통해 '필요한 과목이 무엇인지' 진단하고, 이에 맞는 학원 수강 스케줄을 제시한다. 예전에는 학원 시간표를 보고 학생들이 스스로 판단했지만, 상담이라는 제도가 생긴 뒤에는 원장 또는 상담 선생이 푸시를 할 수 있게 된 것이다.

'상담', 한 과목 추가로 엮기 위한 도구

2000년대 들어서면서부터는 학원 상담의 목적이 하나 더 추가됐다. 각각의 수강생들에게 최대의 매출액을 끌어내기 위해 소위 '엮는' 과정에 들어간다. 수학 한 과목을 듣고 있는 학생이지만, 상담은 다른 과목 및 진학 전반에 대해 해 주는 것이다. 그렇게 파트너십이 몇 개월 쌓이게 되면 학부형은 원장과 전 과목에 대한 상담을 하게 된다. 그러면 무슨 이야기를 할까? 아이가 다니는 다른 학원에서 배우는 과목 이야기를 하게 된다. 자연스럽게 그 학원의 단점 이야기가 나오게 되고 원장은 그 학원과는 다른 자신의 학원 시스템을 피력한다. 그렇게 또 학원을 옮기게 된다. 학원 입장에서는 20만원 짜리 국어 하나 듣는 아이가 영어, 수학을 추가해 60만원의 수강생이 되는 순간이다.

푸시는 단순히 1:1 관계에서 끝나지 않는다. 학부모들의 묘한 경쟁심을 부추기는 것은 기본 중의 기본이다. 다른 학생들과 '엮어(앞에서 쓴 엮는다는 의미와는 약간 다르다)' 경쟁심을 통해 부모의 지갑을 열게 하는 것이다. 특히 특목고 친구들은 아주 좋은 무기가 된다. 같은 중학교를 나온 특목고 아이가 국어, 영어 외에 과학 특설강좌를 듣는다고 귀띔한다면 어떨까? 일단 필요한 것 아닐까 하는 생각에 귀를 기울인다. 우리 애는 분명히 문과를 갈 예정이고, 물리2 같은 고급 과목은 쓸 일도 없지만 혹시나 필요할 것 같다는 생각이 든다. "물리2를 알아야 융합과학도 잘 하게 됩니다." 맞는 이야기이기도 하지만 쓸데없는 자원의 소비가 될 가능성도 적지 않다. 융합과학의 취지는 각 분야의 2(이과 선택과목)를 줄줄이 꿰는 것이 아니라, 과학의 원리에 따라 다양한 분과를 연계하여 학습할 수 있도록 이끄는 것이기 때문이다. 또한 화학2, 생물2 같은 과목을 공부한다고 해서 성적이 더 잘 나오는 것도 아니다. 이외에도 학원 내에서 공부를 잘 한다고 알려진 친구들[3] 역시 상담의 재물로 많이 쓰인다.

---

3) 학원에서 공부를 잘 하는 학생에게 장학금을 주거나 학원비를 빼 주고, 책을 무료로 주는 등의 행위는 경영학적으로 충분히 타당하다. 원장들은 상위권 학생들의 수강 스케줄을 담은 자료를 보여주거나, 이들이 수록된 수강생 목록을 보여주면서 세일즈하는 경우가 많다. 필요한 경우 학생별로 시간표를 만들어주기도 한다. 이는 학생 개개인의 공부를 위해서이기도 하지만 원장의 세일즈를 위함도 있다. 상위권 학생 시간표를 보여주면서 '귀댁의 자녀는 얘보다 못하니, 이 시간표에 1과목 정도 추가하면 된다'는 말을 듣는 순간, 학부형은 원장과의 심리전에서 지고 들어가는 것이다. 필자의 사견으로 공부 잘 하는 학생들의 수강료를 50% 할인해 주더라도, 마케팅용으로 활용하는 효익을 생각하면 큰 손해가 아니다.

학원 상담의 플로 차트

학원에 들어서는 순간, 학부형인 당신은 어떻게 파악될까. 우선 상담 교사는 자녀의 성적을 판단한다. 성적을 판단하는 것은 '세일즈'의 기본이라 할 수 있다. 상위권 중학생을 상담하는 경우에는 자사고나 특목고 등의 입학 및 학창시절, 향후 대입 전략에 대해 언급하는 것으로 시작한다. 그래야 중간 중간에 필요한 특목고 특설 강좌를 양념처럼 끼워 팔 수 있기 때문이다.

중위권 학생의 경우에는 상위권으로의 도약이 주된 과제다. 학원에서 어머니들의 관심사를 모를리 없다. 상담받는 학생이 다니거나 졸업한 중학교에서 공부 좀 했던 아이는 누가 있는지, 그중에 우리 학원에는 누가 있는지 등은 이미 머리를 스친다.

우선 학생의 공부법에 대한 이야기로 말을 풀어간다. 평소에 어떤 학원을 다니는지는 꼭 물어본다. 경쟁 학원 강사진의 장단점은 이미 원장들이 다 꿰고 있다. 빈틈을 보일 때면 "그 강사는 이런 점이 좋지 않죠"라며 빈틈을 치고 들어온다. 반응이라도 하면 바로 옮기기를 권유한다. "학원비 낸 지 얼마 되지 않아서요…. 기간도 남았고"라면 반응은 대개 이렇다. "제대로 공부하는 것이 중요하죠. 남은 20일은 그냥 저희 학원에서 무료로 가르칠테니, 이리 옮기세요." 20일치 수강료 때문에 고민하던 엄마는 이렇게 학원을 옮기게 된다.

대학 이야기도 많이 한다. 학원에서 배출(?)했다는 대학생들을 읊어대며 그들을 가르친 강사들의 교육법을 설파한다. 각 대학별 전형을 꿰고 있는 상담교사들은 특기자 전형 지원 가능성을 언급하며 추가 강좌를 엮는 경우가 많다. 2000년대 유행하던 올림피아드반이 대표적이다. 수학 영재로 크고, 수시를 대비하기 위해서는 수학·과학·천문 올림피아드반 수강이 꼭 필요하단다. 미안하지만 이들 올림피아드의 입상자는 손에 꼽을 정도인데다, 이들을 가르칠 올림피아드 전문 강사는 대치동 등 일부에만 있다. 또, 그 강사가 가르친다고 하더라도 소수의 천재외에는 절대 입상을 할 수 없는 구조다. "재능이 있으니 수강하면 할 수 있다"고 말하는 강사는 거짓말쟁이고, "수시 대비 투자라고 생각하시죠"라고 말하는 강사는 그나마 양반이다. 올림피아드급 자연과학 공부는 과학고급 학생이 아니라면 권하고 싶지 않다.

 다음으로 국영수를 중심으로 한 종합반을 기본으로 얘기한다. 공부 잘하는 학생의 이름을 들먹이며, '아무개도 종합반 커리큘럼을 따릅니다'라는 말을 건넨다. 한두 과목만 듣는다고 해도 반갑게 지도하지만 쿨하게 '수학도 저희 학원과 비교해 보세요'라는 말을 한다. 여기서 그치지 않는다. 상담 교사들은 매달 수강료를 결제하러 올 때마다 건넬만한 강좌의 이야기를 구상하기도 한다.

 상담 교사들이 학생을 평가하는 또 다른 잣대는 부모의 경제력이다. 아무리 중위권 학생이고 돈을 받아낼 강좌가 많더라도, 부모가 돈을 낼 수 없다면 말짱 꽝이다. 그래서 부모의 경제력을 측정하는 것은 기본 중의 기본이라 할 수 있다. '그동안 어떤 학원을 다녔느냐'는 질문과 함께 슬쩍 간(?)을 보는 것이다. "그 학원은 저희보다 싸긴 하죠"라는 질문을 던지는 것이 그렇다. 예전에 소수 정예 강좌는 부르는게 값인 경우도 있었다. 일단 비싼 가격을 찔러보고 부모 반응에 따라 가격이 절충되는 것이다. 요즘은 그나마 학원비 정찰제 때문에 많이 사라졌지만, 개인지도는 아직도 가격이 학생마다 천차만별이다.

경제력이 검증된 학생의 학원비가 100만원에서 300만원이 되는 것은 금방이다. 지속적인 스킨십을 통해 돈이 있는 가정이라는 것이 확인되면 원장은 슬그머니 후려칠 방법을 고민한다. 대개 중간고사 이후 또는 방학을 앞두고 '위기론'을 제기하며 개인지도를 엮는 것이 일반적이다. 방학 때 특설 강좌를 잔뜩 듣게 하고, 아침부터 저녁까지 학원에서 관리해 준다는 식의 논리를 제기하는 것이다. 숙제 검사와 점심 식사 등을 관리해 주면서 식비와 관리비 조로 몇 십 만원을 챙기는 경우도 있다.

학원장이 '과외'를 권하는 까닭은

요즘 학원에 가면 상담 선생이 "민영(가명)이는 수학이 뒤처지니, 수학은 첨삭 강의로 하시죠."라고 권하는 경우가 많다. 실력이 떨어져서 일반 수업만 들어서는 안 된다는데 학부모 입장에서는 그 수업을 안 들을 수 없을 것이다. 하지만 이는 수익이 더 나는 1:1 지도를 수강하게 하기 위한 상담 전략의 일환이다. 첨삭 강의란, 본래 90년대 후반부터 성행하던 논술학원에서 쓰던 첨삭 지도를 일반 과목에 접목시킨 학원기법이다. 강의와 Q&A를 절충한 국영수 강의법이라고 보는 것이 올바르다.

첨삭 강의는 사실 별 것 없다. 학생들이 주어진 시간 동안 문제를 풀고 30분 또는 1시간이 지난 뒤, 한 명씩 강사가 있는 첨삭실로 들어가 답을 맞춰 본다. 대개 모르는 문제 5개 정도를 풀어주고 용어 및 원리 설명에 치중한다. 그리고는 그 학생이 강의실로 돌아가면 다른 학생을 불러 '첨삭'을 해 준다. 기존 강의에 Q&A를 조금 더 하는 수준이지만 학생들이 느끼는 감정은 강의에 개인지도를 덧붙인 듯한 만족을 준다고 한다.

일부 학원에서는 국영수 종합반은 기본으로 다니고 여기에 과목별 첨삭반이나 개인지도를 덧붙이는 방법을 쓴다. 이런 방법은 학원비가 200만원이 훌쩍 넘는 경우도 많다. 하지만 종합반을 다니면서 개인지도나 첨삭 클래스를 별도로 하는 것은 그리 효과적인 방법이 아니다. 한 번 가르친 것을 이해하지 못하는데 같은 선생이 개인과외를 한다고 해서 쉽게 이해할 수 있을까? 그냥 돈 더 받겠다는 상술이라고 생각해야 한다. 학생이 수업을 들은 뒤, 모르는 문제를 가져오면(몇 개나 되겠는가) 풀이법에 대해 강평을 하고 올바른 답을 알려주면 그만이다. 여기에 무슨 돈을 받겠다는 것인가. 하지만 강의가 끝나고 학원 자습실에서 공부하는 학생들에게 자신의 시간을 들여 무료로 Q&A를 해 주는 강사는 오늘날 거의 없다고 봐도 무방하다.

가장 양심적인 학원은 무료 Q&A를 하는 학원이고, 그나마 양심적인 곳은 그룹별 첨삭지도를 비교적 적은 돈을 받고 가르치는 학원이다. 물론 이런 Q&A는 학교에서 선생님에게 물어봐도 충분한 것이다. 따라서 학원에서 상담을 받기 전 '첨삭'에 대해서 그 용어와 개념을 확실하게 정리하고 임할 필요가 있다.

02

어떤 학원을
골라야 하는가?

66 어떤 학원을 선택해야 하는지를 묻는 학부모들에게 필자는 "자녀의 맞춤형 학습을 위해서는 소규모 그룹반 학원을 가시라"는 이야기를 많이 한다. 물론 자녀가 똑똑하고 학업에 열중해 어떤 학원을 다녀도 적응을 잘 하거나, 학교 수업만 들어도 공부를 잘한다면 어떤 학원을 선택하든 큰 문제가 되지 않는다. 하지만 그런 아이가 몇 명이나 될까. 실제로 사교육 현장에 나가보면 어떤 학원을 선택[4]하느냐에 따라 학생의 대학 진학이 수도권대에서 인서울, 인서울에서 주요 사립대로 달라지는 경우가 많다.

'영수국과' 4명의 강사가 학원의 퀄리티를 결정한다

중 · 고교생[5] 자녀에게 가장 이상적인 학원은 영 · 수 · 국 · 과 4명의 똑부러진 선생이 있는 경우이다. 2000년대 목동 지역에서 이름을 날렸던 소수 정예 전문 학원이 그랬다. 원장이 수학, 원장과 동문수학하던 부원장이 과학을 맡고, 영어와 국어 선생을 꼼꼼한 선생님으로 초빙했다. 그리고는 그 선생님들이 중1 때부터 고3 때까지 가르쳤다. 대형학원은 아니었지만, 일반 학원에 비해 15% 이상 비싼 학원비의 그룹반이 꾸준히 운영됐다. 각 과목별로 탄탄한 선생들이 있었기에 수업은 꾸준했고 학생들이 체계적으로 배울 수 있었다. 학부형들끼리 그룹을 만들어 학년별로 한 두 반씩 탄탄하게 운영했다. SKY대에 간 학생이 많았던 것은 물론, 고교 졸업 후에도 학원생들끼리 평생 가는 친구로 남아 교우 관계를 유지했다.

학원 원장의 입장에서 봐도 영·수·국·과 4명의 강사가 기둥이 돼주는 것은 아주 좋다. 한 곳에서 양질의 교육을 받을 수 있고, 영어를 배우는 학생에게 수학 강의의 맛을 보여줘서 직접 수강하도록 유도할 수도 있기 때문이다. 하지만 원장들과 만나보면 "똑바로 가르치는 똑똑

---

4) 가장 안타까운 경우는 무턱대고 돈을 잔뜩 쓰면서 여기저기 등록만 시켜놓는 학생들이다. 언론계에 입문하기 전 필자가 과외했던 중1 학생이 그랬다. 이 학생의 스케줄은 살인적이었다. 학교가 3시쯤 끝나면 엄마는 승용차로 학원 셔틀을 한다. 국어, 영어, 수학, 과학, 사회는 물론이고, 중간고사를 앞두고는 피아노·태권도 학원에서 음악·체육 암기과목 준비를 해 준다. 사회학원 강사는 도덕, 사회, 국사 등의 특설 강좌를 열었다. 하루에 4곳 정도의 학원을 순례해 중간고사 대비 강의를 들었다. 그리고는 집에 와 가정·기술·한문 과외를 했다. 매일 길에서 1~2시간씩 버리는 일은 다반사였다. 오늘날 학원 셔틀에 빠져 있는 어머니들에게 경종을 울려 줄 사례라 할 수 있다.

5) 초등학생 학부형들은 꿈이 크다. 셋에 하나는 자녀가 서울대에 갈 것으로 생각하고, 열에 한둘은 자녀가 명문대를 거쳐 미국에서 대학원을 갈 것으로 생각한다. 꿈이 크니 엄마들은 이 학원 저 학원을 유랑한다. 영어 교육은 원어민에게 시키고, 수학은 올림피아드부터 찾는다. 필자의 경험상 1%의 아이들은 이런 영재교육을 제대로 받아들인다. 문제는 나머지 99%의 수강생들이다. 초등 수학, 중1 수학도 제대로 공부하지 않으면서 미적분만 읊어대는 꼴이다. 결국 고1~2 쯤에 기초가 부족하다며 중학 과정과 고1, 고2 과정을 다시 배우는 '돌아가는 길'을 가게 된다.

한 영 · 수 · 국 · 과 강사 넷 구하기가 어렵다"는 이야기를 한다. 대부분의 학원은 동네에서 유명하거나 잘 한다는 강사 한둘이 메인이고, 나머지 강사들은 구색 맞추기거나 들러리인 경우가 다반사다.

필자는 학부모들에게 대형학원은 잘 권하지 않는 편이다. 최근 몇 년 사이, 외국 자본 등 다양한 투자자들이 들어오고 학원들의 인수 · 합병(M&A)이 활발히 진행되면서 매머드급 대형 학원이 우후죽순으로 생겨나고 있다. 각 학원들의 직영 지점은 물론이고, 프랜차이즈 학원도 많다. 스타급 강사도 많고, 이름에 기대는 초보 강사도 적지 않다.

이들 대형 학원의 문제점은 '내 자녀를 따로 케어해 주지 않는다'는 것이다. 그냥 강의만 들을 거라면 '임용고시를 패스한 엘리트'인 학교 교사의 강의로도 충분하다. 하지만 왜 사교육을 보내겠나. 내 아이가 잘 이해하고, 모르는 부분을 콕 집어서 설명해 주면서 실력을 탄탄히 쌓을 수 있도록 관리해 주는 선생님이 필요한 것이다.

강사 이름값 보다 '밀착지도'를 선택한다

스타급 강사는 강의 진행이 수려할 가능성이 높다. 몇 년 간의 기출문제를 꿰고 있거나, 탁월한 강의력으로 학생들을 압도할 수 있다. 하지만 그게 끝이다. 1:1로 질문을 한다거나, 모르는 점에 대해 피드백을 받을 가능성은 거의 없다. 질문은 보조 강사나 조교들이 받아준다고 하지만 그 질은 메인 강사에 비해 한참 떨어진다. 그래서 소수 그룹반 교육에 비해 효율이 떨어지는 것이다.

대형 학원의 커리큘럼과 교육 시스템으로 밀고 나오는 것 역시 그리 좋은 방법은 아니다. 실력이 없는 선생이 양질의 교육 시스템으로 가르친다고 해서 좋은 강의를 할 수 있을까? 대형 학원 본원에서 만든 교재를 쓴다면 좋을까? 그것은 마케팅 도구일 뿐이다. 국내 최고 연구진이 개발한 교과서와 교사용 지도서로 가르치는 학교 교육에 대한 반응을 감안하면 답은 쉽게 나온다.

중학교 대상 학원에서는 중학교 공부만 가르쳐라

학원을 선택할 때 초등부, 중등부, 고등부가 유기적으로 연결돼 있는 것은 중요하다. 중학교 과정을 잘 가르치는 강사가 초등부 과목을 가르칠 경우 좀 더 큰 시야에서 가르칠 수 있다. 고등부를 잘 아는 강사가 중학생을 지도할 경우 입시의 방향에 맞춰서 공부할 수 있도록 공부법을 지도하고 강의의 방향을 잡을 수 있다. 지엽적인 부분에서 시간을 끌지 않고, 입시의 틀에서 봤을 때 중요한 부분에 적절히 집중을 할 수 있다는 이야기다. 일부 중학생 전문학원의 경우 중학교 졸업과 동시에 학생들이 우수수 떨어지는 것을 막기 위해, 중학생 전문강사들이 고1 과정 특설반을 중3 여름방학 때 개설하고, 중3 겨울방학 때 고1 pre-school 개념으로 강의를 엮기도 한다. 하지만 '선무당이 사람 잡는다'는 말처럼, 고교 과정에 대한 체계적인 교수법이 없는 강사들이 잘못 가르쳐서 자칫 학생의 체계적인 실력 향상에 마이너스가 될 수 있으니 주의해야 한다.

과목별 학원 선택 비법

 과목별로 학원을 따로 다니는 것이 나쁘지는 않다. 자신에게 맞는 스승을 찾아서 공부하는 것이 뭐 어떤가. 하지만 너무 많은 곳을 옮겨다니면 공부도 하기 전에 지칠 수가 있으니 주의해야 한다.

 과목별로 학원 강사 고르는 법에 대해 간략히 이야기하면, 수학 강사를 잘 고르는 것이 가장 중요하다. 수학은 천천히 원리에 맞춰 '풀이과정'을 제대로 지도해 주는 학원을 찾아야 한다. '첨삭반'이 효과가 있는 과목이 바로 수학이다. 영어의 경우 그 목적을 잘 따져야 한다. 수능 영어를 위해서인지, 수시 대비 영어 영재를 키울 것인지가 확실해야 한다. 영어 영재로 클 가능성이 없는데 토플반을 수강하고, SAT반 수업을 들어서는 결코 도움이 되지 않는다. 국어의 경우 고전을 잘 가르쳐 줄 수 있는 성실한 강사가 좋다. 고전은 강사의 구력이 여실히 드러난다. 흔히 '노땅'이라 불리는 선생님들도 꽤 경쟁력이 있는 이유다. 10년 정도의 기출 문제 출제 경향을 중심으로 고전을 제대로 배운다면 고득점을 얻을 수 있다. 과목별 학원 선택 가이드에 대해서는 2부에서 상술하기로 한다.

 논술 학원의 경우 철학 · 윤리학 · 논리학 등 배경 지식에 초점을 맞춘 강의가 필요한지, 글쓰기 스킬을 먼저 배우는 것이 필요한지를 따져보고 다녀야 한다. 대개 철학과 강사들과 석사 졸업생들이 주축이 된 '철학위주 논술학원'에서는 배경지식에 지나친 집중을 하는 경향이 있다. 하지만 이런 지식이 100% 다 필요하면 얼마나 좋으랴. 학원에서 가르친 지식 중에 실전 논술고사장에서 쓰이는 것은 10~30% 정도에 불과하다. 과잉 교육인 것이다. 게다가 글쓰기 스킬 없이 철학 지식만 달달 외워서는 유기적이고 설득력 있는 논술문을 작성하기 어렵다. 최선의 방법은 글쓰기 기본을 제대로 배우고, 논술에 필요한 철학 지식을 쌓으며 꾸준히 글을 쓰고 첨삭을 받는 것이다. 물론 이를 제대로 해 주는 학원을 찾는다는 것은 쉬운 일이 아니다.

등록 전 원장 면담을 해야 낭패 없어

학원을 등록 하기 전 원장을 만나보는 것은 기본 중의 기본이다. 사실 원장과의 10분 대화는 모든 검증을 한 번에 해 줄 수 있는 쉬운 방법이기도 하다. 원하는 것을 다 털어놓은 후 조목조목 무엇을 해 줄 수 있고, 무엇을 해 줄 수 없는지 확인하면 낭패를 방지할 수 있다. 일부 학원장들은 "맡겨만 주시면 알아서 키워준다"는 말로 퉁치려 하는 경우도 있다. 그럴 때는 미소와 함께 "과목별 강의가 어떻게 진행되는지 구체적으로 설명해 주실 수 있느냐"고 물어보자! 제대로 된 원장이라면 강사의 특징 및 프로필, 강의 진행 방법, 교재, 주요 학생 프로필을 줄줄 설명해 주거나 직접 강사를 불러 설명하게 할 것이다. 그렇지 않고 "강남 XX학원에서 날리시던 분"이라는 식의 이야기만 늘어놓는다면 의심을 해 봐야 한다. 늘 말하지만, 강남에서 날리던 분이 우리 동네에 굳이 출강할 필요는 없기 때문이다.

03

학원은 얼마나
자주 옮겨야 하나

> 엄마A : *학원은 한 번 정하면 꾸준히 다녀야 해.*
>
> 엄마B : *학원은 잘하는 강사 따라 움직여야 해.*
>
> 엄마C : *공부 잘하는 애들하고 뭉쳐 다니는 것이 좋아.*

미안하지만 셋 다 틀렸다. 아이가 제대로 배울 수 있는 방향으로 적절하게 학원을 옮기는 것이 올바르다. 학원을 옮기는 것은 학생의 사교육 자체를 뒤흔들 수 있을 정도로 중대한 일이다. 한 때 목동 학원가에는 '엄마들 집단'이라는 말이 있었다. 친한 학부형 몇 명끼리 팀을 짜서 학원 선정은 물론, 원장과의 교섭, 강의 방향 설정 등 다양한 영역에서 영향력을 행사했다. 일부 우수 '엄마들 집단'은 마치 그 학교의 우등생 학부형 모임처럼 자리매김해, 그 학교 학생들의 사교육 분포에 영향력을 미치기도 한다.

연 2회 이상 옮기는 것은 '금물'…강사 한 사람 맹신해도 '낭패'

학원을 옮기는데 있어서 정답은 없다. 국·영·수·과 선생님이 각 1명씩 제대로 자리잡고 있는 학원을 다니고 있다면 옮길 이유는 없다. 옆집 아줌마 말만 듣고 멀쩡히 잘 다니고 있는 학원을 옮겼다가 낭패 보는 경우가 많다. 따라서 옮기기 전 우리 아이의 공부 상황과 수강 학원에 대한 만족도, 학원의 교육 방법 등에 대해 알아보고 결정해야 한다.

학원을 옮기기에 가장 알맞은 시기는 중학교 때다. 고교 시절에는 영어나 수학 강사를 생각 없이 바꿨다가 아이의 공부 리듬을 깰 수 있기 때문에 옮기지 않는 것이 현명하다. 하지만 중학교 시절에는 1년에 한 차례씩 학원을 옮기더라도 공부 흐름에 있어 큰 타격을 입지는 않는다.

고교 진학 직전에 바꾸는 것도 괜찮은 전략이 될 수 있다. 중학교 전문 학원에서는 아무래도 고교 영어나 수학을 가르치는데 한계가 있는 경우가 많다. 특히 특목고 입시나 수학·과학 경시대회에 특화된 학원은 중학 과정의 심화 문제 풀이는 잘 하지만, 수능에 필요한 개념 이해와 원리에 기반한 문제풀이 등에 취약한 경우가 많다. 고교 수학의 목표가 어려운 문제를 풀어내는 것이 아니라 기본 개념을 탄탄히 익혀 수능에서 만점을 맞는 것임을 감안한다면, 전략적으로 학원 교체를 생각해 볼 수 있다.

괜찮은 강사가 빠졌을 경우에도 학원을 옮겨야 한다. 원장만 믿고 있다가 땜질식 임시 강사에게 3~4개월씩 배우는 경우가 비일비재하기 때문이다. 실제로 필자가 활동했던 학원들에서도 괜찮은 강사가 갑자기 나간 뒤 후임자를 물색하기까지 대타로 선생을 기용하는 경우가 적지 않았다. 대개 말빨이 센 고참 선생을 대타로 기용한다.

하지만 선생 하나만 바라보고, 그 선생이 옮기는 학원을 따라다니는 것 역시 권하고 싶지는 않다. 학원에서 주는 강의료가 그리 큰 차이가 나지 않는 상황에서 작은 조건이 맞지 않거나 돈을 좀 더 준다고 해서 이 학원 저 학원 옮기는 강사가 얼마나 우리 아이를 체계적으로 가르쳐 줄 수 있을지는 생각해 볼 문제이다. 강사료는 대개 수강료×학생수×배분 비율로 결정된다.

연 2회 이상 학원을 옮기는 것도 금물이다. 아이가 학원 시스템에 적응하고, 제대로 공부를 하기도 전에 학원을 옮기는 것이기 때문이다. 학원을 옮기고 그 시스템에 적응하기까지 1개월 정도가 걸린다는 것을 감안하면, 연 2회 이상 학원을 옮기면 낭비되는 시간은 약 3개월 정도다. 1년의 1/4을 학원 적응에 보내는 셈이다.

학원을 옮기기 전! 속지 말아야 할 것들

대부분의 학부형은 자녀의 학원을 옮기기 전, 그 학원에 찾아가 상담을 해 본다. 발 빠른 학부모들은 학원의 브로셔를 가져와 비교해 보는 한편, 원장을 만나 교육 방법과 관리 스타일까지도 확인해 간다. 대부분의 학원이 대동소이하다. 중고교 교육과정에서 잘 가르치면 얼마나 잘 가르치고, 잘 찍어주면 얼마나 잘 찍겠는가. 뻔한 교육과정을 효과적으로 가르치고, 아이가 잘 체득하고 반복하도록 이끌어주면 장땡이다.

하지만 현실은 이와는 좀 동떨어져 있다. 학원들은 이미 레드오션이 된 시장에서 저마다 상대방의 고객을 더 빼앗아 오기 위해 혈안이 돼 있다. 명문대에 수강생을 많이 보냈다면서 명단으로 승부하는 학원도 있고, 어느 대학에 합격한 제자가 보냈다는 화환을 입구에 걸어놓는 학원도 있다. 하지만 이런 화장술에 속아서는 안 된다. 또한 "이름값이 있으니 체계적으로 가르치겠지" 같은 편견도 가져서는 안 된다.

학원을 옮기기 전 버려야 할 것은 '대형 학원에 대한 환상'이다. 대형 학원의 시스템에 맞춰 가르칠 것이라 생각하고 옮기는 즉시 내 아이가 더 나은 강의를 들을 수 있을 것이라는 편견이다. 물론 대형 학원의 일부 유명 강사는 탁월한 강의를 하겠지만, 실제로 일선에서 내 아이를 가르치는 강사들은 그렇지 않을 확률이 크다. 때로는 갓 대학을 졸업한 새내기 강사들이 대형 학원의 교재를 공부해 가면서 간신히 가르치는 촌극도 벌어진다. 4년 내내 놀다가 학원에 취업한 새내기 강사들이 대형 학원의 시스템 및 교수법 등을 이해하고 가르치는지 의문이 든다.

학원에서 배출했다는 명문대생들의 이름 역시 검증해 봐야 할 대상이다. 버블 세븐 지역에 있는 한 대형 학원의 경우 중1~고3 중 한 달이라도 수강하고 SKY 대학을 갔다면 수강증만 보여주면 학원에서 장학금을 주고는 했다. 이 때문에 약삭빠른 우등생들은 고3 때 일부러 한 차례 정도 암기 과목 클래스를 가장 싼 것으로 듣고 졸업 후 장학금을 타가곤 했다. 건물 현수막에 걸려있는 합격자 명단에는 수백 명의 명문대 합격생 이름이 적혀 있지만, 정작 그 지역 우등생들 사이에서는 그 학원을 다녀야 한다는 공감대는 없다.

소수 정예 학원의 경우도 크게 다르지 않다. 상담 받는 아이가 나온 고교 선배 학생들의 이름을 대면서 기를 죽이려고 한다. "영석이 아니? 포스텍 간 친구 말야"라는 식의 말을 꺼낸다. 절반 정도는 실제로 그 학생들을 가르친 선생이고, 나머지는 그 학생이 잠깐 거쳐간 것을 부풀려서 이야기한다고 보면 된다.

특히 학부모이면서 상담선생님을 하는 경우, 자신이 아이를 키워봤다면서 이야기하는 경우가 많다. 이런 사람들은 "우리 아들 서울대 갔다"는 식의 무용담과 함께 "무조건 등록하면 명문대 보내준다"는 이야기만 주구장창 하는 경우가 많다. 그럴 때는 속아 넘어가지 말고 어떻게 가르치셨느냐면서 꼬치꼬치 커리큘럼에 대해서 물어보는 것이 현명하다. 그러면 무용담인지, 실제로 교과 과정 및 교육 방법에 대해 조예가 있는지 금방 드러난다. 경험적으로 볼 때, 외고 보냈다는 엄마 중에 외고 선생님들의 강의 스타일을 알고 있는 사람은 거의 드물다.

이 책을 읽고 있는 여러분이 앞서 예로 들었던 엄마들 같은 스타일이 아닌지 생각해 보자. 옆집 누가 다닌다는 학원에 질투가 나서 내 아이를 같은 학원으로 밀어 넣은 것은 아닌지. 실력도 맞지 않는데 우등생들을 따라잡아야겠다는 욕심에 특목고반을 추가로 듣게 하는 것은 아닌지. 명문대생 명단에 도취해 우리 아이도 그 명단에 속하길 바라면서 원장이 하자는 대로 200만원대 강의를 덜컥 결제한 것은 아닌지 말이다. 또, 유명한 학원의 분원이 우리 동네에 들어왔다면서 그 학원에 다니는 자녀의 모습을 보고 스스로 만족을 하고 있는 것은 아닌지 반문해 보라는 말을 하고 싶다. 엄마 혼자 착각하고 만족하는 사이, 아이는 이 학원 저 학원을 떠돌며 실력 향상은 고사하고 결국 재수를 하는 경우가 많다.

 학원 교육의 목적은 엄마의 만족이 아니다. 아이의 부족한 실력을 늘려, 내신과 수능에서 최대치의 점수를 받고 좋은 대학에 가는 것이다. 그러므로 학원을 옮기는 것은 꼭 필요할 때, 단 몇 차례에 그쳐야 한다. 물론 그 전에 제대로 학원을 고르는 것이 더 중요하다.

04

명문대 강사 VS 비명문대 강사

  학원가에서 가장 많이 보이는 단어를 꼽으라면 '서울대 졸업'이 아닐까 싶다. 서울대학교를 다니는 인원이 전부 다 학원가에 나오는 것인지. 아니면 서울대를 정말 다니는 것인지 알 수는 없지만 어쨌든 학원가에는 수천 명의 서울대를 졸업한 강사들이 있다. 90년대 초 강서·양천 지역에서 손꼽히는 큰 학원을 운영했던 필자의 아버지는 "학원을 30년 동안 운영하면서 서울대 수학과 출신은 한 명 봤다"는 이야기를 했다. 이 말에 근거한다면 서울대를 나왔다는 강사가 있는 경우 약간의 확인이 필요하다. 정말 서울대를 나온 명강사라면 좋겠지만 가짜 학력일 가능성도 배제할 수는 없다. 단, 대치동은 예외다. 사교육 시장이 죽어간다는 지금까지도 불패신화를 이뤄내는 곳이라 서울대 출신 강사가 발에 채일 정도도.

명문대 강사의 함정

학원 강사가 정말 명문대 출신일 경우에도 문제가 없는 것은 아니다. 명문대를 나온 학원 강사의 경우 대개 중고등학교 때 우등생이었다. 이런 강사들은 실력이 미진한 학생들이 '왜 이 문제를 풀지 못 하는지' 이해하지 못하는 경우가 많다. 이해가 안 가니까 못 푸는 것 아닐까. 하지만 우등생 출신 선생님들은 해답지를 똑같이 베껴놓은 듯한 풀이법을 내세우면서 "이해가 가지 않아?"라는 말만 반복한다. 그러면 학생들은 그 문제를 포기하고, 다른 것을 이해하려고 한다. 이해가 안 가면 이해될 때까지 설명해 주는 선생님이 그 학생의 실력을 올려준다는 것을 학부형과 원장은 알지만, 학부형은 현장을 보지 못하고 학원장은 눈감아 버린다.

명문대 출신 강사의 장점이 있다면 선망 대학에 대한 객관적인 경험담이 있다는 점이다. 강의 도중 10분 정도 학창 시절 캠퍼스라이프를 농담삼아 이야기하더라도, 그 자체가 학생들에게는 꿀맛 같은 아이스브레이커(ice breaker, 어색함을 누그러뜨리기 위한 말)가 될 수 있다. 또한 학생들은 강사를 선망[6]하고 공부를 하기 때문에, 같은 공부를 하더라도 더 효율적으로 할 수 있다.

---

6) 학생들이 명문대 출신 '엄친아' 강사를 선망하는 것은 어제 오늘의 이야기가 아니다. 얼굴까지 예쁘거나 잘생기면 아예 팬이 된다. 그 이유 중 상당 부분은 명문대를 나오는 등 소위 '스펙'이 좋다는 것에 기인한다. 안타까운 것은 학교 교사들이 훨씬 잘났고 스펙이 좋은 경우가 많은데 학생들이 이를 모르고 있다는 점이다. 특히 임용고사를 거친 공립학교 선생님들은 모두가 엘리트라 해도 과언이 아니다.

필자의 경우 비(非) 명문대 출신 강사를 추천하는 편이다. 비 명문대 출신 강사를 선택하는 것이 꼼꼼하게 배울 수 있는 첫 걸음이 될 가능성이 높기 때문이다. 물론 명문대 출신 강사도 꼼꼼하고 이해가 잘 되도록 가르칠 수도 있지만, 경험에 기인해 이야기 하는 것임을 이해해 주기 바란다. 물론 예외도 있다. 필자의 지인 A씨는 한때 명강사로 이름을 날렸던 적이 있다. 삼수를 한 뒤 명문대에 간 경력을 살려, "선생님이 이렇게 공부해 봤는데 시행착오가 있었다"는 식의 어필이 학생들에게 먹혔기 때문이다. 시행착오가 많았던 자신의 경험을 바탕으로 학생들이 질문을 하면 모를 법한 내용을 기가 막히게 콕 집어서 이야기해 주기도 했다.

대학원까지 나온다면 좋다. 대개 동 대학원(학부와 같은 학교 같은 과의 일반대학원)이거나 학부보다 좋은 학교의 대학원에서 영어교육이나 수학교육 같은 과목을 전공한 선생님이라면 더 좋다. 대학원 학위가 있어서 더 잘 가르치는 것이 아니라, 꾸준히 공부하는 선생님이라는 측면에서 그렇다. 실제로 일선 학교에서 잘 나간다는 선생님들은 각종 연수와 추가 교육, 대학원 학위 과정 등을 통해 공부를 하고 있다. 또한 함께 공부하는 다른 선생님들과 교류하며 자기계발에 힘쓴다. 이와 마찬가지로 꾸준히 공부하는 학원 강사는 학생들을 위해서 교수기법이나 강의안 개발을 위해 노력하고 있을 가능성이 크다. 하지만 그중에서는 단지 학벌 세탁을 위해 교육대학원을 설렁설렁 다니는 경우도 있으니 유의해야 한다.

"선생님, 무슨 전공 하셨어요?"

 학원에서 상담을 하면 가장 많이 듣는 질문 중에 하나가 바로 '강사는 전공자 출신이냐'는 것이다. 실제로 전공자 출신의 비율은 체감 기준 50% 정도라고 보면 될 것이다. 학원법상 학원 강사가 되는데 굳이 해당 과목을 전공할 필요는 없다. 대학 2년 수료 이상이면 누구나 할 수 있다.

 학원 교육 현장에서 전공을 많이 보지 않는 경향은 분명히 있다. 참고로 학교 내신 또는 수능 대비 교육을 특화해서 배우는 학과는 '영어교육과', '수학교육과', '국어교육과'와 같은 사범대학 내 'XX교육(학)과'이다. 하지만 전공자라고 해서 강의력이 뒷받침 되는 것은 아니다. 조곤조곤하게 강의를 진행하거나 학생들 앞에서 자신감이 없는 경우에는 제 아무리 'S대 국어교육과'를 나와도 아웃이다. 게다가 대부분의 학원 강의는 사전에 참고서나 각종 자료를 꼼꼼하게 살펴본 뒤 이를 압축적으로 해설하는 '쇼' 형식이다. 참고서는 박사급 연구원들이나 베테랑 교·강사들이 만든다. 이것만 충분히 준비해도 내용 설명에 큰 문제가 되지 않는다.

---

7) 영어교육학과(또는 영어교육과)와 영어영문학과를 혼동하는 학부형이 많다. 영어영문학과는 영어의 발음, 어원, 어학적 이론을 배우는 어학 트랙이나, 중세영문학, 셰익스피어 작품 세계 등을 배우는 문학 트랙으로 나뉜다. 수학과는 수학 이론을 정수론, 기하학 등 분야별로 배우는 것이다. 영어교육, 수학교육은 학생들에게 어떻게 하면 교과 과정을 잘 가르칠지를 4년간 배우고 교생실습을 한다. 물론 대학 수준의 전공지식은 병행 교육을 한다. 하지만 수학과 선생님이 더 잘 가르칠 때도 있고, 수학교육과 선생님이 더 잘 가르칠 때도 있다. 어떤 학과를 나오더라도 고교 교육과정 정도는 충분히 소화해낼 실력이기 때문이다.

따라서 선생의 전공을 문제 삼기보다는 자녀가 잘 알아들을 수 있게 수업을 하는지 우선적으로 봐야 한다. 또한 공대를 나온 강사의 경우, 고교 수학이나 과학 정도는 입 안의 껌처럼 쉽게 소화해 낸다. 공대를 나왔으니 고교 수학을 제대로 못 가르친다는 무식한 소리는 하지 말자.

가장 안타까운 경우는 초등학교 학부형들이 "수학과 선생이 아니면 배우지 않겠다"고 하는 것이다. 초등학교 수준의 사교육은 성인이면 누구나 할 수 있다고 본다. 집에서 가르치기 번거롭거나 아이가 부모에게 배우려하지 않는 것이니 학원 보내는 것 아닌가라고 가슴 속으로 생각해 보자.

학원 강사 경력에 관한 모든 것

학원 강사는 이력 뻥튀기가 유독 많다. 'J학원 강사'라면 정말 강남의 J학원이 맞는지 확인해 볼 필요가 있다. 같은 이름의 학원이라도 지역만 멀면 등록이 가능하다. 소규모로 어느 두메산골에 있는 'J학원'에서 강의를 했더라도, 이력이 J학원으로 들어갈 수 있다. 물론 'J학원'이라는 이름의 학원에서 강의를 했으니 허위사실은 아니다.

OO시험 출제위원이라는 말에도 유의해야 한다. 일단 수능 시험에는 학원 강사가 출제위원으로 들어갈 수 없다. 수능 출제위원으로는 주로 대학 교수들이 들어가고, 학교 현직 교사 한둘 정도가 들어간다. 그 현직 교사가 퇴직 후 학원계로 갈 수도 있겠지만, 그 정도 급의 강사가 우리 동네에 올지도 생각해 볼 문제다. 유명 대형 학원에서 진행하는 모의고사 출제위원의 경우에도 마찬가지로 우리 동네에 과연 그런 거물 강사가 올지를 따져봐야 한다. 그 외의 자잘한 사설 시험의 경우, 출제 위원이 얼마나 공신력과 권위가 있는지는 학부모 스스로 판단할 수 있을 것이다.

저서 역시 검증이 필요하다. 듣지도 보지도 못한 문제집 저자인 경우에는 일단 의심을 해야 한다. 교보문고와 같은 온라인 서점 사이트에서 도서명으로 바로 확인할 수 있다. 거기 없으면 시중에 팔지 않는 문제집이다. 많은 학원 강사들이 몇몇 문제집을 짜깁기 한 부교재를 두고 저서 운운하는 경우가 많다. "비밀 교재라 수강생만 판다"고? 훌륭한 교재는 수익이 많이 나기 때문에 반드시 시중에 공개하여 판매한다. 90년대에 자기네 학원 수강생들에게만 판매를 하여 그 문제집을 복사하거나 구입 방법을 찾으려고 혈안이 돼 있던 한 대형 학원의 교재가 오늘날에는 필요하다면 모든 학생이 인터넷 서점에서 구입할 수 있게 되었다.

05

무조건 합격하는 포트폴리오를 만들어 드립니다?

66 국제무대에서 자신의 꿈을 펼쳐보겠다던 학생이 있었다. 선생님은 그 학생에게 신문 일기를 지도했다. 외교 이슈에 대해 스크랩하는 것은 물론, 그 밑에 자신의 의견을 써 보게 했다고 한다. 한 줄, 두 줄로 시작한 신문 읽기는 좋은 토론 및 논술 노트가 됐고, 학생의 논리력과 국제 분야 지식은 차곡차곡 쌓여갔다. 대학에서 하는 모의 UN 행사에서 자웅을 겨룰 만큼 실력이 성장했다. 3년간의 꾸준한 공부 후, 이 학생은 서울대 외교학과에 입학할 수 있었다. 학생을 지도한 선생님은 "진로와 적성에 맞게 차곡차곡 포트폴리오를 준비하고 지식을 쌓은 것이 합격에 주효했다"고 했다. 하지만 생각 없는 입학사정관제 관련 도서나 신문 기사에서는 이 학생의 사례를 두고 '포트폴리오를 성의 있게 만들어야 입학사정관의 눈길을 끌 수 있다'는 식의 '당연하고 뻔한' 말을 내뱉는다. 이런 책 중 상당수는 저자가 포트폴리오 하나 만들어 본 적 없는 경우가 많다.

스펙 강사들에게 속는 이유

비전문가 스펙 강사들은 가시적인 결과물에 집착한다. 그래야 일한 것 같기 때문이다. 따라서 자기소개서도 무조건 수려하게 고쳐주겠다고 하고, 포트폴리오를 억지로 '거대하게' 만들기도 한다. 화려한 사진을 붙이라고 하거나 영어를 많이 사용하라는 이야기까지 한다. 그러면 순진한 학부형과 학생들은 이 선생님이 유식하고 많은 것을 아는 분이라고 생각해 믿고 따르게 된다. 하지만 교수들이 바보는 아니다. 외형보다 콘텐츠를 보고 학생을 판단한다. 영어로 잔뜩 이런 저런 이야기를 써뒀다고 치자. 5년 이상 외국에서 산 유학파 학생이 아닌 이상 도토리 키재기 영어 실력으로 쓴 영어 작문이 한글 문장력 보다 나을까? 미국에서 박사 학위를 받은 교수들이 무슨 생각을 할지 명약관화(明若觀火)하다. 이름 있는 기관에서 인턴십을 했는지, 유명한 사람과 인터뷰를 통해 해당 학문에 관심을 가졌는지 등의 이야기를 적더라도 교수의 눈길을 끌지 못한다. 아버지 '백(배경)'으로 아는 분 밑에서 인턴십을 한다던가, 추천서를 받는다던가, 그 분과 의미 있는 이야기를 나누었다던가 하는 등의 행동은 모두 입학사정관이나 교수들에게 필터링이 된다.

하지만 원장들은 그런 것에 아랑곳 하지 않는다. 무조건 자신이 고쳐주는 대로 자소서를 쓰고, 또 알려준 대로 포트폴리오를 만들면 합격한다는 이야기를 한다. 또, 서울대에 합격한 학생의 포트폴리오를 직접 감수했다는 선생님을 동석시켜 상담을 같이 하게 한다. 특목고를 나온 학생의 입학사정관제 합격을 진두지휘한 선생님[8]이라고 한다. 따라서 당신의 자녀도 우리 학원에서 포트폴리오와 자소서를 좀 봐주면 충분히 명문대에 갈 수 있다는 이야기를 건넨다.

이런 논리로 "무조건 합격하는 포트폴리오와 자기소개서, 면접 대비 패키지 족집게 강의"를 만드는 것이다. 하지만 이렇게 어설프게 준비하면 합격할 수 있을까? 물론 학생이 뛰어나서 거뜬히 명문대의 문턱을 넘는다면 최고의 결과다. 그러면 학원에서는 "내가 태민이를 보냈다"면서 호들갑을 떨고 자사 광고지에 학생의 이름과 학교를 넣을 것이다. 떨어진다면 어떻게 될까. "아⋯. 경영학과에 지방 아이들이 너무 많이 지원을 했네요. 자사고 다니는 태민이는 상대적으로 석차 백분율에서 불이익을 당해서 그래요"라며 아쉬운 이야기를 한다. 그리고는 재수를 권하게 되고 한 달에 몇 백만 원 짜리 종합반을 권한다.

엄마표 스펙 비법!

스펙에는 컨셉이 있어야 한다. 도대체 이 학생이 어떤 사람인지 알아야 하고, 어떤 목표를 갖고 발전할지에 대한 이야기가 있어야 한다. 물론 그 발전 가능성에서는 '그 대학교를 통해 어떻게 자랄 수 있는지' 충분히 설득력 있게 제시되어야 한다. 필자가 '대한민국 20대 스펙을 높여라', '입학사정관제 족집게 특강', '자기소개서 잘 쓰는 법' 등 일련의 자기계발·진학지도 서적을 집필하고, 교대·강남 김영편입학원과 서울 시내 고교에서 자소서 특강을 하면서 고민했던 것 역시 마찬가지의 논리였다.

---

8) 이 경우 대개 학교 선생님이 컨트롤 타워의 역할을 하고, 학원 강사는 글 문장을 좀 고쳤을 가능성이 높다. 학원 강사가 3년간 학생의 포트폴리오 작성의 모든 과정을 꼼꼼히 지도했다는 말은 신빙성이 떨어진다.

뜬구름 잡는 듯한 목표를 세워놓고 "이를 위해 귀교에 진학해야 한다"는 논리 역시 위험하다. 필자의 지인 자녀는 기업 최고환경책임자(CGO, Chief Green Officer)가 되겠다며 서울대 자유전공학부에 수시로 지원했다. 하지만 자소서를 읽어보니, CGO보다는 로스쿨에 관심이 있었다. 최고환경책임자가 되는데 왜 미국 유학을 가서 JD[9]를 딴다는 이야기가 나오는가. 학원 선생이 봐줬다는데도 이렇게 자소서를 써오니 안타까울 지경이었다. 이 학생은 필자가 약간의 지도를 했음에도 불구하고 결국 떨어졌다. 장래희망과 진학 목표, 발전 가능성 세 가지 포인트가 정합성(整合性) 있게 어필되지 않았기 때문이다.

스펙(및 스펙을 잘 정리한 자기소개서, 이에 대한 면접 과정 등을 포함)에서 가장 중요한 것은 장래희망이다. 장래희망에 따라 이 학교에 입학해야 하는 이유가 결정되고, 심사하는 교수님의 입장에서도 얼마나 잠재력 있는 인재인지를 객관적[10]으로 평가할 수 있기 때문이다.

가장 좋은 방법은 중3에 장래희망을 2~3개 정도 정해 놓고, 그에 맞는 공통적인 진로 계획과 커리어패스를 세우는 것이다. 예컨대 외교관, 법률가, 경제 전문가 등을 꿈꾼다면 세 가지가 겹치는 국제 통상 분야에 관심을 갖고 포트폴리오를 세우는 것을 생각해 볼 수 있다. 이에 따라 고1 때부터 통상 관련 이슈에 대해 관심을 가지고 관련 독서 일기를 쓰

---

9) 로스쿨 졸업한 뒤 취득하는 실무 법학박사, 학문에 대한 박사학위를 받는 Ph.D와는 다름.

10) 입학사정관제 전형 및 기타 수시 전형에서 완벽히 객관적인 평가란 없다. 입학사정관이나 교수님 등 심사위원들이 학문적 양심에 맞게 공정한 평가를 시행해, 우수한 학생이 입학하면 그것이 객관적인 것이다. 완전한 객관적 평가는 수능 점수와 내신 성적을 정량 평가한 것 외에는 없다.

면서, 기회가 된다면 모의WTO 같은 곳에 출전해 보는 것이다.

진학 목표(와 학업 계획 등) 역시 구체적으로 세워져야 한다. 물론 이 학업 계획은 대학 입학 후 얼마든지 바뀔 수 있다. 하지만 적어도 고교 3년간은 확고하게 세워져 있어야 한다. 교수들은 입학 전형 심사위원이기 이전에 학자이다. 학문을 어떻게 공부하는지에 관심이 없을리가 없다. 전공 학과의 학문을 전공하기 위해 고교 시절에 어떤 공부를 했는지, 얼마나 제대로 배웠는지 평가하고 싶어 한다. 그 점을 유념하고 고교 3년 동안 공부해야 한다. 면접 하나를 보더라도 고교 시절 감명 깊었던 학문 내용에 대한 궁금증 내지는 깨달음에 대해 질문할 수 있다.

필자가 지켜봤던 치대 합격자가 그랬다. 면접장에서 수학 이론에 대한 질문을 받았던 그는, 이론을 이끌어내는 과정과 풀이과정에 대한 관심과 애정을 보여 주었고, 이에 교수들의 마음을 사로잡았다고 한다. 그 덕에 다른 치대생들에 비해 턱 없이 낮은 수능 점수임에도 불구하고 합격을 했다. 치대가 이런데 자연과학이나 인문학 교수님들은 어떨까.

발전 가능성은 가장 중요한 요소라 할 수 있다. 학생이 앞으로 어떻게 발전할 수 있을지 자소서와 스펙, 포트폴리오 등을 보고 가능할 수 있어야 한다. 너무 수려한 문체의 자소서나 전문가 뺨치는 포트폴리오는 오히려 마이너스가 될 수 있다. '학생다움'에 대해 고민해야 한다.

다음은 명덕외고에서 홈페이지에 공개한 '명덕인재상(償)'의 평가 기준이다. 이 기준을 충족해야 상장을 받게 된다. 스펙과 관련해 독자들이 파악할 수 있는 스펙 경로 설정의 방향이 되리라 생각한다.

| 심사 항목 | | 기　준 | | 제출 서류 | 비고 |
		최우수상	우수상		
전공 준비	전공 관련 독서	5권	3권	독서 노트 사본	택3
	소논문	2편	1편	논문(공동작업 가능)	
	자기소개서	우수	보통	자기소개서	
	전공 학과 방문	2회	1회	생활기록부 해당부분	
	전공 직업 체험	2회	1회	생활기록부 해당부분	
영어 능력	TEPS	850점	750점	성적표 사본	택1
	TOEFL(iBT)	105점	95점		
전공어 능력	독어 ZD	ZD 3급 이상, 또는 SNULT 2급 이상	ZD 4급~SD A2 3급, 또는 SNULT 3+급	인증서 사본 또는 성적표 사본	택1
	불어 DELF	DELF B	DELF A		
	일어 JLPT	JLPT N2	JLPT N3		
	러어 TORFL	기본단계	기초단계		
	중어 HSK	HSK 5급	HSK 4급		
	AP(수학, 과학)	5점 2개 이상	4점 2개 이상		
봉사 활동		40시간 이상	30시간 이상	생활기록부 해당부분	필수
교내생활(연간 벌점)		2점 이하	5점 이하	인성교육부 확인	필수
수학 능력	전국학력평가	당해 학년 언·수·외 모두 1등급	당해 학년 1개 학기 언·수·외 등급 합 4등급	학년부 확인	택1
	SAT	2100점	2000점	성적표 사본	

※ 외국어 성적(영어, 전공어 포함)은 상기 인증시험 외의 성적표 제출 시, 학교에서 정한 비교 기준에 따라 '자격 심사위원회'에서 심사하여 인정 여부를 결정함.
※ 유학반(인문계)은 AP(수학·과학)를 대신하여 인문 분야 AP 인정.

스펙 관리의 만점 비결 : 스스로 만드는 Bibliography

대학원생들은 흔히 논문을 준비할 때 'Bibliography(참고문헌 요약 정리)'를 만든다. 논문은 타인과는 다른 자신의 입장을 밝히는 글이다. 따라서 다른 사람이 쓴 관련 주제의 글을 읽고, 비판적으로 평가하는 작업이 선행되어야 한다.

Bibliography는 이를 위한 작은 노트다. 자신의 연구 주제와 관련된 책이나 논문 등의 글을 읽고 짤막한 평을 쓰는 것이다. 이것은 곧 논문 작성 시 참고문헌 목록 및 각주 작성을 위한 자료가 된다.

이를 입학사정관제를 위한 포트폴리오 작성 방법에 적용해 본다면 효과적인 방법이 될 수 있다. 각종 활동이나 독서 경험, 외부활동, 경시대회 기록 등 각종 경력을 정리하는 노트라고 보면 되겠다. 포트폴리오를 만들기 위해 준비하는 'raw material note'라고 보면 된다.

각 항목은 제목 하나와 설명 두세 줄로 구성한다. '2012. 4. 3. 마이클 샌델의 〈정의란 무엇인가〉와 나의 생각'이라는 식의 제목이 적당하다. 이후에는 독서 및 토론, 또는 프로젝트 수행 과정 중 인상 깊었던 경험에 대해 적으면 된다. 한 번에 두세 줄 정도면 충분하다. 선생님이 해 준 코멘트가 있다면 원문 그대로 옮겨 놓는 것이 좋다. 일부 학생들의 경우 내용 정리를 3줄 정도 한 뒤, 자신의 생각을 20줄 정도로 쓰는 경우도 있다. 이렇게 하면 좋은 논술 준비가 되기도 한다. 이에 선생님이나 부모님이 빨간펜 코멘트를 달아주면, 필담 같은 토론 연습 아니겠나.

이렇게 적어둔 Bibliography는 자기소개서를 쓰거나 면접에 임하기 며칠 전, 자신에 대한 생각을 정리하면서 예상 답안을 떠올리기 위한 좋은 자료가 된다. Bibliography의 내용 중 지원 학과에 맞는 항목 위주로 포트폴리오 내용을 구성할 수도 있다.

입학사정관들은 한 해 수천, 수만 건의 포트폴리오를 접한다. 이 중에서 장래희망과 발전 가능성, 진학 이유 등이 설득력 있게 딱 맞아 떨어지는 포트폴리오는 몇 개 없다. 그러려면 '맥'이 있어야 한다. 그 맥에 맞게 하나씩 배경 지식을 쌓아가는 과정을 중계하는 노트가 바로 Bibliography라 할 수 있을 것이다.

06

강북 엄마에게
대치동 셔틀을 권하는 사회

> 학부모 : 선생님, 아무래도 저희 애는 강남으로 학원을 보내야겠어요.
>
> 강사 : 통학에만 1시간이 걸릴 텐데요.
>
> 학부모 : 그래도 대치동이 최고죠. 제가 운전하려고요.
>
> 강사 : 강남으로 가시는 것은 좋지만, 아이에게 별로 도움이 되지는 않을 거에요.
>
> 학부모 : 무슨 말씀이세요. 일류 강사에게 배워야 명문대를 가죠.

 과연 그럴까? 요즘 엄마들 꽤나 극성이다. 10여 년 전만 하더라도 심하다 싶은 생각이 들 정도로 일부 극성 엄마들만이 자녀를 강북에서 강남의 대치동까지 데려다 주며 학원 수업을 듣게 했지만, 요즘은 자녀의 운전기사를 자처하는 엄마들의 모습을 자주 볼 수 있다. 또, 방학이 되면 지방에 있는 학생들은 고시원이나 원룸을 잡아 대치동으로 학원 원정을 오는 경우도 많다. 정말 눈물겨운 맹모삼천지교(孟母三遷之敎)요, 유학(?) 열기라 할 수 있지만 그 효과는 기대한 것만큼 크지는 않다.

차라리 셔틀할 시간을 아껴라

'일본대 입시문제'로 본고사 강의를 하고 '1200제 영어문제집', '서울대 합격 수학'과 같은 문제집을 풀던 90년대 초반에는 유명 강사와 그렇지 않은 강사 사이에 차이가 컸지만, 지금은 난이도가 많이 낮아졌다. 강사의 자질이 아니라 학생 자신의 노력과 끈기를 기반으로 학습 내용을 얼마나 잘 이해하느냐에 따라 입학 가능한 대학이 달라지는 시대가 됐다.

대치동의 유명 강사에게 배우면 이해가 잘 되고 최신 경향을 잘 파악할 수는 있을지는 모르지만, 지방 대학에 갈 수 있는 성적을 가진 학생이 서울의 톱10 대학을 가는 일은 쉽게 생기지 않는다.

사실 2008년 이후 지속되는 금융위기 탓에 요즘엔 대치동 학원들도 콧대가 꽤 낮아졌다. 학부형들은 "이전 같으면 '뭐하러 강북에서 여기까지 오세요.'라면서 돌려보냈을 학생[11]이라도, 이제는 '잘 오셨다. 역

---

11) 공부를 그리 썩 잘하는 것이 아니거나 집에 재력이 있는 것도 아닌 평범한 집 범재(凡才)가 이런 경우다. 가르쳐서 명문대를 보내 입소문을 내는데 일조하는 것도 아니고, 수익에 도움이 되지도 않기 때문이다.

시 학원은 대치동에서 다녀야 한다.' 며 반갑게 상담을 해 준다"고 말한다. 학원 입장에서는 한 명의 수강생이라도 더 받아야 수익을 낼 수 있고 안정적으로 학원을 유지할 수 있기 때문이다.

 직접 학원을 다니는 아이 입장에서 보면 대치동 원정이 얼마나 효과가 있을까? 사실 많은 보람이나 이익이 있는 것은 아니다. 교육적인 측면에서 보면 대치동까지 와서 수업을 듣는다고 해도 초특급 강사의 수업을 듣는 것은 한두 과목밖에 안 된다. 국어는 A강사, 영어는 B강사, 수학은 C강사. 이런 식으로 대치동에서 이름난 강사들의 수업을 돌아가면서 들을 수 있다면 좋겠지만 시간표도 안 맞을 뿐만 아니라, 이렇게 셔틀을 하기도 어렵다. 대개 어느 한 과목을 잘 가르치기로 유명한 학원에서 나머지 과목을 몽땅 듣는 경우가 많다. 이런 경우 한 과목은 유명 강사에게 듣지만, 나머지는 강북에서 듣는 것과 별반 차이가 없다. 가격만 비쌀 뿐이다.

 어렵사리 전 과목 수업을 듣는다고 하더라도 강북에서 듣는 것 이상의 이해력과 문제풀이 능력이 향상될까? 그것은 별개의 문제다. 유명 강사에게 수업을 들어 이해가 더 잘된다면, 국내 최고 강사들이 하는 인터넷 강의를 듣는 학생들은 모두 서울대에 진학해야 할 것이다. 사교육의 효과를 극대화하기 위해서는 '자기주도학습' 스타일의 예습과 복습을 꾸준하게 해야 하고, 학부모는 이를 철저히 관리해 주어야 한다. 100점짜리 강사에게 수업을 듣고, 복습을 게을리하는 것보다 90점짜리 강사에게 수업을 듣고 꾸준하게 복습을 하는 것이 훨씬 점수가 잘 나온다.

하지만 셔틀을 하면 학원 수강만 해도 하루가 다 간다. 예를 들어, 노원역에 있는 학교에서 오후 5시에 하교한 후 대치동으로 이동하여 두 과목만 듣는다고 해도 11시가 훌쩍 넘는다. 그리고 집에 오면 다음날 새벽. 학교에 가서도 피곤할 수밖에 없다. 그 와중에 복습을 하고, 영어 단어를 외울 수 있을까?

차라리 근교 버블세븐 지역에서 꼼꼼하게 가르쳐 주는 소수 정예 학원을 보내는 게 낫다. 대치동에서 SKY 대학 100명을 보낸다면, 이 지역의 학원에서는 80명은 보낸다. 전체 사교육 수강자 대비 SKY 대학 진학 비율로 본다면 오히려 집 근처에서 보내는 것이 나을지도 모른다.

또한 강남으로의 학원 원정을 오는 학생들이 학원에서 친구를 사귀는 것이 그리 쉽지 않다. 단체 활동을 하는 학교도 아닌 학원에서 두 세 시간 같이 수업을 듣는 것만으로 제대로 된 친구를 사귀기는 어렵다. 오히려 자녀에게 스트레스를 줄 수 있다.

'대치동 명강사' 가 우리 동네에 출강을 온다고?

강남이 아닌 지역에서 가장 많이 나오는 학원의 광고 문구 중 하나가 '대치동 명강사 초빙' 이라는 말이다. 그 외에 학원 강사 프로필에 '강남○○학원 수학 전임' 등의 문구도 쉽게 볼 있다. 필자 역시 대치동이라는 이름을 팔아 마케팅하는 모습을 많이 봐 왔다. 듣도 보도 못한 학원 이름을 말하며, '대치동 ○○○학원에서 직접 출강 나오신 분' 이라는 이야기를 많이 한다. 이것은 반대로 생각해 보면 쉽게 답을 찾을 수 있다. 대치동에서 잘 나가는 강사가 왜 우리 지역까지 와서 강의를 할까.

대치동에서 잘 나가면 많은 돈을 벌고, 학생들이 구름떼처럼 몰려들 것이다. 경제 위기로 학원 경기가 어려워졌다고 하지만 여전히 대치동은 학원불패의 지역이다.

물론 '6회에 얼마' 이런 식으로 단기 출강을 오는 것은 가능하다. 대개 학원에서는 "들어온 수강료 다 가져가라"면서 대형 강사를 초빙해 오는 경우가 종종 있다. 학원장 입장에서 수익은 나지 않지만, 학생들에 대한 일종의 미끼 상품인 것이다. 학생들이 등록을 하려고 할 때 "사회 특설 강좌는 종합반 학생들에게 우선적으로 수강자격이 주어집니다."라면서 은근히 종합반 등록을 권유하는 것이다. 뿐만 아니라 초빙 강의 전후로 원장이 나와서 학원의 종합반 수강을 권유하면 적어도 10명 정도의 '낙수줍기'가 가능하다.

1명당 50만원으로만 계산해도 월 500만원의 매출이 새롭게 생기는 것이다. 특설 강좌에 드는 비용(강의실 임대료, 관리비 등)을 감안한다 해도 남는 장사다. 물론 그 특설 강좌 수강료의 절반을 원장이 가져가면 더 좋겠지만 말이다.

요즘은 인터넷 시대다. 필요하면 학원 강사가 진짜 대치동에서 강의를 했었는지, 어떤 것을 가르쳤는지, 인기는 많았는지 등등 관련 정보들을 충분히 찾아볼 수 있다. 참고로 대치동에서 돈 좀 번다하는 강사들은 강남 밖으로 쉽게 나오지 않는다.

07

초등학교 때
조심해야 할 레벨의 함정

> "우리 애가 영어 학원에서 레벨 테스트를 했는데 90점 넘게 맞았지 뭐야. 그래서 S반에서 R반으로 옮겼어. 해외에서 공부하고 온 아이들하고 같이 수업을 듣는다나. 허허허."
>
> (45살 A차장)

> "이번 달 학원 전국지점 연합 수학인증시험에서 금상이래. 전국 1000명 응시자 중에 1% 안에 들었다나. 이러다가 과학고 간다고 하는 것 아닌가 모르겠어."
>
> (40살 B과장)

이런 이야기하면 좋으신가. 정말 애들이 과학고 가고, UN본부에서 활동하는 국제화 인재가 될 것이라고 믿고 있는 것인지 묻고 싶다. 그렇지 않다면 단지 아버지 자신의 만족을 위해서 하는 이야기인가, 아니면 어머니가 "아이를 잘 키우고 있다"는 것을 보여주려고 이렇게 '레벨'에 연연하는 것인가.

'레베루의 함정'에 부모 등골만 휜다

초등학교 학부형들에게 "왜 학원 보내세요"라고 물어보면 십중팔구 "서울대 보내려고요", "의대 보내려고요"와 같은 답이 나온다. 지금 어머님들이 보내는 방법대로 하면 SKY 대학에 갈 수 있을까? 대다수는 아니다. 아이의 머리가 좋고 나쁘고는 둘째치고, 초등학교 시절 사교육 방법이 '입시'라는 목적과 맞지 않기 때문이다.

그렇다면 초등학교 학부형들이 입시와 맞지 않는 사교육(예체능 제외)을 하는 이유는 무엇일까? 구조적인 문제를 따져본다면 '레베루(level의 속어)의 함정'에서 나왔다고 해도 과언이 아니다. 레벨 테스트는 2000년대 이후 사교육 시장에서 가장 우수한 마케팅 툴(tool) 중에 하나이다. 마케팅 이론에서 '눈에 보이지 않는 서비스'를 눈에 '보이는 사물'로 바꾸는 것은 고객의 만족을 높일 수 있는 효과적인 방법이라고들 한다. '쑥쑥 크는 아이의 실력'을 수치로 보여주고, 등급까지 매겨주니 이 얼마나 효과적인가. 게다가 등급이 꾸준히 올라가기라도 한다면 '서울대학교'를 향한 부푼 꿈을 이끌어 주는 계단 같은 존재가 될 것이다. 그래서 엄마들은 몇 만원씩 내면서 학원 레벨 테스트를 보고, 특목고나 명문대에서는 인정도 안 해 주는 수학인증시험에 매달린다.

실제로 학원가에서는 이런 환상에 젖어 있다가 고1말~고2초쯤 된 자녀를 데리고 부랴부랴 소수 정예 학원을 찾는 학부형들이 꽤 있다. 초등학교 때는 경시대회에 내보내고[12], 중학교 가니 엄마가 공부 내용을 잘 모른다며 학원에 일임한다. 그렇게 9년이 지나간 뒤 고교에 진학하자 부랴부랴 입시 전문가를 찾는 것이다. 이 경우 대부분의 학생들은 안타까운 현실에 놓여 있다. 옆집 엄마 따라서 학원을 전전하다가 결국 제 나이 또래의 기본적인 국영수 실력도 갖추지 못한 채 어려운 책만 몇 권 들춰보다 만 것이다. 결국 책 이름만 줄줄 외고, 실력은 하나도 없는 '빈껍데기 사서삼경'이 되고 만다. 모의고사 실력은 안 봐도 비디오다.

왜 이런 경우가 생길까. 일단 두 가지 전제가 틀렸다. 우선, 영어를 빼어나게 잘하면 대학에 잘 간다는 착각이다. 사실은 그렇지 않다. 영어는 SKY 대학에 갈 정도의 실력, 수능에 필요한 만큼만 하면 된다. "대학원 유학 갈 때는?"이라는 질문이 나올 법하다. 그건 대학 4학년 때 준비해도 충분하다. 크리티컬한 입시 준비에 올인해야 하는 고교 시절에 시간을 배분할만한 것이 아니라는 이야기다.

또 하나의 전제도 있다. 영어 실력이 높을수록 좋다는 인식이다. '영어 실력이 늘면 좋지 않느냐', '국제화 시대에 맞는 인재가 되려면 수준 높은 영어 구사 능력은 필수' 같은 이야기가 들려온다. 물론 크게 보면 맞는 말이다. 하지만 한국에서 자란 '토종'이 영어를 잘 해봐야 얼마나 할까. 오히려 외국에서 태어나거나 장기 거주한 '해외파' 친구들의 들러리를 서는 것은 아닐까. 물론 토종 출신으로 토익 만점을 받는 등 기염을 토하는 학생들도 있지만, 평범한 학생이 그런 결과를 가져올지는 곰

---

12) 대개 입상 경력이 없는 경우가 대부분이다. 상담 중 "뭐 했느냐"고 하면 "경시대회를 준비했지만, 입상은 못 했다"는 답이 돌아온다. 헛된 세월 보낸 셈이다. 물론 수학 공부를 했다는 의미 부여를 할 수는 있겠지만, 입시에 얼마나 도움이 될지 의문이다. 일부 학생 중 고3 자소서에 이 경험을 살려 '초등학교 시절에는 수학에 푹 빠져, 경시대회 준비를 했다'고 쓰는 경우가 있는데, 입상 못한 경시대회 준비 이력은 탈락한 사법고시생과 다를 바 없다.

곰이 생각해 볼 문제이다.

수학, 과학 역시 크게 다르지 않다. 수학·과학을 빼어나게 잘해서 도움이 되는 경우는 두 갈래다. 이공계 분야의 연구원이나 학자로 발전하거나 의대를 가는 것이다. 그렇지 않은 이상 경시대회를 준비하거나 높은 수준[13]의 수학 문제집을 섭렵하는 것은 그리 바람직하지 않다. 하지만 영어보다는 돈이 덜 아깝다. 수학이나 과학은 '높은 성적을 얻어내는 것' 보다 '낮은 성적을 피하는 것' 을 위해서 과외를 하는 경우가 많다. 따라서 꾸준히 공부를 하는 것은 향후 사교육비 절감에 일정 부분 도움이 된다.

따라서 초등학생 자녀에게 사교육을 시키기 전, 큰 그림을 마음속에 품고 있어야 한다. 국영수과사 과목은 '입시' 라는 큰 틀 속에서 한 걸음씩 떼는 마음가짐으로 시켜야 하며, 사교육비를 절약하는 방향으로 공부를 시켜야 한다. 영어 실력은 대학에 가서도 높일 수 있다. 그걸 기억하지 않으면 들러리만 서고 돈만 많이 든다.

초등학생 시절에는 독서 · 예체능 · 글쓰기

오히려 필자는 초등학교 시기에는 국어 공부와 글짓기를 권하고 싶다. 영어나 수학 등은 중학교 때부터 차근차근 공부해도 늦지 않다. 하지만 모국어 영역인 국어나 글쓰기는 단기간에 실력 배양이 어렵다. 필자도

---

13) 경시대회나 올림피아드 대비 문제집, A급 수학 등의 문제 중 최고 난이도, 대입 수리논술용 문제 등을 말한다. 수학 학원 재테크편 참조.

초등학교 시절 독서를 게을리 했다가 고등학교 때 언어영역 점수가 일정 수준에서 더 오르지 않아 고생했던 기억이 지금도 생생하다. 부모의 지도 또는 주1~2회 정도 글짓기 학원을 다니면서 책을 읽고 독후감을 쓰는 것이 좋다. 자녀가 독후감 쓰기를 싫어한다면, 책의 종류를 다양화하고 대화와 토론 형태로 이야기를 이끌어 보는 것도 좋다. 때로는 YTN 같은 보도전문 TV 채널을 함께 보면서 어머니와 자녀가 편하게 이야기를 하는 것도 좋은 방법이다.

예체능 역시 해 볼만하다. 입시 준비를 전혀 하지 않아도 대학 가는데 지장이 없는 초등학교 때야말로 예체능 공부를 제대로 할 수 있는 소중한 시간이다. 흔히 피아노 학원 1~2년 다니다 그만두게 하는데, 제대로 한 6년을 가르쳐 보는 것은 어떨까. 그러다 흥미가 생기면 중고교 시절에도 취미로 남게 되고, 평생 특기로 남게 된다.

필자는 언론계 입문 전까지 학원에서 살다시피 했다. 아버지가 운영하는 학원에서 많은 학생들과 이야기를 할 기회도 있었다. 하지만 필자가 지켜봐 왔던 수천 명의 학생 중에 초등학교 시절의 선행학습을 살려, 중·고교까지 공부를 잘하고 명문대에 골인하는 경우는 많지 않았다. 오히려 엄마의 잘못된 치맛바람 때문에 허송세월 하다가 공부량이 부족해 재수를 경우가 더 많았다. 천재소년 송유근 같은 기적은 일반적인 자녀에게는 안 나온다. 그냥 환상을 버리자.

08

초등학생 논술
왜 하는거야?

> "가장 애를 먹은 것은 에세이였는데, 영어 선생님에게 매일 첨삭지도를 받은 게 큰 도움이 됐다." 2012년 5월 하버드대를 3년 만에 전체 수석으로 졸업한 한국인 진권용씨가 언론에 공개했던 영어 극복 방법이었다. 영어를 한국어로만 바꾸면 우리의 논술 교육과도 다르지 않다. 매일 학교 국어 선생님이 첨삭지도를 해 주고, 학생 스스로 논거를 찾아 주장을 강화할 수 있게 해 준다면 논술 및 토론에 대한 사교육은 필요 없다. '학교 수업만 잘 따라가면 서울대 가는데 지장 없는' 논술 실력이 갖춰진다. 문제는 이런 교육 방법이 일반적인 한국 학교에서는 불가능하다는 점이다.

'속 빈 강정' 초·중생 논술교육

현실적으로 초·중생이 제대로 글쓰기를 배울 가능성은 없다. 이런 상황에서 자녀를 둔 학부형들은 '안전빵'이라는 마음으로 글쓰기 학원을 보낸다. 중학생을 대상으로 '선행 대입논술'이라는 거창한 말까지 들먹인다. 하지만 현실은 '속 빈 강정' 수준인 것이 초·중생 대상 글쓰기 사교육이라 할 수 있다.

우선 초등학생 대상 글쓰기 강좌의 경우 자격 미달인 강사가 많다. 그 이유는 "내용이 쉽기 때문"이다. 국어 강사에 입문하려는 사람들이 많이 지도하게 되며 페이도 그리 많지 않다. 그래서 정통 중고교 국어강사를 하기 직전의 징검다리 정도로 생각하는 경우가 많다. 초등학교 논술 담당 학원 강사 중에 괜찮은 대학의 국문 또는 국어교육 전공자가 얼마나 될지 찾아보라. 초등학교 학부형들이 다짜고짜 SKY 출신 강사를 찾는 것도 효과가 없지만, 강사가 어떤 사람인지 알아보지도 않고 그저 '잘 해 주겠거니' 하는 것도 문제다.

초등학생 글쓰기는 대개 '글짓기·독후감 수준'인 경우가 대부분이다. 커리큘럼은 교육청 같은 기관이나 학교 선생님들이 만든 리딩 리스트, 각 기관의 추천도서를 학년에 맞춰 읽고, 글짓기 요령을 가르치는 것이 대부분이다. 학생들에게 글을 쓰게는 하지만, 정작 강사가 논술의 기본기를 가르칠 능력도 없고, 학생들이 받아들일 수 있는 때도 아니다. 기껏해야 개요 쓰는 방법 정도와 몇 번의 글쓰기 체험, 그리고 칭찬 일색의 강평이 내 자녀가 받을 수 있는 교육의 전부다. 일각에서는 "그래도 책이라도 읽지 않느냐"는 이야기를 한다. 돈이 많아 그렇게라도 쓰겠다면 할 말은 없다.

 중학생 논술 강좌 역시 큰 차이는 없다. 그나마 차이를 이야기 한다면, 고교 대입논술에 중요한 점을 잘난 체 하듯 떠들어 대고, 학생들이 이해할 수 없는 지문을 가끔 보여준다는 점이다. 초등학교 시절 체계적인 글쓰기 요령을 배우지 못한 아이들이 중학교에 갔다고 해서 제대로 글을 쓸 수 있을까? 오히려 학교 선생님이 수행평가 대비 예상답안이라면서 알려준 글을 달달 외워서 쓰는 것이 도움이 되는 경우가 많다. 학교 선생님이 쓴 서론-본론-결론의 틀을 '모방'이라는 형식으로 받아들이기 때문이다.

 최악의 경우는 중학생들에게 이해할 수도 없는 철학 지문을 주고 잔뜩 잘난 체를 하며 외우게 하는 일부 강사들의 태도다. 물론 고교생의 대입논술에서는 어느 정도 지문에 대한 이해나 배경 지식이 필요하다. 하지만 왜 중학생들에게 철학의 사조를 외우게 하고, 학파별 차이점에 대해 논하게 하는 것일까. 중학생보다 수준이 높은 부모들이 읽어서 이해가 되지 않는 것은 무슨 일인걸까. 단지 "나는 잘 몰라도 우리 아이는 교육 시켜야지"라는 생각에 쓸데없는 교육비가 나가는 것은 아닐지 생각해 봐야 한다.

초·중생 글쓰기 교육의 목표는 읽기 습관

 요즘 초등학교 논술학원 광고를 보면 가관이다. 역사와 접목하면 역사 논술, 교과서와 접목하면 교과서 논술, 세계지리와 접목하면 세계지리 논술…. 그냥 초등학교 교과 과정에 논술이라는 글자를 갖다 붙인 형국이다. 이런류의 '짝퉁 논술' 교육은 내 아이에게 하나도 도움이 되지 않는다는 것은 쉽게 눈치챘을 것이다.

초등학교의 목표는 하나다. "초등학생 및 중학생 초반 수준의 리딩 리스트 섭렵." 그 이상도 이하도 필요하지 않다. 이것만 성공한다고 해도 상당한 독해력을 보유했다고 할 수 있다. 고전에서 시작해 과학 지문, 사회과학 지문 등 다양한 분야의 글을 읽어보고, 나름대로 요약을 해본 뒤, 자신의 생각을 한두 줄 정도 코멘트 형식으로 정리하면 된다. 이정도만 해도 훌륭한 초등생 독서노트가 될 수 있을 것이다. 글쓰기 능력을 기르겠다면서 논술의 맛만 보여주는 강좌를 듣게 한다거나, 개요 작성법을 애써 주입할 필요는 없다. 중학교 때 몇 달이면 다 배울 수 있는 것들이다. 초등학교 때 생각도 정리되지 않은 상태에서 글쓰기를 해봐야 완성조차 못하는 경우가 다반사다. 그보다는 폭넓은 독서에 주안점을 둬야 한다.

중학교의 첫 번째 목표 역시 독서다. 고교생이 되면 일부 필요한 배경 지식용 서적 외에는 책을 읽을 시간이 거의 없다. 체육 · 여가 활동을 제외한 주말 시간은 전부 독서에 투자한다고 해도 시간이 아깝지 않을 정도다. 고교는 물론 대학 진학 이후에도 써먹을 수 있는 재산이 된다.

때로는 암기가 효과적인 교육 방법이 되기도 한다. 일부 강사들은 "모범답안은 학생들을 망칠 수 있다"는 이야기를 하지만, 글쓰기의 기본도 안 되어 있는 아이들에게 괜찮은 답안 100가지를 주고 참고하는 방식의 공부법도 나쁘지 않다. 실전편 교육에서는 그동안 다루지 않았던 주제를 주고 자유롭게 써 보게 하면 된다.

 지금까지 봤던 최고의 글쓰기 실력 향상 기법은 대학을 나온 부모가 매일 같이 토론을 하고 함께 글을 써 보며 대화를 나누는 방법이다. 여기에 고1 때부터 철학과 대학강사 출신 선생님에게서 배운 철학 이론과 글쓰기를 접목하는 방법을 가미하고, 국어교육과를 나온 학교 선생님께 최종 점검을 받는 것이 베스트라고 하겠다. 그 외의 방법으로는 평범한 아이들이 상위권 논술 실력을 쌓기 어렵다.

09

사교육비, 집중의 시기가 필요하다!

“요즘 부모님들이 버는 돈은 뻔하다. 맞벌이를 해서 연봉 1억 원이 넘으면 대성공이다. 외벌이인 경우에는 사교육비가 부족해 엄마가 아빠 몰래 아르바이트를 하면서 돈을 벌어오기도 한다. 이 때문에 한정된 자원 속에서 가장 효과적으로 사교육비를 지출할 수 있는 방법은 학부형들의 영원한 과제다. 필자는 2009년 중앙일보 조인스 블로그에 ‘사교육 재테크’라는 이름의 칼럼을 연재한 바 있다. 그 때 많이 받았던 질문이 바로 “돈은 한정돼 있는데, 언제 투자를 하는 것이 효과적이냐”는 것이었다.

1년 정도 앞서는 ‘중학교 때 투자’가 무난

사실 사교육비의 대부분은 국어 · 영어 · 수학 3과목이 차지한다. 그 중에서 국어는 비교적 작은 액수가 꾸준히 들어가고, 큰 단위의 돈은 영어와 수학이 잡아먹는다는 것을 감안하면, 사교육비를 적절히 투자

하고 있는지의 여부는 자녀의 영어 및 수학 사교육 스케줄을 어떻게 잡느냐에 따라 달려있다. 물론 엄마가 생각하는 교육 스케줄에 맞춰 자녀가 수업을 따라가 주는 것이 뒷받침 되어야 할 것이다.

그렇다면 언제 투자하는 것이 가장 돈이 적게 들고, 아이에게 도움이 될까? 학원가를 지배하는 투자 전략에는 4가지 의견이 있다. 전략의 첫 번째는 중학교 때 영어와 수학을 고교 과정까지 끝내고, 고등학교에서는 국어 및 암기과목에 전력투구하는 방법이다. 외고 상위권, 과학고 학생을 두거나, 자녀를 그렇게 키우려는 학부형들이 많이 쓰는 전략이다. 장점은 학원비가 상대적으로 싸게 먹힌다는 점이다. 제 아무리 중2, 중3 학생에게 선행학습반이라는 미명하에 추가 수강료를 받는다고 한들, 고3 학생에게 대입 수학을 가르치는 것보다는 쌀 수밖에 없다. 중1 부터 고3 과정까지의 영어와 수학을 공부한다면, 모든 과정을 차례대로 배우는 것에 비해 중학교 때 몰아서 배우는 것이 돈이 덜 든다. 게다가 선행학습반의 경우 우등생들이 모여 있고, 진도를 비교적 빨리 빼는 경우가 많다. 흔히 과학고에 보낸 엄마들이 "중학교 때 바짝 돈 투자하고, 고등학교 때부터는 학교에서 시키는 것만하면 돈 안 든다"고 하는 말의 맥락은 이것이다.

하지만 단점도 만만치 않다. 실제로 사교육 현장에서 중학교 때 고교 과정을 몰아서 배우는 학생은 전체 학생의 30%(체감 기준)를 넘어서는 경우가 다반사다. 하지만 고교 수준의 영어와 수학을 이해해 내 것으로 만들고, 이후 잊어버리지 않는 학생은 전체의 5%가 채 되지 않는다. 많은 학생들이 이해를 제대로 하지 못하고 책만 뗐다며 자만심에 빠져 있다가 고교 1학년 때 참담한 성적표를 받아들고는 다시 1:1 개인지도 과외를 받는 것이다.[14] 사교육비 아끼려다 추가 비용이 더 들어가는 셈이다.

한 전직 학원장은 "실력 없는 아이들을 선행학습반에 넣지 않으면, 학부형들이 아이 탓을 하는 게 아니라 학원에서 잘 가르치지 못해서 그렇다고 생각해 학원을 옮긴다"고 했다.

1년 정도 선행학습을 시키면서, 중2~3학년 시기에 집중적으로 사교육비를 투자하는 것이 두 번째 방법인데 이 방법이 가장 무난하다. 중학교 시기에 영어와 수학의 기틀을 마련하고, 고1 수준의 영어, 수학을 끝내놓은 후 고교에 진학하면 수능 영어, 수능 수학과 함께 국어 위주의 내신 공부를 하는 방법이다. 소위 말하는 '제철학습[15]'의 취지와도 상당 부분 부합하는 사교육 기법이다.

중학교 시기에 고교 영수 전 과정을 끝내려 할 때 제대로 이해가 되지 않는 경우가 많다는 단점을 예방하고, 천천히 탄탄한 실력을 갖출 수

---

14) 대개 이런 경우는 중학교 때 엄마들이 자기 만족을 위해 억지로 어려운 과목을 수강하게 하고, 뒤늦게 후회하는 경우다. 학원에서는 엄마들이 원하니 아이의 실력은 감안하지도 않고 무작정 고교 과정을 가르친다. 어차피 중학교 내신에서는 선행학습을 제대로 했는지 여부가 학교 시험과 같은 객관적인 지표로 확인이 불가능하기 때문이다. 고교에 진학하고 나서야 어설픈 선행학습으로 실력이 사상누각(砂上樓閣)임이 드러난다. 그제서야 엄마는 학원을 찾아가 상의한다. 대개 이러면 학원장은 "아이가 공부를 잘 했는데, 어려운 것만 공부하다보니 기본기를 잊어버렸다"며 기본기 대비 개인과외를 하면 된다는 답변을 한다.

최악의 경우는 "아이에게 선행학습을 시켜놨다"며 신경도 쓰지 않다가 고3이 되어서야 실력을 깨닫는 경우다. 중학교 때는 이 학원 저 학원을 보내는 등 극성을 부리다가, 고교 입학 후 담임 교사가 "사교육으로는 제대로 공부를 할 수 없으니 학교에 맡겨주시라"는 가정통신문을 딸랑 보내면 그 이후 애 공부에 관심을 끊는 경우가 그렇다. 이건 답이 없다. 고3 때부터 재수를 시킬 각오로 2년을 꾸준히 시켜야 간신히 만회가 가능할 것이다.

있다는 장점도 있다.

중학교 시절에 어느 정도 선행학습을 하고, 고교에 가서 우수한 학생들과 제대로 공부하면서 실력을 쌓을 수도 있다. 이 경우 사교육비가 획기적으로 줄어들 여지도 있다. 간간히 부족한 과목을 수요일, 일요일 등 주 1~2회 정도 압축하여 듣고, 중학교 시절 쌓았던 실력과 고교의 우수 교사들에게 배운 것을 바탕으로 자기주도학습을 하면 된다. 다른 친구들처럼 전 과목을 주구장창 학원에 의존할 필요가 없다는 이야기다. 필자가 졸업한 명덕외고에서는 이런 방식으로 사교육비를 줄인 학부형이 꽤 있었다.

세 번째 전략은 중학교 과정을 착실하게 가르치되 심화 난이도까지도 소화할 수 있게 가르치는 것이다. 이 경우 고교 시절에 자녀의 이해도가 다른 학생들에 비해 높다는 장점이 있다. 하지만 상당수 우등생들은 고교 과정을 어느 정도 선행학습을 하고 진학하기 때문에, 이를 따라가는 과정에서 '진도가 늦어진다' 는 고민을 할 수도 있다.

---

15) '제철학습' 이라는 패러다임은 최근 진보 교육자들 사이에서 많이 회자되는 개념이다. 교육을 과일에 빗대 '설익은 선행학습보다 잘 익은 제철학습이 좋다' 는 이야기다. 교육청에서는 동영상과 포스터 등을 활용해 제철학습의 중요성을 강조한다. 본래 취지는 그럴 듯하다. 제 나이에 맞는 교과 과정을 착실히 배워, 각 학년별 학습목표를 제대로 소화해 낸다는 이야기다. 하지만 이는 현행 사교육 시장과 입시 준비의 현실과는 다소 동떨어져 있다. 현실적으로 선행학습을 제대로 한 아이들이 좋은 성적을 내는 경우가 많은 상황에서, 내 아이만 '제철' 학습을 한다는 것이 쉽겠나. 자식 하나만 바라보고 사는 학부형들에게는 받아들이기 쉽지 않은 패러다임이다. 또한 수학 같은 교과의 경우 이전에는 고1때 배우던 것이 이제는 고2 수준으로 넘어가는 등 내용이 쉬워졌기 때문에 제철학습이 '언제까지나 제철' 일 가능성도 별로 없다.

1년 정도 선행학습을 하고 중학교 과정을 심화시켜 가르치는 경우에는 학부형들 10명 정도가 그룹을 짜서 중1~고3까지 함께 가는 것이 좋다. 이는 학원비를 최소화하는데 도움이 되는 것은 물론, 학원과의 교섭력도 생긴다. 또한 학생들이 학원을 수강하면서 느끼는 애로사항이나 필요한 점 등을 즉석에서 반영할 수 있을 것이다. 뿐만 아니라 학생들끼리는 함께 공부하고 토론하는 선의의 경쟁자로 남을 수 있다는 장점도 있다.

네 번째 전략은 중학교 시절에는 제대로 학원을 보내지 않다가 고등학교에 간 뒤에서야 투자를 해야겠다며 학원을 찾는 경우다. 이런 경우 학원쟁이들의 타깃이 되기 쉽다. "그동안 공부를 등한시 했으니 따라가려면 돈이 많이 듭니다.", "다른 아이들은 선행학습과 올림피아드반을 열심히 수강해서 실력 차이가 큽니다.", "이래서는 SKY 대학에 못 갑니다."와 같은 엄포와 감언이설(甘言利說)의 비율만 다를 뿐 결론은 비슷하다. 겁을 준 뒤, 여러 가지 강의를 수강하게 해 많은 매출을 이끌어내는 것이다.

아이 실력과 형편에 맞는 사교육 전략 필요

사실 어떤 방법으로 사교육을 시킬지, 선행학습의 정도를 조절할지에 대한 해답은 없다. 각 가정별로 형편이 다르고, 아이의 실력이 다르기 때문이다. 하지만 한 가지 확실한 것은 내 아이에 대한 고민 없이 무작정 옆집 엄마가 하는 방식대로 선행학습을 시켰다가는 낭패를 볼 것이라는 점이다. 내 아이의 실력을 먼저 확인하고 가정 형편에 맞는 전략을 세워야 할 것이다.

 학원가에서는 이런 이야기를 많이 한다. "어머님, 지금 돈 100만원 아끼면, 고3 때 1000만원이 더 듭니다." 반은 맞고, 반은 틀렸다. 각자의 자녀에 맞는 전략이 절실하다.

10

학원이 권하는
선행학습의 득과 실

> **학부모** : 선생님 우리 영석이가 이번에 과학 중간고사를 78점을 맞았어요. 물리2 교과 과정까지 배운 애가 왜 중3 과학이 이렇게 나오는건가요?
>
> **학원장** : 고교 과정 위주로 공부해서 그렇죠. 고교에서는 물리를 수학적으로 풀어내는데 반해, 중학교 과정에서는 개념을 이해하고 암기하는 것이 많습니다. 학교 선생님이 너무 개념만 파고들어서 그런 것이고, 실제로는 영석이가 물리를 아주 잘합니다. 고등학교에 가면 그 진가가 나올 겁니다.

읽으면서 눈치챘겠지만, 학원장의 말은 새빨간 거짓말이다. 하지만 선행학습을 하다 내신에서 뒷통수를 맞아 항의해 본 학부형이라면 누구나 한 번 쯤은 들어본 이야기일 것이다. 도대체 고1 공통수학을, 그것도 정석으로 공부하고 있다는 아들이 왜 중2 수학 시험에서 80점대를 맞느냐는 말이다.

이유는 간단하다. 중2~3 과정을 제대로 마스터하지 않고 무작정 고교 교재부터 집었기 때문이다. 고교 교재라고 해서 처음부터 난해하지는 않다. 수학 교재의 앞에 나오는 집합이나 방정식은 중2~3 수준에 비해 그리 어렵지 않다. 게다가 새롭게 개념 정리부터 하는 챕터가 많기 때문에 체감적으로 어렵게 느끼지도 않는다. 이 때문에 학생과 학부형 모두 '고1 수준으로 올라섰다'는 착각을 하게 된다. 어설픈 선행학습 전략은 아이의 공부 스케줄을 완전히 망치는 지름길이 된다.

영어 · 수학 · 과학은 선행학습 전 목표를 세워라

학원에 가서 "진도 빼 주세요"라면서 상위 학년의 교재를 집어들었다가는 무조건 실패하게 된다. 선행학습에도 목표와 전략이 있어야 한다. 교과별로 선행학습의 목표를 생각해 보지 않고 단순히 학원의 '선행 패키지'를 들으면 낭패를 보기 쉽다.

가장 많은 시행착오는 영어에서 나온다. 영어는 선택을 확실하게 해야 한다. 토플 만점을 맞을 정도의 영어 영재로 키울 것인지, 아니면 수능 영어 수준까지만 가르치고 나머지 시간은 다른 과목에 투자할 것인지 결정해야 한다.

현실적인 고민도 해야 한다. 영어 영재로 자녀를 키우려면 돈이 많이 든다. 적어도 1년은 어학연수를 시켜야 하고, 토플 전문 강사를 초빙해 가르쳐야 한다. 물론 일반 토플 학원을 다니면서 고득점을 맞는 우등생도 있지만, 내 자녀가 그렇게 될 수 있는지는 독자 스스로가 더 잘 알 것이다. 영어 특기자 수시모집 등으로 대학 입학을 하면 좋지만, 해마다 해외파 특례 학생이 수천 명씩 쏟아지는 마당에, 토종 학생이 영어 특기자에 지원하는 것이 얼마나 경쟁력이 있을지도 의문이다. 또, 수시 모집에 떨어졌을 경우의 'Plan B'도 세워둬야 한다.

수능 트랙을 선택하는 경우에는 영어 공부의 범위와 폭이 확실히 줄어든다. 또한, 공부하는 방식이 정형화되어 있기 때문에 사교육비를 일정 부분 절감할 수 있다. 수능 기출 문제집을 중심으로, 듣기(listening)와 문법, 독해, 어휘를 꾸준히 공부하면 그리 많은 돈을 들이지 않고 공부를 시킬 수 있다.

이 때 선행학습은 1년 정도 앞선 공부를 시키는 식이다. 가장 비용을 적게 들이는 비법이라고 하면 상위 학년의 정규반을 듣게 하는 것이다. 중2면 중3반, 중3이면 고1반에 넣으면 된다. 하지만 프랜차이즈 대형 학원은 그렇게 강의를 듣지 못하게 한다. 왜냐하면 수익성이 높은 '중2 특목고반' 대신 '중3 일반반'에 등록하면 매출이 줄어들기 때문이다. 이 때는 소수 정예 또는 그룹반 학원에 아이를 보내면 된다. 고2 이후에는 영어 강좌에서 학년이 의미가 없다는 점도 잊어서는 안 된다. 고1 때까지는 내신과 문법 위주의 강좌가 그나마 있지만, 고2부터는 무조건 수능 영어다.

학부형들 중에서는 "외고 가면 영어가 중요하기 때문에 'The Complete Guide to the TOEFL Test' 같은 책으로 강의하는 특설 강좌를 들어야 한다"는 원장의 감언이설을 들은 적이 있을 것이다. 하지만 수능 때는 큰 필요가 없다. 대학에 가면 필요하겠지만 당장 대학을 가지도 못할 뿐더러, 대학에 가면 토플만 고시학원처럼 가르치는 곳에 가서 몇 달 합숙 공부하면 가볍게 해결된다.

수학의 경우 올림피아드를 통한 영재 트레이닝 → 과학고 또는 영재고 진학 → 카이스트·의대 등으로 이어지는 트랙이 하나 있고, 다른 하나는 꾸준히 교과 과정을 이수하면서 수능 또는 내신 고득점을 바탕으로 일반전형을 통해 입학하는 트랙이 있다. 수학은 실력차가 극명하게 드러나기 때문에 올림피아드 트랙을 선택하는 학생들은 정해져 있고 대다수가 후자를 선택할 수밖에 없다. 수학은 1년을 앞서 공부하는 것조차도 리스크가 있을 수 있다. 앞서 언급했듯이, 고1 과정을 공부하면서도 중2~3 문제를 틀리는 경우이다. 이는 수학 강사와 엄밀한 면담을 통해 스케줄과 난이도를 조절해야 한다.

과학의 경우 일부 경시대회 입상자를 제외하고는 선행학습이 의미가 없다. 입상 자리도 몇 개 없을 뿐더러, 그것만 전문으로 하는 아이들이 다 차지해 버린다. 그냥 깨끗이 잊는 것이 빠르다. 경시대회를 준비할 것이 아니라면 과학은 학교 수업과 일부 참고서 공부만으로도 충분하다[16].

---

16) 한 때 목동 지역 우등생들 사이에서 인기를 끌었던 것 중 하나가 대형 단과학원에서 여름마다 과학 강좌를 듣는 것이었다. 중학교 재학 기간 동안 방학 때마다 다음 학기의 과학 내용에 대한 2달 짜리 특설 강좌를 한 타임 들어 놓으면, 다음 학기에 적응하기가 아주 쉽다는 것이다. 강의 내용도 어렵거나 집약적이지 않고, 숙제도 거의 없었다. 가격도 저렴했다. 그저 편하게 수업을 매주 2차례 정도만 들으면 그만이었다. 고교에 진학한 이후에는 고1 겨울 방학 때 과학탐구 4개 과목(물리·화학·생물·지구과학) 연합 강좌를 한 번 들어 놓으면 수능 때까지 그리 어렵지 않았다. 물론 이과 학생들의 경우에는 선택 과목을 별도로 공부했지만 말이다.

가장 가슴 아픈 것은 과학 영재랍시고 고교 이과과정 과학(물리2 등)을 미리 공부하고 문과로 진학하는 학생들이다. 물론 인문학에서부터 자연과학, 철학 등 다양한 분야에서 박학다식하면 좋겠지만, 그럴만큼 입시 준비에 여유가 있는지 묻고 싶다. 일부 잘 따라가는 학생도 있지만 고교 진학 이후 그리 써먹을 곳이 없고, 대다수의 아이들은 이해도 못하고 들러리만 서게 된다. 지금은 고대 그리스 시대처럼 문·이과를 모두 섭렵한 현인(賢人)이 필요 없다.

국어 · 사회 · 제2외국어는 기본에 충실하자

국어는 '읽기 훈련'에 치중하는 것이 좋다. 꾸준한 독서가 곧 선행학습이다. 실제로 필자가 학원에서 지도한 고교생 중 상당수는 읽기 훈련이 되지 않아 언어영역 문제 풀이에 애를 많이 먹었다. 글 한 편을 끝까지 읽어야 풀 수 있는 문제인데, 3000자 짜리 지문을 읽는 것 조차 버거워하기 때문이다. 이런 읽기 훈련은 1년은 꼬박 걸린다.

독서에는 중학교와 고등학교가 따로 없다. 다양한 텍스트를 꾸준히, 반복적으로 읽고 느낌을 기억하는 것이 최선이다. 가장 효과적인 방법은 고교 교과서에 있는 고전을 일부가 아닌 전체를 읽으면서 자습하는 것이다. 국어 학원에서는 대개 이런 텍스트를 하나하나 읽혀가면서 공부시킬 여력이 되지 않는다. 그에 대한 기본기로 고교 문학 자습서를 하나 사서 매일 아침 1시간씩 몇 쪽씩 읽는 것이 최고의 공부법이다. 그이후 고교 국어 교과서와 자습서를 자투리 시간마다 꾸준히 읽는 것이다. 비문학 역시 빼놓을 수 없다. '김윤식 교수의 서양고전 특강' 같은 고전 텍스트 서적은 기본이고, 신문이나 과학저널에 나오는 글을 보는 것도 좋다. 글동산 비문학 시리즈 역시 고교생의 필독서지만, 중학교 시절부터 읽어두면 언어영역 실력에 큰 도움이 된다. 국어 선행학습은 부모가 충분히 시킬 수 있다.

사회는 국사책을 꾸준히 읽는 것이 도움이 되는데 국사 관련 서적을 30권 정도 지속적으로 읽는 것이 가장 좋은 학습 방법이다. 다양한 선생님들의 서적을 꾸준히 읽는 한편, 국사 교과서를 반복하는 것이 기본이다. 국사의 경우 통시적(通時的)으로 '맥'을 잡는 것이 관건이기 때문이다. 각각의 소챕터에 나오는 세세한 내용은 명확하게 알지만, 통시적으로 이해를 못해서 틀리는 문제가 대부분이다. 이 역시 부모가 챙길 수 있다.

제2외국어는 명문대를 갈 것이 확실한 자녀가 아니라면 그냥 시키지 말기를 바란다. 그 시간에 국영수 공부를 하는 것이 더 낫다. 명문대를 갈 수준이라면 매주 2회 정도 수준이 비슷한 학생들끼리 프랑스어나 독일어, 스페인어를 공부하기를 권한다. 향후 외국 유학에 요긴하게 써먹을 수 있다. 중국어의 경우 오늘날 수만 명의 조선족이 중국 명문대에서 한국어를 전공하고 있다는 점을 감안해야 한다. 물론 제2외국어를 대학 전공으로 하는 경우에는 예외다. 전공 분야의 선행학습이라는 차원에서 의미를 부여할 수는 있다.

우리 아이가
특목중·고반을 들어요!

❝ *"선생님, 저희 아이 어떻게 하면 좋을까요. 특목고에 보내고*
싶은데, 반에서 5등 정도하는 성적이라 사실 좀 불안해요. 작
년에 애 중학교에서 외고를 50명 보냈다고 해서, 어떻게 해
보면 될 것 같은데요. 특목고반은 다들 전교에서 상위권 아이
들만 있을텐데 따라갈 수 있을까 싶은 생각도 들고요. 과외를
시킬까요? 일단 특목고반에 넣어두면 함께 배워가면서 공부
를 잘할 수 있지 않을까요?"

　필자가 학원에 있을 때 만났던 한 학부형의 푸념이었다. 그
냥 일반계 고등학교에 보내라고 했다. 학생의 성적이 특목고
에 진학할 만큼 좋지도 않을 뿐더러, 당시 많이들 지표로 삼
았던 선행학습 진도, 공부 방법, 학교 성적, 즉석 테스트 등을
해 본 결과 특목고에 갈 깜냥이 되지 않았기 때문이었다. 많
은 학생들이 하는 대로 '고교에 가면 등수가 2배가 될[17]' 것

같은 학생이었다. 하지만 이 학부형은 근처 다른 학원의 특목 고반에 억지로 아이를 끼워넣었다는 이야기가 전해진다. 얼마나 잘 했을지는 굳이 알아보지 않아도 뻔하다. 이변이 일어나지 않은 이상 공부 잘하는 학생들의 들러리로 3년을 보내고 재수학원으로 갔을 것이다.

특목고 애들을 따라갈 필요가 없는 까닭

사실 공부를 잘하는 애들과 함께 다니면, 자녀의 면학 분위기 하나는 확실히 잡는다. 하지만 그 이상의 효과는 기대하기 힘들다. 공부를 못하면서 특목고 학생들 또는 특목고 대비반 학생들과 함께 학원을 다녀야 한다고 생각하는 학부모들이 있다. 우리 애는 특목고 애들을 따라잡을 수 있다면서 반드시 같은 반에 넣어달라고 한다. 학원장들은 이런 점을 정확하게 알고 있어 역으로 마케팅 포인트가 되는 경우가 많다. 앞서 말했던 학생 어머니 같은 경우에는 더욱 그렇다. 이런 경우 학원에서 요리하는 방향은 크게 3가지라 할 수 있다.

일단 특목고 반에 넣어주는 것 자체를 진입장벽처럼 적용하는 방법이다. 특목고 아이들이 국·영·수·과 4과목 중 선택적으로 듣는다고

---

17) 등수가 2배가 된다는 말은, 중학교에서 전교 5등하던 학생이 고교에 진학하면 전교 10등한다는 학원가의 정설 아닌 정설이다. 실업계 아이들이 일차적으로 빠져나가고, 고교에서는 한 반 당 인원수가 많기 때문이다. 이는 반은 맞고 반은 틀렸다. 실업계 아이들이 빠져나가긴 하지만, 과학고·외고로도 빠져나간다. 최근에는 자사고가 많이 생겨서 공부 좀 하는 애들이 이들 학교로 대거 유입되고 있다. 따라서 등수가 꼭 2배가 될 일은 없다. 열심히 하면 중학교 때에 비해 더 좋은 성적이 나올 수도 있다는 점을 잊어서는 안 된다. 특히, 학원장이 등수 2배 운운하면서 떨어진 성적에 대해 변명할 경우, 당장 학원을 바꾸기를 바란다.

가정하자. 한 과목만 듣는 아이도 있고, 3~4과목을 듣는 아이도 있다. 하지만 일반계 고교에 다니는 아이가 특목고 아이들과 함께 수업을 듣고 싶다고 하면 4과목 종합반을 강권하게 된다. 중학교 때부터 팀으로 엮었던 애들이기 때문에 진도를 따라가고, 면학 분위기를 유지하려면 전 과목 종합반을 들어야 한다고 강조한다. 특목고 아이들이 어떻게 듣고 있는지 미리 확인을 해 보지 못한 학부형들은 그저 돈을 내게 마련이다. 눈치 빠른 엄마들은 다른 특목고 아이들이 무엇을 듣는지 알아보고 "수학만 듣겠다"는 이야기를 해보지만, 이 역시 쉽지 않다. 대개 "레벨 테스트를 했는데, 수준이 맞지 않네요"라는 답과 함께 거절이 돌아온다. 한 과목만 달랑 듣는 '체리피커' 같은 학생들이 큰 수익이 안 된다는 것을 알고 담대하게 내지르는 것이다.

특목고 대비 중학생반은 이보다 더 좋은 먹잇감이다. 특목고에 입학했다는 '객관적 지표'가 없는 상황이기 때문에, 상담 강사의 역량에 따라 얼마든지 아전인수(我田引水)격 분석과 대안 제시가 가능하기 때문이다.

특목고 반에 넣어주고 나면 그 다음은 학력을 운운해 1:1 과외를 엮어내는 방법이 있다. "우리 영석(가명)이가 공부를 잘 못하니, A반 수준으로 맞추려면 수학 첨삭반이 필요합니다"라는 화법이다. 대개 한달에 50만원씩 6개월 정도 하면 된다는 이야기를 한다. 물론 이 1:1 과외는 3개월씩 연장돼 수능을 볼 때까지 하게 된다. 돈이 없다면서 그만둔다면? 그 때는 원장이 몇 달 기다렸다가, 방학을 맞아 '어근으로 배우는 어휘 특설반', '5년 수능 기출문제 유형 분석 특강' 등으로 2개월씩 또

엮으면 된다. 이런 특설강좌가 난무하는 사이, 슬쩍 "그런데 어머니…, 아이 성적이…"라는 말과 함께 다시 한 번 특별 상담을 하게 된다. 누가 상담의 거미줄을 빠져나갈 수 있겠나.

다른 하나는 그냥 놔두는 방향이다. 특목고반에 학생을 넣어둔 뒤, 그냥 '내깔려 둔다'고 보면 된다. 그러면 결과는 뻔하다. 처음에는 공부를 잘 하는 아이들 사이에 있다는 심리적 만족감 때문에 몇 달 학원을 열심히 다니다가 중간고사를 본 뒤 조급해진다. "선생님 성적이 떨어졌어요." 상위권 수업을 겉핥기로 듣고, 학교에 가서도 '난 특목고 애들과 수업 듣는다'면서 학교 수업을 우습게 봤으니 뻔한 결과가 아닐까. 그러면 대답은 분명히 "어머니 그러면 내신 특설반을 들어보시는 것이…"(내신이 안 나올 경우) 아니면 "수학 과외를 해보시죠"(모의고사가 안 나올 경우) 같은 대답으로 이어진다.

특목고에 가더라도 '특목고반'은 필수 아냐

독자들 중 일부는 "우리 애는 특목고에 갈 수준이니까 괜찮다", "경시대회반 거쳐 자사고에 잘만 갔다" 같은 변명을 하면서 위안을 삼을지도 모르겠다. 하지만 특목고에 진학한 후 명문대에 가더라도 그 사이 큰 낭비적 지출이 발생한다. 가장 많이 버리는 돈이 이른바 수학 경시대회에 쏟아붓는 돈이다. 계속해서 말하지만 올림피아드를 거쳐 과학고, 카이스트로 진학하는 이른바 수학 영재의 비율은 전체 학생의 0.1%가 채 되지 않는다. 하지만 오늘날 각종 학회를 내세우고 언론사를 껴서 진행하는 사설 수학경시대회는 너무나도 많다. 물론 이들 경시대회에서 입상한다고 해서 수학 영재가 되거나 수학 실력으로 대학을 갈 가능성은 높지 않다. 그냥 학부형 만족이다. '우리 애 수학 좀 한다'는 것뿐이다. 게다가 어려운 문제만 풀어댔던 학생 중 일부는 기본적인 중학 수학의 개념조차 잡혀 있지 않는 경우가 많다. 이 때문에 특목고 학원 다니면서 학교 내신 수학 80점 맞는 경우가 속출한다.

영어도 마찬가지다. 특목고반이라고 하더라도 내세울 커리큘럼이 없다. 중학 영어 → 고교 영어 → 수능 대비로 이어지는 영어 사교육의 정석 코스에서 무엇을 더 엮어보고, 뭘 더 가르치겠는가. 자연스럽게 회화와 듣기 위주로 잘난 척을 하다가 토플 강좌를 초급 수준에서 가르치는 것으로 귀결될 수밖에 없다. 그러다가 더 가르칠 것이 없으면 토플, 텝스 문제집에서 발췌한 어려운 문제를 주구장창 풀어댄다. 다른 아이들은 똘똘하게 국어와 논술, 암기과목까지 공부할 시간에 토플 단어 외우다가 끝나는 것이다. 참고로 외고에서는 내신 외에 약간의 면접과 영어듣기평가 점수 3가지만 반영한다.

일부 학부모들은 외고에 입학하려는 자녀를 위해 전공어(프랑스어, 독일어 등) 과외를 시키는 경우도 있으나, 이 역시 무위에 그치는 경우가 많다. 1주일에 10~15시간을 배우는 전공어는 학교 수업만 들어도 충분히 따라갈 수 있기 때문이다. 영어와 전공어를 합하면 전체 외국어고 1년 수업 시간의 절반 가량이 외국어 교육이다. 이렇게 많이 배우는 전공어를 선행학습하겠다고 미리 공부하는 행동은 낭비다.

특목고 전문학원에서 수백 명씩 특목고 합격자를 내는 것은 맞다. 특목고를 원하는 학생들이 학원 내에서 또 하나의 '특목고 리그'를 만들고 그들끼리 경쟁을 하는 경우도 꽤 있다. 하지만 그것은 그 아이들이 뛰어나서다. 뛰어나지 않은 자녀가 그 학생들의 무리에 들어가거나, 그들의 커리큘럼을 따라한다고 해서 결코 우등생이 되지 않는다. 또한 우등생 자녀를 둔 학부형도 조금 더 싸게 사교육을 시킬 수 있는데, 허영심 때문에 추가 지출을 하는 것은 아닌지 생각해 보는 마음가짐이 필요하다.

12

과목별 전문학원,
꼭 다녀야 하나?

❝ 2000년대 들어서 우후죽순(雨後竹筍)처럼 생겨난 것이 바로 과목별 전문학원이다. 토익 만점 강사 출신이 가르치는 영어학원, 과학고에서 공부한 선생님이 직강한다는 수학학원, 사회탐구의 통합 교과형 문제를 제대로 풀 수 있는 힘을 길러준다는 사회학원 등 다양하다. 1990년대 대형 단과학원, IMF를 전후해 번성한 소수 정예 학원의 뒤를 이어 나타났다.

과목별 전문학원이 생겨난 이유는 강사가 학원비를 모두 가져가는 대신, 첨삭지도 형태로 가르쳐 주면서 학생들을 유인하기 위한 방책 때문이다. 학원가에서는 대개 원장과 담당 강사가 50:50으로 수강료를 나눈다. 또한 한 과목만 특화할 경우 '과목별로 잘 가르치는 학원을 다니겠다' 며 체리피커처럼 학원 쇼핑을 하려는 학부형들에게 어필이 될 수 있다.

누구에게나 도움되는 건 수학전문학원 뿐

전문학원을 어떻게 다니면 좋으냐는 말을 들으면 필자는 '수학을 꼼꼼하게 가르치는 아줌마 선생님이 하는 1인 학원을 가라'고 이야기를 해준다. 사실 중고교 입시 교육이라는 것이 학문의 깊이가 더 있다고 해서 더 잘 가르치는 것이 아니다. 중고교 입시에서 학생의 성적을 잘 내는 것은 ▶다양한 문제집과 출제경향 섭렵 ▶학생이 자꾸 틀리는 부분을 찾아내 명쾌하게 가르치는 것 ▶꼼꼼한 반복 학습을 시키는 것의 3가지 요소로 결정된다.

수학전문학원은 잘 다닌다면 학력 신장에 분명히 도움이 될 수 있다. 하지만 수학전문학원의 강사가 다른 학원에 비해 학문적 깊이가 있거나 더 뛰어난 사람이라서는 아니다. 대개 수학만 배우러 오는 아이들이 몰려들기 때문에 생기는 노하우라던가, 원장이 직강하는 학원이라는 점에서 오는 책임감이 학력 신장의 이유가 될 것이다.

갈팡질팡 영어 · 국어전문학원

영어전문학원은 다니자니 너무 비싸고, 안 다니자니 다른 아이들에 비해 뒤쳐지는 것 같은 생각이 든다. 하지만 막상 보내봤자 큰 실력 향상도 없다. 외국에서 몇 년 씩 살다온 해외파 아이들의 들러리나 서는 경우가 비일비재하다.

이 책의 전 내용을 통틀어 영어 공부[18]에 대해 강조하는 것이 있다. 영어 공부의 목표가 무엇인지 명확하게 정해야 한다는 점이다. 그리고 자녀가 해외파인지, 영어 관련 분야로 진출할 것인지를 고민해야 한다. 유창한 영어를 구사하고, 이를 바탕으로 국제적 인재가 되기를 바란다면 영어전문학원에서 원어민급 수업까지 모두 소화해 내면 좋다. 하지만 이는 쉽지 않다. 매년 외국 학교에서 한국으로 전학오는 학생의 수를 감안한다면, 내 자녀가 영어로 얼마나 어필을 할 수 있을지는 미지수다. 단지 수능 준비를 위해서라면 혹은 외고 대비 영어듣기평가 준비를 위해서라면, 영어전문학원까지 다닐 필요는 없다. 그 정도 수준은 동네 어느 학원에서도 충분히 가르친다.

국어의 경우 더더욱 그렇다. 국어를 전문적으로 가르쳐 봤자 얼마나 전문적이겠는가. 고전과 현대문학, 비문학 모두에 대해 조예가 깊은 국어선생이라도 계시는가. 있다면 학원이 아니라 학교의 베테랑 국어교사일지도 모른다. 학력고사 시절 한샘국어를 달달 외우던 공부방법에서 오늘날 시대별로 연결지어 풀어보는 통합교과형 문학 문제까지 그 가락을 꿰고 있다. 하지만 요즘 국어전문학원에서는 인터넷 스타라는 얼짱 국어강사들만 스포트라이트를 받는 것 같아 씁쓸하다.

---

18) 초등학생의 영어교육에 대해서는 찬반이 확연히 갈린다. 발음과 영어 조기교육에 좋다는 입장도 있지만, 국어가 제대로 틀이 잡히지 않아 전체적인 사고력 신장이 더디다는 입장도 있다. 필자가 학생들을 지켜본 경험상, 몇 년씩 꾸준히 외국에서 살다 온 경우에는 영어 조기교육을 더 해서 그 특징을 살려 주는 것이 좋고, 그렇지 않은 경우에는 너무 영어에 연연하다 다른 과목이 처질 수 있기 때문에 조절이 필요하다. 또한 초등학교 때 발음이 좋고 영어를 잘한다는 이유로, 자만했다가 결국 고3 때 영어 성적이 나오지 않아 재수를 하는 경우도 꽤 있으니 학부형들의 주의가 필요하다.

과학학원, 필요성 따라 제대로 활용해야

기억나는 학원 중에 하나는 목동 지역에 있던 한 과학 중심의 보습학원이다. 원장 직강으로 인기를 끌었던 곳으로, 한 중학교 출신 우등생들이 뭉터기로 다닌다는 입소문이 나면서 유명해진 곳이다. 이곳에서는 과학 교육을 강조했다. 학생들에게 중학교 시절 물리2 수준의 과학을 가르쳤고, 그중 일부는 과학고에 진학하기도 했다.

문제는 나머지 학생들이었다. 고교 과학의 선행학습을 해야 한다며 중학생들이 국영수 기본기는 제쳐둔 채 과학 공식 암기에만 여념이 없었다. 게다가 고교 수학의 바탕 없이 과학을 공부하려니 이해도 쉽지 않았다. 더 기가막힌 것은 대부분이 공통과학 수준 정도만 알면 되는 문과 계통으로 진학했다는 것이다. 쓸데없는 곳에 정력을 낭비한 셈이다.

이 학원은 '공부 잘하는 학생 누구누구가 여기서 이 프로그램을 한다'는 마케팅 방식을 사용했다. 하지만 그 학생과 우리 자녀는 공부의 방식이 다르고, 목표 자체가 다르다. 카이스트에 진학해 훌륭한 공학도가 될 아이와 이과 과목에 흥미가 없고 신문방송학과에 진학하려는 우리 아이가 왜 같은 커리큘럼으로 사교육을 받아야만 하는가. 이과 수학을 공부했다고 공통수학이나 수학1 범위에서 늘 만점을 받는 것도 아니다. 물론 다양한 과목에서 좋은 성적을 거둔다면 금상첨화라 할 수 있을 것이다. 하지만 입시라는 단 하나의 목표 속에서 입시와 관련도 없는 과목을 배우기 위해 돈을 쓰고, 시간을 들여 공부하는 것이 과연 올바른 일인 것인지 반문하고 싶다.

사회학원 가느니 부모가 가르치자

지금도 이해가 가지 않는 것이 바로 사회학원이다. 도대체 왜 사회를 전문학원까지 다니면서 배워야 하는지 이해를 할 수가 없다. 사회 교과를 무시하는 것이 아니라, 현행 교과 과정상 사회의 수준은 그리 높지 않기 때문이다. 학교 공부에 대한 복습만 제대로 하면 90점은 나오는 것이 사회 과목이다. 사회탐구 관련 과목은 대학에 진학하면 수준이 급격히 올라가서 학생들의 머리를 쥐어뜯게 만든다.

내 아이를 사회학원에 보낼 바에야 부모가 좀 더 부지런해지라는 이야기를 하고 싶다. 사회나 국사 교과서는 엄마들이 한 번 읽어보기만 해도 자녀와 토론을 할 수 있는 수준이다. 집에서 사회 교과서 한 번만 읽어보면 엄마도 족집게 강사가 될 수 있다. 대개 사회 강사의 역할은 교재를 보면서 학생들의 암기와 사고력을 체크하는 수준이니 말이다. 아버지들도 국사책을 10회 정도 읽고나면 아이 앞에서 아버지의 권위를 충분히 세울 수 있다. 다만, 교과서에 나오는 각종 유물 사진을 꼼꼼히 10회 반복해야 함을 잊지 말자.

지금도 버블세븐 지역에는 수백, 수천 개의 전문학원이 있다. 하나 꼭 기억해야 할 것은, 전문학원에 있는 모든 강사들이 다 전문강사, 베테랑 강사가 아니라는 점이다. 전문학원을 창업한 원장 및 창립 멤버 강사들이라면 믿을만 하겠지만, 전문학원에 편승한 새내기 강사까지 맹신했다가는 자칫 낭패를 볼 수 있다.

학원 조교들은 무슨 역할을 하나

수학 · 과학 전문학원에서 많이 쓰는 것 중 하나가 바로 '조교'라는 제도를 운영하는 것이다. 본래 조교는 대학에서 교수님의 강의가 끝난 뒤 Q&A나 출석체크 등을 담당하는 수업조교, 행정 업무를 담당하는 행정조교 등이 있다. 이 중 수업조교 방식을 학원에 도입한 것이다.

학원에서 조교라는 제도가 처음 들어선 것은 고시학원에서다. 조교라기보다는 수강증 검사를 하고 칠판 지우개를 터는 근로장학생이라고 보는 것이 맞을 것이다. 이것이 중고교생 대상 입시학원으로 들어오게 된 것은 강사들이 많은 학생에게 '케어(care)해 준다'는 느낌을 주기 위해 아르바이트 학생을 고용했기 때문이다. 수학 전문학원에서 유명 강사가 집중 지도한 뒤, 조교의 반복학습 및 체크를 통해 공부를 내면화한다는 논리는 언뜻 그럴 듯하게 들린다.

조교들은 수학 문제를 풀어주거나, 과학 암기 사항을 확인해 주는 등의 보조적인 역할을 한다. 양질의 대학생을 뽑아 학습 도우미로 삼게 된다면 싼 값에 양질의 교육 여건이 된다고 할 수 있겠지만, 양질의 대학생이 그리 많지 않다. 시간당 몇 천원 남짓하는 급료를 받아가면서 어떤 학생이 하루 종일 학원에 남아 있을까. 눈치 빠른 학생들은 각종 대학생 출판 프로젝트에 참여하고, 과외를 통해 상대적으로 많은 돈을 벌어간다. 대학 3학년 이상이면 학원법상 합법적으로 학원 강사가 될 수 있기 때문에 아예 메인 강사로 뛰는 학생들까지 생긴다. 이런 상황에서 학원 조교라는 직책에 양질의 인원이 남아 있기란 쉽지 않다.

일부 학원에서는 학원 조교들이 수학 문제도 변변히 풀어줄 수 있는 실력이 되지 않아, 학원생들 면학분위기만 잡는 '군기반장'의 역할에 머무르는 경우도 있다. 전문학원들의 조교 시스템에 괜한 환상을 갖지 말자.

13

단과보다 그룹,
그룹보다 과외?

66 어떤 규모의 학원에 다닐지에 대해서는 늘 의견이 엇갈린다.
유명 강사라면 500명 짜리 대형 강좌도 괜찮다는 의견이 있
고, 한 명씩 지도해 줄 수 있는 첨삭반이 대세라는 의견도 있
다. 괜찮은 아이 3~4명이 그룹을 엮어 끝까지 가야만 한다는
이야기도 있다. 어떤 것이 올바른 해답일까.

학원보다는 아이가 중심이 되어야 한다

필자가 조인스 블로그에 연재했던 '사교육 재테크' 칼럼을 지켜보던
한 학부형이 이런 메일을 보내왔다.

*"기자님, 초6 학생을 둔 엄마입니다. 학원가 경험을 바탕으로 쓴소리를 하시는
기자님의 글 잘 읽고 있습니다. 그런데 저희 아이가 이제 다음 학기면 중1 예비
반[19]이 되는데요. 유명 학원으로 옮길까 생각 중입니다. 한 학원에서는 서울대를
수십 명 보낸 유명 선생님의 단과 강의가 있다고 하고, 다른 학원은 소수 정예
교육으로 강의의 질이 높다고 합니다. 어떤 학원을 보내면 좋을까요."*

한 줄 짜리 답을 보냈다.

"자녀가 공부는 얼만큼 하나요. 초등학교에서 석차가 나오지는 않겠지만, 대략 몇 등정도 하는지요?"

다시 답은 오지 않았다. 보나마나 애는 공부를 썩 잘하지 못하는데, 무작정 엄마의 치맛바람만 센 가정이다. 이런 경우 백이면 백 학원의 먹이가 되기 쉽다.

학원에서는 돈이 되는 쪽으로 강의를 권한다. 규모가 큰 단과 위주의 학원인 경우 무조건 종합반을 엮으려고 한다. 왜냐하면 종합반은 확정적으로 큰 돈이 들어오는 학생들이고, 단과는 매달 학생 수가 유동적이기 때문이다. 학부형 독자 중 자녀가 초6에서 중1로 넘어가는 사이 '전과목을 책임지는 중1 예비 종합반'으로의 전환을 강권받은 사람이 있다면 그 이유는 이것이다. 사실 초6 때 듣던 영·수 강의 클래스를 중1 수준으로 바꾸면 그만이다.

그룹이냐 단과냐, 아니면 과외냐. 사실 완벽한 정답은 없다. 그때그때 필요한 부분을 채워주는 강사가 최고다. 영어와 수학의 경우 한 명의

---

19) 예비반 제도는 학원가에서 학원비를 높여 받기 위해 만든 제도다. 학교 학제에 따라 3월달부터 중1, 중2, 고이 되면 되는데, 굳이 '중1 예비반(실제 초6)'과 같은 과정을 만들어 겨울방학부터 개강을 한다. 빠르면 7월부터 중1 예비반을 개강하는 경우도 있다. 이는 중학생과 초등학생에 대한 학원비 기대치가 다르고, 고교생과 중학생의 학원비 또한 다르기 때문이다. 엄마들은 "10월부터 본 학원은 중1 예비반으로 전환해, 기존에 영어·수학 그룹반을 국·영·수 과 종합반으로 전환한다"며 두 배 가까이 오른 학원비를 아무 말 없이 내는 경우가 태반이다.

유능한 강사가 중1 과정부터 고3까지 맥을 잡아서 가르쳐 주면 가장 무난하다고 할 수 있다. 하지만 현실은 그렇지 않다. 너도나도 최고의 강사라 칭하고, 새 학년에 맞는 새 강사와 새 교육법이 필요하다고 한다. 매년 가을부터 이어지는 '예비반' 쓰나미에 학생과 학부형만 만신창이가 된다. 어떤 스타일의 학원을 보내는지에 대해 정답은 없지만, 예시답안은 있을 수 있다.

중고생, 그룹 · 단과 잘 나눠야 '절약'

중고생은 먼저 '뭐가 필요하고, 뭐가 필요 없는지'를 잘 파악해야 한다. 대개 이는 학원 상담선생의 조언을 듣거나 강남을 중심으로 활동하고 있는 스터디 플래너의 전문적인 의견을 들어도 되지만, 조금만 신경 쓰면 엄마들이 충분히 해줄 수 있는 영역이기도 하다. 자녀가 부족한 과목은 무엇인지, 어느 정도 수준이 떨어지는지(상위 10% 학생들의 평균과 비교해서)를 파악하는 것이 급선무다. 필요하다면 학교 선생님과의 면담을 통해 파악해 볼 수도 있다.

그 다음 전략은 싸게 막을 수 있는 과목과 돈을 들여야 하는 과목을 나누는 것이다. 싸게 막을 수 있는 과목은 대개 '사이드 과목'으로 불리는 국어 · 과학 · 사회라고 할 수 있다. 이 과목들에 대한 자녀의 성적이 무난하다면, 비교적 싼 대형 단과를 듣게 하는 것도 방법이다. 단과라도 일찌감치 가서 앞 자리에서 들으면 큰 무리 없이 정리를 잘할 수 있다. 이런 과목은 그룹반 학원 중 '종합반을 들으면 국어, 과학은 50% 할인'인 곳을 잘 이용해도 무난하다.

영어 · 수학의 경우 그룹반이 무난하다. 수준별 수업이 가능하고, 잘하면 선행학습반, 못하면 정리반으로 바꿔야 하기 때문이다. 단과반을 듣고 있으면 수준별 수업 자체가 불가능하다. 다만 수학은 이해를 제대로 못 하거나, 성적이 안 나오면 개인지도를 해야 하는 경우도 있는데, 이때 비슷한 처지의 학생 4~5명을 모아 '첨삭지도반' 형식으로 엮는 것도 괜찮다.

초등학생의 경우 그냥 싼 학원에 다니기를 권한다. 초등학교에서 배우는 수학이라고 해봐야 산수 수준이다. 필자의 경험상 4학년 쯤에 9개월 정도 1:1 과외를 하면 초등학교 과정을 한 번에 모두 끝낼 수 있다. 잊어버리지도 않는다. 그만큼 쉽다. 그냥 싼 학원을 놀면서 다니는 것이 가장 합리적이다. 진도를 빨리 빼야겠다는 학부형의 경우 몇 달 과외를 시키고, 초6 여름 쯤 중1 선행학습반에 넣는 것이 낫다.

고등학생은 '메이트를 잘 만나야'

흔히 '학원친구'라는 단어가 있다. 중고교 시절 학원을 함께 다니면서 동고동락하던 친구가 대학에 가서도 좋은 친구가 된다는 이야기다. 대학까지 친구관계가 잘 유지된다면 사회에 진출해서도 끊어지지 않는다. 오늘날 사회에서는 의외로 학원친구들이 끝까지 가는 경우가 많다. 이 때문에 양질의 학생들이 많은 학원에 보내려는 이유를 학부형 중 상당수는 '친구'를 꼽기도 한다.

학원친구가 학원에 주는 영향도 무시할 수 없다. 특히 수준이 비슷한 학생 10명 정도가 팀을 이루는 경우 그렇다. 학생 10명이면 그룹반을 형성할 수 있는 규모다. 이 학생들이 어떻게 움직이느냐에 따라 학원이 휘청할 수도 있고, 승승장구 할 수도 있는 것이다. 마찬가지로 필요한 사이드 과목이 있는 경우에는 "10명을 위한 법과사회 강사를 구해달라"고 학원에 이야기할 수도 있다. 학원에서 불가능한 경우에는 10명 중 한 사람의 집으로 아이들을 모으고, 강사를 그리로 부를 수도 있다.

그러려면 그룹 내 학생들의 수준이 비슷해야 한다. 강남이나 목동, 분당 등지에서는 초등학교 때부터 근교에 사는 엄마들끼리 학생을 엮고 그룹을 형성하는 경우가 많다. 학생들끼리 함께 동문수학하는 것은 물론, 엄마들끼리 모여 티타임을 하고 정보를 공유하기도 한다.

개인지도가 싸게 먹히는 경우는?

수학은 사교육의 영원한 숙제다. 아무리 학교에서 수업을 듣고, 학원 강의를 수강해도 실력이 제자리인 경우가 있다. 열심히 듣는 것 같은데도 자꾸 문제를 틀리는 학생도 많다. 학원으로는 아니다 싶을 때 과감히 과외나 개인지도학원으로 돌리는 것도 방법이다. 다른 과목은 듣지 않거나 인강으로 돌리더라도, 수학을 포기하게 해서는 안 된다. 수학이 되지 않으면 과학까지 점수가 나오지 않기 때문이다. 고1 학생인데 중학교 과정이 부족한 경우에도 과감히 긴급 과외를 섭외해 3개월 정도에 중1~중3 과정을 끝내는 것이 장기적인 면에서 남는 장사라고 할 수 있다.

초등학생에게 중고교 영어를 몰아서 가르치는 경우에도 개인지도가 알맞다. 어중이떠중이 학생들과 같이 듣느니, 내 아이에게 몰아서 가르치고, 고교생 때 영어 사교육을 아예 안 시키면 되는 것 아닐까. 물론 판단은 학부형 스스로 하기 보다는 전문 강사와 함께 상의한 후 결정해야 한다.

이과 과학 선택 과목의 경우에도 개인과외가 효과적인 경우가 꽤 많다. 이과 과학 선택 과목은 학생들이 많이 모이지 않아 강의 개설은 어렵지만 학생들에게는 절실하다. 반드시 고1 말에 배워서 고2 1학기까지 끝내야 한다. 그렇지 않으면 수능을 향한 공부 스케줄에 차질이 생긴다. 고2 여름방학이 사실상의 마지노선이라 할 수 있다. 그런데 겨울방학에 개강이 되지 않는다며 무작정 기다리는 학부형이 있다. 바보 같은 짓이다. 원장에게 생떼을 쓰던, 학원을 옮기겠다고 협박하던, 어떻게라도 개강시키는 것이 좋다. 안 된다면 학원장과 협상을 해서 싸게 개인지도라도 해야 한다.

14

인강만 듣고
우리 딸 SKY대 갈 수 있을까?

66 수능 만점의 비결은 교과서 위주로 공부해서다. 학원 한 번 안 가고 EBS로만 공부했다." 필자가 학교를 다니던 1990년 대 신문기사에서 자주 볼 수 있던 구절이었다. 그때만 해도 치가 떨릴 정도로 싫었는데, 수험생 신분을 벗고 학원가를 떠나 기자가 되어 보니, 이런 기사도 가끔은 쓸모가 있다는 생각도 든다. 적어도 막연한 희망은 줄 수 있지 않나. "아버지 잘 만나라", "학원 많이 다녀라" 같은 현실의 장벽을 조금은 잊을 수 있지 않나. 따스함도 느낄 수 있고. 하지만 현실과는 꽤 차이가 있다. 지극히 평범한 재능을 갖고 태어났지만 꽤 열심히 하는 근성을 가진 당신의 자녀는 인강만 듣고 스스로 공부한다고 해서 결코 SKY 대학에 갈 수 없다. 인강만 듣고서도 공부를 잘하는 학생은 어쩌면, 독학을 해도 전교 상위권 성적을 내는 학생일 것이다. 그 학생들과 평범한 당신의 자녀가 같을까.

인강에 집중할 수 없는 까닭

1990년대만 해도 실제로 EBS만 듣고 공부를 잘하는 친구들이 종종 있었다. 하지만 그 친구들에게는 특별한 공부법이 있었다. 꾸준한 메모와 무한 반복이었다. EBS 강의를 들으면서 노트에 빼곡하게 필기를 하는 것은 물론이고, 선생님 말씀을 되새기면서 나름대로의 '단권화 노트'를 만들어 갔다. 여기에 시중에 판매되는 자습서를 읽어보면서 복습을 하니, 우등생이 되지 않을 수가 없었다. 지금은 보통명사가 된 '오답 노트'라는 단어 역시 그런 친구들의 습관이 만들어 낸 작은 기적이다.

이런 친구들은 '비(非) 모바일 세대'라는 혜택(?)이 있었다. 그 때만 해도 학생 신분에 휴대전화를 가지고 다니면 안 된다고 생각하는 사람도 많았고, 학교 수업 시간에 꺼내는 것은 생각도 못했다. 빼앗긴 휴대전화를 졸업식장에서 돌려주는 선생님의 미소가 미덕으로 받아들여졌다. TV 채널도 적고, 유튜브 같은 영상 사이트도 없었다. 오늘날 수많은 영상미디어가 손 안에서 펼쳐지는 것과는 시대 자체가 달랐다. 선생님의 불호령과 희소한 미디어라는 특성으로 EBS는 그렇게 효과를 보였다. 아침 자율학습 시간마다 선생님께 몽둥이로 맞아가면서 EBS를 보던 그 때를 추억하는 학부모도 많이 있을 것이다.

하지만 오늘날 인강 세대에는 너무나도 유혹이 많다. 그 중에서도 모바일 기기의 발달은 공부에 치명적이다. 학원 강의를 듣는 와중에도 카카오톡이 띠링띠링 울려대는 판에 어떻게 인터넷 강의에 집중하겠나. 학교에서조차 모바일 기기가 통제되지 않을 정도다. 결국 공부에 흥미가 없는 다수의 학생들은 수업 시간에 소외되고, 일진 학생들은 뒤에서 놀거나 잠을 청한다. 일부 우등생만 앞자리에 앉혀놓고 수업을 하는 비참한 현실이 이렇게 구현된다.

 학교에서도 휴대전화를 손에서 놓지 않는 아이가 인터넷 강의 모니터 앞에서 모바일 기기를 만지지 않을 확률은 거의 없다. 휴대전화뿐이랴. 쉴 새 없이 컴퓨터의 메신저창이 뜬다. "뭐 해", "겜 한 판 할까" 같은 대화가 쏟아진다. "어, 이번 강의 듣고 접속할게"라고 말해보지만, 아이의 손은 이미 게임 아이콘을 클릭하고 있다.

 또한 인강은 교육하는 방법에서 한계가 있다. 우선 대부분의 인강은 방송 스튜디오에서 촬영한다. 대개 주어진 대본대로 문제를 재빠르게 풀어가면서 해설하는 방식으로 50분 강의를 채워간다. 하지만 이 경우 수업의 청중은 담당PD와 카메라 감독, 조연출 3명 정도다. 수업 시간에 학생들과 커뮤니케이션 하면서 수업하는 것과는 느낌이 다르다. 필자 역시 EBS의 대학별 대비 '글쓰기 고수 비밀 특강'에 출연하는 과정에서 청중이 없는 스튜디오에 적응하는데 큰 애를 먹었다. 준비해 간 자료를 읽고 넘어가기 바빴고 그렇게 50분을 하고 나면 진이 빠진다. 흔히 흥이 나야 강의 내용을 더 알차게 한다는 이야기를 강사들 사이에서 하는데, 인터넷 강의에서 이런 효과는 찾기 어렵다. 인강에서 나름대로 전국 제일의 강사를 섭외하더라도 그 강의는 주어진 진도만 설명하는데 그친다. 따라서 그 강사들이 강의실에서 학생들을 압도하고, 학생들과 함께 신이나서 수업하는 것과는 질이 다른 것이다.

유명 학원에서 직접 진행하는 실강을 촬영한 영상 역시 집중이 안 되기는 마찬가지다. 약간은 멀찌감치에서 강사의 강의를 촬영하기 때문에 칠판의 내용이 잘 보이지 않는 경우가 많다. 강사의 말소리 역시 마이크가 특출나게 좋지 않은 이상 녹음의 질이 그리 좋지 않다. 자연스레 집중력이 떨어지고, 수강생은 '모르는 단어를 찾아보려 한다'면서 네이버 검색을 하게 된다. 이는 고시를 준비하는 대학생들 사이에서도 이미 존재하는 문제다. 인강만 듣고 합격한 고시생이 몇 퍼센트나 되는지 찾아보면 쉽다. 이들에게 인강에 대한 질문을 한다면 "어려운 내용은 실강을 집중해서 듣고, 교과서 예습·복습을 철저히 해 사전에 내용을 숙지했다"라는 답변이 돌아올 것이다.

그럼에도 불구하고 인강을 듣는 이유

인강의 수강자는 꾸준히 늘어나고 있다. 그 이유는 크게 두 가지다. 하나는 돈이 없어서다. 경기가 침체되면서 가계 수입은 점차 줄어들고, 학원에 오는 학생도 줄어든다. 자연스럽게 객단가(고객 1인당 매출)가 올라갈 수밖에 없다. 게다가 선택 과목까지 많아지고, 원생 수가 줄어 소규모 그룹형 강의가 1대1 강의, 과외형 학원강의로 변형된다. 학생 1인당 객단가는 더 올라간다. 이 때문에 10년 전에 비해 3배가 넘는 돈을 주고 수업을 들어야 하는 상황이 됐다. 대치동 학원가에서 500명이 한 반에서 듣는 대형 단과 강의가 한 달에 20만~30만원씩 한다는 사실은 이제 놀라운 일이 아니게 됐다. 상대적으로 한 강좌에 10만원 내외의 가격인 인강은 싼 맛에 선택할 수 있다.

필자와 '입학사정관제 족집게 특강' 집필을 함께했던 한 학원 강사는 "학생들이 괜히 인터넷으로 학원 강의를 듣는 것이 아니다"라고 했다. 학생들은 학원친구도 사귀고, 모르는 것을 그 자리에서 물어볼 수 있는 학원 강의를 선호한다. 이 강사는 "경제 위기 이후 돈이 부족해서 울며 겨자먹기로 인강을 듣는 제자들이 늘어나고 있다"며 안타까워했다.

다른 하나는 유명한 강사에게 수업을 들으면 '족집게'로 수능에 나오는 것만 찍어줄 것이라는 환상에서다. 이런 경우에는 정말 안타깝다는 말조차 나오지 않는다. 수능을 족집게로 맞추는 것은 0.0001%의 확률에도 못 미친다. 국어나 사회, 영어 같은 서술형 과목에서 족집게가 되는 것은 문제를 유출하지 않는 이상 불가능하다. 또한, 현행 초·중·고 커리큘럼에서 강사의 능력에 따라서 학업 성취도가 크게 달라지지 않는다는 점 역시 안타까운 포인트다. 오늘날의 교과 과정은 그리 어렵지 않다. 20년 전 고교생들이 배우는 것의 절반 수준이라고 생각하면 된다. 이전에는 고1때 가르치던 것을 이제는 고2 선택 과목으로 배우는 것도 많다.

인강으로 될 아이는 떡잎부터 알아본다!

결론을 말하자면, 실강을 들어야 한다. 가까이에 있고, 자주 질문할 수 있는 가정교사 같은 강사가 더 낫다. 그래서 필자는 특강을 나갈 때마다 "근처 작은 학원에 있는 무명 강사에게 집중 지도를 받으라"는 이야기를 한다. 그 옛날 본고사 시절에는 유명강사에게 들으면 실력이 확실히 늘었다. 하지만 지금은 교과 과정 자체가 그리 어렵지 않을 뿐더러 학원 강사의 수준이 올라가 어지간한 강사들이 고3 과정까지 커버할 수 있게 됐다. 따라서 동네 학원에서 끈기와 성실함으로 가르치는 무명 강사를 찾아 수업을 듣는 것이 좋다. 집에서는 학원에서 공부한 것을 복습하도록 지도만 하면 된다.

"우리 아이는 노트북으로 인강만 잘 들어요"라며 안심하지 말고, 컴퓨터 바탕화면에 네이트온·MSN·구글톡 같은 메신저가 설치되어 있지 않은지 확인부터 하고 강의를 듣고 있는 자녀의 방에서 키보드 소리가 들리지 않는지 귀 기울여야 한다.

15

어학연수, 수능 영어 만점과
비례하지 않는다

> "선생님, 이건 우리 아이 문제가 아니에요. 애가 수능 위주로 공부를 하지 않아서 그렇지, 영어를 얼마나 잘하는데요. 미국에서 어학연수를 할 때도 선생님이 원더풀(wonderful)만 외쳤어요. 그리고 이 내신 문제가 콩글리시잖아요. 원어민이 봐도 틀릴걸요?"

필자가 학원에 있을 때, 어학연수를 다녀왔다며 유창한 발음을 보여 주는데 수능 영어 모의고사나 내신 시험만 보면 점수가 나오지 않는 학생의 부모들이 많이 하는 말이다. 과연 맞는 말일까? 예상했겠지만 절대 그렇지 않다. 수능 위주로 공부를 안 해도 엘리트 특례(재외국민 특별전형) 학생들은 다 맞는다. 원어민이 보면 한두 개 틀리는 오류가 있을지언정, 반타작을 하지는 않는다. 틀리는 학생은 정해져 있다. 공부 안 하고 어학연수 가서 놀고만 온 '발음파 학생들'이다. 실력 없이 텝스나 토플 학원 다니다가 만신창이가 된 학생들도 빼놓을 수 없다. 토익을 넘어 텝스, 토플 공부까지 했다는 친구들이 수능 영어를 80% 정도밖에 못 맞는다. 어려운 교재만 보다가 기본기가 흔들린 탓이다. 독해를 시켜보면 반쯤 하다가 막힌다. 앞에 세 줄 읽고 찍는 것에 길들여져서 그렇다. 하나만 틀려도 SKY 대학 진학에 빨간불이 켜지는 시대이다.

모국어 아닌 영어, 대안은 '무조건 외워라'

이유는 명백하다. 교육을 대충 받아서 그렇다. 필리핀으로 어학연수를 다녀왔다고? 미국? 어디서 무엇을 배웠나. 어학연수를 다녀오더라도 교육의 질이 중요하다. 모국어는 아니더라도 적어도 ESL(English as a second language)급으로 제대로 배웠는지가 핵심이다.

일부 학부형들은 필자에게 "영어 명문이라던 A학원(특정 학원의 이니셜이 아님)에서 레벨 테스트도 높게 받아왔다고요"라며 볼멘소리를 한다. 수능의 외국어 영역은 A학원이 아닌 한국교육과정평가원에서 만든다. 수능을 못 보면 영어를 잘하는 게 무슨 소용인가. 미국에서 사업을 할 것도 아니고.

사실 학원들의 레벨 테스트는 철저히 자신들의 강좌에서 출제한다. 이 때문에 학원 강좌를 충실히 들으면 성적이 더 잘 나온다. 하지만 그 성적이 모의고사 또는 실제 수능과 불일치한다는 점이 문제다. 영어 실력은 늘 수 있겠지만, 정작 수능에선 점수가 안 나오는 것이다. 사교육의 목적이 '명문대'라고 생각하는 학부형들에게는 일종의 '자원 낭비'인

셈이다. 돈을 엄한 곳에 썼다고 보면 된다. 수능 강의에 다시 사교육비가 들어가게 될 것이다.

영어 강사들은 말한다. "제가 미국 교과서로 강의해서요. 국내의 후진적인 교육 방침과는 일부 불일치가 있어요." 미안하지만 불일치 없다. 미국의 영어교과 과정이 한국에 비해 훨씬 방대하다. 모국어 아닌가. 그걸로 배웠는데, 왜 후진적인 한국 영어시험을 못 보나? 필자의 한 지인은 고교 시절 텝스(TEPS, 서울대 출제 영어시험)를 900점 넘게 맞았다. 1% 이내의 성적이었다. 그 때만 해도 텝스 시험은 한국식이고, 외국의 트렌드를 따라가지 못하며, 원어민도 못 푸는 이상한 문제가 많다는 비판이 많았다. 하지만 외국에서 엘리트 교육을 받은 지인은 잘만 풀었다.

그렇다면 "우리 아이는 영어 신동"이라는 착각에 빠졌다가 고교 진학 후 패닉에 빠진 엄마들을 위한 영어 대안은 뭘까. 해답은 의외로 쉽다. 그냥 다 외우면 된다. 영어 사교육의 방향도 암기 위주로 가는 것이 가장 효율적이다. 잘 찍어주고, 잘 외우게 하는 선생님에게 배우는 것이 왕도다. 원장에게도 물어보자. "점검은 잘 해주느냐"고 말이다. "저희 영어 선생님은 미국 유학을 하셔서…" 운운하는 선생은 집어 치워라. "미국에서는 안 그랬어"라는 말은 잠시 접어두라. 원어민 영어는 대학 이후에나 생각하자. 지금은 입시에 집중해야 하는 시기이다.

'국민 영어선생님'으로 꼽히는 민병철 건국대 교수는 2012년 6월 8일 문화일보 인터뷰에서 "자신에게 필요한 문장을 영어로 적고 녹음을 해서 무조건 100번, 200번 정도로 반복해서 듣고 말해야 한다"고 말했다. 민 교수는 "절대로 영어 때문에 자녀들을 외국 영어 캠프에 보내지 말라"고도 했다.

수능 영어에서는 필요한 문장이 교재에 적혀있고, mp3로 녹음이 되어 있다. 그냥 외우기만 하면 된다. 문제를 풀고, 문제와 답, 해설, 스크립트를 몽땅 외우게 시키면 된다. 사실 영어학원의 수능강좌 방향도 철저한 암기에 있다. 잘 외워서 정답을 맞추는 것이 기본이다. 추론 문제 등은 기본적인 암기와 독해가 된 다음에 풀면 된다. 사실 독해만 잘 되면 그리 어렵지 않다. 쭉 읽고 찍는다는 느낌으로 풀면 된다.

일각에서는 "토플까지 꾸준히 공부를 해서 영어 특기자로 보내면 되지 않느냐"는 반론을 제시한다. 소위 SKY에 영어 특기자로 가는 애들은 외고에서도 초에이스급이거나 외국에서 5년 이상 살다온 특례생들이다. 영어 잘하는 일반 학생이 비집고 들어갈 자리는 많지 않다. 그 시간에 수능 공부 시키는 것이 빠르다.

16

예체능은
어떻게 시켜야 하나

> 학원에서 일하다 보면 별의 별 질문을 다 받는다. 그 중에서 가장 황당한 것이 예체능에 대한 조언을 구하는 것이다. 사실 예체능에 대해 문외한인 강사, 상담 선생 등이 어떻게 예체능에 대해 알겠나. 하지만 답은 해줘야 한다. 실제로 조언을 받지 못해 과도하게 예체능 수업을 받느라 공부를 제대로 못하는 학생들도 적지 않기 때문이다. 예체능에 대한 주요 궁금증과 그 대답을 모아봤다.

예체능은 예체능답게… '내신대비' 기대는 하지 마라

예체능이 대입에 관련 되는 경우는 사관학교나 경찰대를 가는 경우 외에는 없다. 이런 특수대학[20]은 체력장에도 신경을 써야 한다. 예체능은 사실 그냥 예체능 그 자체로 즐기는 것이 좋다. 필자의 경우 가장 아쉬운 것이 피아노다. 어릴 적 피아노 학원 1~2년은 다니지만, 성인이 된

뒤에도 실력을 뽐내려면 적어도 중3때까지는 꾸준히 해야 한다. 공부를 위해서라기보다 대학 진학 후 멋진 성인이 되기 위함이라 할 수 있을 것이다. 가장 대중적인 악기가 피아노이지만, 제대로 하는 사람이 거의 드문 것도 바로 피아노다.

관악기도 괜찮다. 플루트 같은 악기가 무난하다. 클라리넷이나 트럼펫 같은 경우에는 악기 가격이 비싸고, 레슨 자체의 가격도 다른 악기와 다르다.

미술도 어릴 때 해 놓으면 좋다. 대학 진학 후 미술적 감각이 필요한 경우가 적지 않다. 요즘 공대생들에게도 디자인 감각은 필수다. 디자인을 고려하지 않은 기술은 결코 1등이 될 수 없기 때문이다.

미술과 음악 과목의 경우 이론을 잘 알아두는 것도 좋다. 언어 영역에서 예술 관련 지문이 나왔을 때 이해도가 다르기 때문이다. 대학 진학 및 사회 진출 이후에도 미술 및 음악에 대한 조예는 두고두고 도움이 된다. 음악도 클래식, 국악, 오페라, 뮤지컬 등 각종 장르별로 관심을 갖고, 꾸준히 듣는다면 단순히 책만 읽은 '책상물림'들과는 다른 성과를 낼 수 있다.

---

20) 운동을 멀리 하던 우등생 중 상당수가 특수대학의 체력장 또는 신체검사에서 많이 떨어진다. 특히 체력장의 경우가 그렇다. 100m, 1500m, 윗몸일으키기의 3과목을 보는 것이 일반적이다. 대개 100m와 윗몸일으키기는 문제가 없는데, 1500m에서 지쳐서 탈락하는 경우가 많다. 또, 신체검사에서도 고혈압으로 많이 떨어진다. 학생들이 평소 혈압이 높은데다, 긴장을 해서 더 높아지는 경우가 많기 때문이다. 필자 역시 2000년 경찰대 최종 합격 과정에서 체력장으로 어려움을 겪었다.

체육은 공부에 필요한 체력 육성이라는 측면으로 접근할 수 있다. 어릴 적 도장 사범님에게 불호령을 들으며 수련했던 것은 어른이 되어서도 좋은 추억이 되고, 앞으로 공부하는데 체력적인 바탕이 된다. 또한 체육을 하면 몸이 날렵해지기도 한다.

하지만 하지 말아야 할 것이 있다. 예체능 학원에서 중고교 음악·미술·체육 내신 지필고사 대비를 해 줄 것이라는 믿음이다. 예체능 학원 선생이 각 학교별 음악·미술·체육의 내신 문제를 잘 알지도 못할 뿐더러, 괜한 정력만 낭비될 수 있다. 학교 선생님이 범위로 내준 프린트만 달달 외우면 된다.

수재들이 말하는 예체능

예체능을 하면 분명 도움은 된다. 당장에 입시 점수를 올리는 것은 아니지만 뇌의 능력을 기를 수 있다. 연세대 전기전자공학과 권지용 연구원(박사과정 수료)은 미술의 중요성을 꼽았다.

"디자인의 시대죠. 단지 기술만 알아서는 일류 엔지니어가 될 수 없어요."

애플의 신화를 보면, 미술 교육이 국영수 급으로 강화되어야 하는 것 아닌가 하는 생각도 든다. 장은호 변호사(김앤장 법률사무소) 역시 "미술학원에서 배운 관찰력과 꼼꼼함이 수능은 물론, 고시 준비에서도 꽤 도움이 됐다"는 이야기를 했다.

이화여대를 졸업한 이희원(우리은행)씨와 조영석 박사(컬럼비아대)는 수영을 꼽았다. 이씨는 "수영은 공부가 끝난 저녁 시간이나 새벽반 등 언제든 즐길 수 있다"고 했다. 중학교 수영선수 출신인 조 박사는 "수영으로 다져진 체력으로 대학원에서 밤새 공부하는 것도 견딜 수 있었다"고 했다.

서예를 추천한 멘토들도 많았다. 명덕외고와 연세대를 졸업한 임현정(루이까또즈) 주임은 "서예는 정신건강은 물론이고 인내심과 집중력을 길러준다"고 했다. 실제로 논술고사 및 수능시험을 볼 때, 긴 시간 동안 집중을 하지 못해 그 중요한 시간에도 딴청을 피우는 학생들이 적지 않다. 장시간 동안 꾸준히 집중하는 것은 우등생이 되기 위한 지름길이라 할 수 있다. 또한 서예를 하면 글씨체가 개선되고, 한자 공부도 된다. 한자의 힘은 굳이 말하지 않아도 알 것이다.

입시에 있어 기억해야 할 예체능 수칙 3가지

❶ 예체능은 즐겨야 한다. 국영수 학원 순회하듯 이것 저것 시켜봐야 소용없다. 즐길만한 1~2가지만 시키자.

❷ 예체능 학원에서 내신 대비를 시키지 말자. 학교 선생님이 찍어준 부분만 외우는게 빠르다.

❸ 특수대학을 간다면 체육에 신경을 쓰자.

'입시 애정남'이 풀어주는 수험생활 8대 궁금증

학원에서는 입시 외에 일상 생활에 대한 질문도 많이 받는다. 하지만 학창 시절에 대해 고민해 보지 않았던 학원장들은 대충 이야기하기 바쁘다. 잘 모르겠으면 "공부하기 바쁜데 그런 것은 아예 하지 말라고 하세요"라는 이야기로 얼버무리기 바쁘다. 필자 역시 학원에서 강사들이 잘 답해 주지 않는 생활에 관련된 질문을 많이 받았다. 아무 것도 아닌 것 같지만, 수험생활에 꼭 필요한 감초 같은 질문들이다. 학원에서 많이 받는 '생활 관련' 질문 10가지를 알아보자.

학원에서는 '애정남(애매한 것을 정해 주는 남자)'의 역할을 많이 맡았던 필자지만, 사교육 및 입시 대비의 바이블을 지향하는 이 책의 객관성을 위해 수험생활의 현인(賢人)격인 선배들과 선생님들에게 직접 답을 의뢰했다. '국가대표 공학도에게 진로를 묻다'의 저자 이창엽씨(고려대 졸·현대자동차), 대학생들의 리서치 멘토인 권지용 연구원(연세대 전기전자공학과 박사과정 수료), 취업카페 스펙업에서 스펙 멘토로 활동했던 조현우씨(연세대 졸·SBS 미디어크리에이트), 익명의 공립고교 선생님(영어), 뉴스1 오경묵 기자 등이 답변을 주었다.

🎓 공부할 시간이 없는데, 임원을 해야 할까요?

임원은 기회가 되면 반드시 해라. 사실 수능 성적으로 한 줄 세우기가 보편화되어 있던 2000년대 초반까지만 하더라도, 임원을 할 시간에 공부를 하라는 이야기가 일정 부분 신빙성이 있기도 했다. 하지만 요즘에는 그렇지 않다. 임원을 하는 것은 리더십을 기르고, 생활기록부 관리나 수시 모집 대비 등에도 도움이 된다. 또한 요즘에는 임원을 한다고 해서 시간을 많이 빼앗기거나, 학교에 발전기금을 내거나 하는 등의 부담도 없다. 기회가 된다면 반드시 하도록 한다.

최근 필자가 기자 자격으로 학교 임원 학생들과 이따금씩 대화를 해 보면, 공부도 잘하고 봉사정신도 투철한 엘리트인 경우가 많다. 이 덕에 자신의 성적보다 좋은 학교에 진학하는 경우도 꽤 많다. 봉사한다는 마음으로 임원을 하기 바란다.

🎓 친구랑 학교 앞에 있는 독서실에 가고 싶어요.

학교 앞에 있는 독서실 대신 그 밑에 있는 PC방을 가는 모습이 눈에 선하다. 게임에 빠져 공부를 제대로 할 수 있을지 의문이다. 절대 허락해 주면 안 된다. 차라리 주말에 몇 시간 PC방 가는 것이 낫다. 학생을 무시해서가 아니라, 통계적으로 그 유혹을 100% 떨치기는 어렵다는 것이다.

가장 좋은 것은 학원 안에 있는 독서실이다. 잘 찾아보면 독서실비를 별도로 받지 않는 학원이 있다. 학원 부속 독서실에서 공부하면서 학원에 상주하게 되면, 모르는 문제를 그때그때 물어볼 수도 있다. 그것이 바로 무료 '첨삭 지도' 아니겠나. 집 앞에 있는 독서실도 괜찮다. 집 앞에 있기 때문에 부모의 영향권 안에 있기 때문이다. 적어도 학생 때 만큼은 부모의 영향권 안에 있는 것이 좋다. 학생 입장에서는 좀 답답하고 짜증나고, 독립심이 저해되는 것 같겠지만, 평범한 학생을 기준으로 봤을 때 자유를 구속하면 일단 성적이 잘 나온다.

🎓 이성친구와 함께 공부를 열심히 하면 괜찮은 것 아닌가요.

여학생들은 괜찮다. 여학생들은 이성 교제를 하면서도 공부를 꾸준히 잘하는 경우가 적지 않다. 흔히 말하는 알파걸로 자라는 학생들이 꽤 많다. 이는 여학생들이 더 공부를 잘 하고, 머리가 좋은 경향이 있기 때문인 것으로 보인다.

하지만 남학생은 무조건 말리고 싶다. 필자의 아들이라면 정말 때려서라도 남학교를 보내고 싶은 심정이다. 이유는 설명할 필요가 없다. 남학생들은 여학생을 좋아하면 절대 공부를 하지 않는다. 설득을 하던, "대학 가기 싫으냐"고 협박을 하던 무조건 이성 교제는 금지해야 한다.

학원가에는 '남녀 커플의 쓰라린 결과'가 나오는 경우가 있다. 대개 이런 식이다. 함께 고3까지 공부하던 남녀가 있다. 남자는 대입에 실패하고, 여자는 대학에 가서 선배와 사귀게 된다. 남자는 쓰라린 마음을 잡으며 재수학원에 가지만, 거기서도 연애에 빠진다. 재수학원 여친 역시 대학 진학 후 흔들린다. 재수 중인 남학생은 대학생 여자친구에게 집착해 보지만, 그녀는 집착하는 남자친구가 창피하다. 결국 또 헤어지고 남학생은 삼수를 한다. 그나마 조금 좋은 성적을 내지만, 삼수까지 하면서 갈 대학은 아닌 곳으로 진학한다. 그리고는 정신차리겠다며 군대에 간다. 독자 여러분의 아들도 이런 경우가 되지 않을지 잘 살펴볼 필요가 있다.

🎓 언어 영역에 도움이 될 것 같아 쉬는 시간에 판타지 소설을 봅니다.

절대 해서는 안 될 일이다. 결코 판타지 소설이나 연애 소설, 만화책을 보는 것은 언어영역 실력에 도움이 되지 않는다. 언어영역에 나오는 지문은 호흡이 길다. 길면 3000자를 넘는 것도 있다. 꾸준히 긴 지문을 읽고, 깊이 있는 추론을 한 뒤 판단하는 문제가 대다수다.

하지만 판타지 소설은 그렇지 않다. 매 페이지마다 박진감 넘치는 장면이 나오고, 상상을 하게 된다. 현실과는 다른 판타지 세계에 쾌감도 느낀다. 하지만 그 사이 '깊이 있는 추론'의 과정은 없다. 만화책 역시 마찬가지다. 싸움 장면을 보면서 페이지를 막 넘기고 있는 것이 현실이다. 연애 소설 역시 남녀 주인공의 키스 장면에서나 숨죽이고 읽을 뿐 페이지가 휙휙 넘어가는 것은 마찬가지다.

차라리 신문을 보라는 이야기를 하고 싶다. 단, 스포츠지는 안 된다. 정통 종합지 또는 경제신문을 읽되, 한 피스의 기사를 처음부터 끝까지 보는 훈련이 필요하다. 가능하다면 기사를 읽고, 그 내용을 한 줄 정도로 요약하는 습관을 들이기를 권한다.

잠은 얼마나 자야 할까요?

잠은 6시간 자면 알맞다. 12시에 자고 오전 6시에 일어나는 습관을 들이자. 학교가 멀어 5시에 일어나는 학생들은 11시에 잠들도록 하자. 가장 미련한 것은 새벽 2~3시까지 하는둥 마는둥 대충 시간을 떼운 뒤, 다음날 졸고 있는 학생들이다. 절대 그러지 말자. 짧은 시간에 집중을 해서 공부하는 것이 가장 효과적이다.

밤을 새워도 되는 때가 없는 것은 아니다. 방학 기간 중 작심을 하고 "오늘 하루는 법과사회 문제집 3권을 끝내버리겠다"며 열의를 불태우는 경우다. 이럴 때는 밤 좀 새워도 좋다.

쉬는 시간에도 공부를 해야 할까요?

오버하지 말자. 필자의 학원 경험상, 쉬는 시간에 공부한 것으로 효과봐서 대학에 잘 간 학생은 지금껏 손에 꼽을 정도였다. 학교나 학원 수업 전 쉬는 시간이라면 교재의 내용을 눈으로 대강 보면서 편히 쉬고 있는 것이 좋다.

🎓 '공부 3시간 하면 게임 1시간' 어떨까요.

일부 학부형은 "아이가 공부보다는 게임에만 빠져 있다"면서 공부를 3시간 하고 나면 게임을 1시간 시켜주는 경우가 있다. 일단 막아야 한다. 물론 피끓는 10대 청소년 시절에 게임이라도 하면서 스트레스를 푼다는 마음은 이해가 간다. 하지만 시간이 별로 없다. 돈 들여, 시간 들여 사교육을 시키면서 공부하는 판에 한가하게 게임을 하고 앉아 있단 말인가.

차라리 운동을 하라. 운동이라면 하루 1시간씩 해도 좋다. 운동을 하면 공부를 더 집중해서 할 수 있는 체력이 생긴다. 하지만 점심시간에 축구를 하는 것은 그리 권하고 싶지 않다. 금요일 저녁에 농구 게임을 열심히 하고, 씻고 확 자라. 주말에는 다시 상쾌하게 공부하고. TV로 하는 여가로는 사극을 보거나 뉴스채널 YTN을 시청하면서 엄마와 대화를 하는 것이 좋다. 의외로 토론에 도움이 된다. 필자의 경우 중고교 6년 동안 KBS에 나오는 사극을 모두 시청했던 것 같다. 적어도 사극 속 인물들의 이름은 제대로 외워진다. 물론 게임을 한번에 완전히 끊을 수는 없다. 하지만 중고교 6년간 꾸준히 설득해야 한다. 한 번 엄마가 설득할 때마다 자녀의 점수가 1점씩 오른다고 생각하자.

🎓 아침 자습시간에 너무 졸린데 자면 안 될까요.

필자 역시 학교에서 잠을 많이 자 많이 혼났다. 하지만 지금 생각해 보면 정말 후회가 된다. 학교에서 집중을 해야 이후 복습이 잘 된다. 이해가 높을수록 점수가 높고, 점수가 높을수록 사교육비가 덜 든다. 따라서 학교에서는 자면 안 된다. 자습시간, 강의시간 둘 다 졸지 않도록 노력해야 한다.

쉬는 시간에 잠시 쉬고 공부를 하겠다며 잠을 자는 경우도 말리고 싶다. 10분 잔다고 엎드리면 수업이 시작되고 나서도 20분 동안 잠이 깨지 않아 비몽사몽하는 경우가 있다. 비싼 돈 내고 교육 받으면서 졸고 싶나. 그 시간에 부모님을 생각하며 공부를 해야 한다.

그 외에 음악 들으면서 공부해도 되느냐, 국어 문제집 10분 풀고 영어 문제집 10분 풀면 안 되느냐, 집중이 안 되는데 친구네 집에서 밤새면서 시험공부해도 되느냐 등의 숱한 질문이 있다. 엄마의 상식으로 봐서 안 되는 것은 다 부적절하다고 보면 되겠다.

2

Part

학년 · 과목별
학원 선택 가이드

66

학원 잘 다니면 돈 아낀다고?

사람들은 누구나 살아가면서 자신의 경험에 기초해 갖가지 우상을 마음에 새긴다. 학원 역시 예외는 아니다. 학원은 교육이 아닌 '교육 서비스'이고, 교육 극대화가 아닌 '수익 극대화'를 추구하는 주체이다. 아울러 금융위기 이후 교육자로서의 자부심까지 옅어지고 있는 실정이다.

사교육 환경은 더욱 악화되고 있다. 2013년 이후 학원가는 마치 IMF 위기 당시 한국의 우량 기업을 싼 값에 독식하려는 외국 자본과 같을 것으로 전망된다. 학부형의 주머니라는 '시장'은 점차 줄어들고 자사고가 자꾸 생기는 점은 위협 요소이다. 거대 학원 프랜차이즈들이 계속해서 생겨나고 대기업의 학원 참여도 가시화되고 있다. 이런 상황에서 학원의 전략은 뻔하다. 돈을 잔뜩 벌고 론스타처럼 '먹튀' 하면 그만이다.

학원들의 쓰나미는 크게 3가지 조류가 있다.

첫 번째는 거대 학원들의 자체 커리큘럼 함정이다. 자신들의 프로그램을 따라야만 영재가 될 수 있다고 강조하고 광고하는 한편, 프로그램을 마치 '다단계 판매 등급' 처럼 그물망으로 짜놔서 이해를 할 수 없게 만든다. 그 거대한 커리큘럼의 틀 안에서 레벨 테스트나 보면서 시간을 떼우게 만드는 식이다. 이를 위해 경시대회, 영재, 자사고, 외국어고, 과학고, 특기자 등의 단어가 남발된다.

두 번째는 어중이떠중이 학생들에게 '나는 우등생이다' 라는 엘리트 착각 의식을 심어주는 고전적인 방식이다. 둔감한 학부형은 아이가 고3이 될 때까지 '우리 애가 실력이 떨어진다' 는 자각을 하지 못하는 경우가 많다. 정말 대기만성(大器晚成)하는 아이라고 믿고 싶은 점을 이용하는 것이다. 초6때부터 또는 중3때부터 시작한 착각 마케팅은 여전히 유효하다.

세 번째는 급한 고교생들에게 이것저것 끼워 팔고, 비싼 개인지도를 자꾸 듣게 하는 '엮기 전략(Package-selling strategy)'이다. 급한데 돈이 문제겠는가. "무조건 대학만 보내주세요"라며 읍소하는 학부형이 타깃이다. 이런 애들은 대개 재수까지 해서 재수학원들의 봉 역할도 자임한다.

중요한 것은 이럴수록 학부형들이 더 정신을 똑바로 차려서, 체리 피커(cherry picker)가 되어야 한다는 점이다. 금융권 용어인 '체리 피커'는 접시에 섞여 담긴 신포도와 체리 중 달콤한 체리만 집어먹는 얄미운 이들을 빗대, 신용카드의 혜택만 쏙 빼먹는 소비자들을 뜻한다. 이번 장에서는 독자들을 '사교육 체리피커'로 이끌 전략을 소개한다. 학년별·과목별·실력별 맞춤형 사교육 트랙을 선택하는 것은 학부형 스스로의 몫이다. 이번 장을 읽다보면 스스로 판단이 설 것이다. 그 판단을 제대로 실천해야 평균 2억 5000만원이 든다는 사교육비가 적게는 20%, 많게는 절반 이상이 절약된다. 이것이 바로 '사교육 재테크'이다.

학년별 국어 · 논술 사교육 재테크

> 국어는 참 '요상한' 과목이다. 공부한만큼 성적이 확 오르지는 않고, 공부를 안 하면 평균을 깎아먹기 쉬운 과목이기 때문이다. 중학교에서는 교과서와 참고서만 대충 외우면 90점은 나온다. 하지만 문제는 고등학교에서부터다. 국어 기본기를 어떻게 쌓았느냐에 따라 언어영역 점수가 10점 가까이 요동친다. '헉!' 하고 걱정하면 이미 고2다. 특히 우등생이라고 자부하던 학생들이 고교에 진학했을 때 다른 과목은 모두 만점 가까이 맞고 국어만 죄다 틀리는 경우가 많다. 필자 역시 그랬다. 뒤늦게 국어 능력을 기르려면 정말 2000만 원 정도가 든다. 이것이 미리 국어 능력을 배양해야 하는 이유이다.

> 논술도 마찬가지이다. 공부를 해도 학생의 글쓰기 능력은 좋아지지 않는다. 같은 반 애들하고 글을 써 봐도 왜 내 글만 수준이 떨어져 보이는 것일까. 유능하다는 강사에게 철학 이론을 배우고, 글을 첨삭 받지만 별로 달라지는 것 같지는 않다.

계륵 같은 국어, 하지만 정직하다!

국어 · 논술 분야에서 제대로 된 사교육을 받기란 쉽지 않다. 공교육을 똑바로 받는 것이 돈을 아끼는 길이라는 말이 이들 과목에서는 제대로 성립한다. 대치동을 제외한 서울 전역에서 꽤 괜찮은 국어 강사를 찾기가 어렵기 때문이다. 실력과 트렌드, 재미를 겸비한 30대 국어 강사는 눈 씻고 찾아봐도 드물다. 40대 중에서 재미있고 쏙쏙 들어오게 가르치는 선생님들이 있지만, 최신 트렌드와는 약간 거리가 있는 경우가 많다.

학생을 '읽게 만드는' 것 역시 중요한 요소다. 사실 고교 1~3년을 대상으로 하는 수능 국어의 영역은 읽는 습관을 기르는 것과 고전 작품 숙지 여부에서 기본 점수가 나온다. 시험을 보기 몇 달 전에는 문제풀이 요령을 숙달하면서 시간 안배까지도 해야 한다. 일련의 과정이 교육보다는 훈련의 영역인 경우가 많다. 이런 훈련은 반복을 통해 완성된다. 학원에서 이런 훈련을 체계적으로 시킬 수 있는지 여부가 막판 10점 이상을 가르는 요소가 된다. 제 아무리 명강사에게 2년씩 배워도 점수가 나오지 않는 이유가 바로 이런 점 때문이다.

국어는 화초 같은 과목이면서 정직한 과목이다. 화초를 키우듯 꾸준한 정성을 들이면 그것이 바로 사교육 재테크, 즉 학원비 절감과 직결된다. 고득점을 위해서는 꾸준한 노력이 필요하다. 만점에 가까운 초고득점을 위해서는 어릴 적부터 습관이 남들과는 달라야 한다. 어릴 때 습관이 잘못들수록, 읽기 훈련이나 작품 감상을 덜 할수록, 고교 시절 국어학원비가 더 든다고 생각하면 된다. 그 과정을 알아보자.

계륵같은 초등 국어·논술, 어떻게 대비할까?

초등국어는 학원가에서 '계륵(鷄肋)'과 같은 과목이다. 학생 입장에서는 들어도 그만, 안 들어도 그만인 과목이다. 학원 수업도 책 읽고 독후감을 쓰게 하거나 토론이라는 이름의 잡담 좀 진행하면 끝이다. 하지만 막상 학생이 책을 읽어오지 않으면 수업을 진행할 수 없다. 학원장 입장에서도 서비스 상품이지 결코 캐시카우(cash cow, 경영학 이론 중 BCG 매트릭스에 나오는 것으로 돈을 벌어다 주는 효자 상품 사업군이라고 이해하면 된다)가 아니다. 돈은 중1 예비반과 연계해서 팔 수 있는 영어와 수학에서 나온다. 하지만 학부형들은 '국영수'라는 주요 과목에 대한 사고 프레임이 있어서 초등부 학원에서도 "국어는요?"라는 말을 꼭 한다. 이를 역이용하는 학원도 있다. 국어를 명문대 국문과 강사가 가르치기 때문에 선행학습이 가능하다는 말도 안 되는 이야기까지 한다.

• 초등 국어는 '생각하는 힘'…입시 대비 소용 없어

초등학생들에게 국어 사교육을 시켜야 하는지 여부에 대해서는 판단이 서지 않을 때가 있다. 물론 길게 보면 도움이 된다. 책을 읽고, 글짓기를 하고, 토론을 하면 장기적으로 사고력 발달과 문장력 향상에 도움이 된다. 하지만 학부형의 주머니는 화수분이 아니다. 다른 과목도 학원에 보내야 한다. 그렇다면 상대적으로 초등 국어 사교육의 필요성은 줄어들 수밖에 없다. 게다가 논술 실력 향상, 명문대 입시 대비, 수행평가 대비 등 다양한 사교육의 목적에서 볼 때, 사교육을, 그것도 초등학교 국어를 시켜야 할지는 의문이다.

결론부터 말하면, 초등학교에서 굳이 국어 사교육을 시킬 것까지는 없다. 이 말은 입시 국어라는 관점에서 국어 사교육을 시키지 않아도 된다는 이야기다. 아이의 실력을 기르기 위해서는 입시 국어보다는 중학교, 고등학교에서 써먹을 수 있는 독서능력(reading skill)과 사고력(critical thinking)의 초석(礎石)을 닦는 것이 필요하다고 보는 것이 올바르다. 하지만 학원가에는 초등 국어를 가지고 거짓말을 하는 사람들이 정말 많다. 초등학교 때부터 고전의 맥을 잡아야 한다는 둥, 논술과 면접의 기초를 다지기 위해 논술면접 교실을 다니라는 둥, 스피치 능력을 길러야 수시에서 교수님들께 자기주도학습의 과정을 어필할 수 있다는 둥 그 종류도 다양하다. 하지만 논술과 면접의 경우 초등학교 시절에는 배경지식이 없기 때문에 능력 배양 자체가 되지 않으며, 고전역시 중2는 되어야 이해를 할 수 있다. 게다가 고전은 약간의 암기를 해야 이해도 잘 되고, 이를 바탕으로 응용하는 능력까지 생긴다. 나이를 먹어야 한다는 이야기다. 자기주도학습을 단순히 말발 좀 세워서 어필할 수 있다는 것 역시 어불성설(語不成說)이다. 교수들이 그렇게 호락호락한 사람들로 보이는가. 일각에서는 중학교 국어 교과서 강의를 하면서 선행학습을 운운하기도 하는데, 중학교 국어 교과서를 미리 배운다고 해서 대학 가는데 하등 도움이 되지 않으니 절대 속지 말기를 바란다.

초등부 국어 학원의 강사 자질 문제도 반드시 짚고 넘어가야 한다. 초등 국어의 경우 가르치기가 어렵지 않고, 수업의 상당부분이 '학생 숙제 확인' 또는 '아이들 통솔' 같은 것이기 때문에, 강의의 질은 상당히 경시되는 경우가 많다. 게다가 엄마들의 인식조차도 초등학교에서는 영어만 제대로 가르치면 된다는 생각이 많기 때문에, 수학이나 국어는 강사의 자질 문제에 대해 깊이 있게 생각하지 못하는 것이 현실이다. 또한 학원에서도 초등부 국어 강사는 사이드 중에서도 사이드라 할 수 있다. 따라서 능력보다는 페이가 싼 강사, 가끔 와서 봐주는 파트 강사, 다른 과목을 하면서 부수적으로 가르칠 수 있는 강사를 선호하는 것이 현실이다. 필자 역시 학원에서 10여년 동안 초등부 국어 강사를 봐왔지만, 제대로 '초등학생의 생각하는 힘'이라는 점을 고민하는 강사는 별로 못 봤다. 그나마 기혼 여성 베테랑 강사는 꼼꼼하게 가르친다는 점에서 좋다.

• 초등 국어의 포인트는 독서 · 글쓰기 습관 · 대화

초등 국어를 위한 사교육을 꼭 시키고 싶다면 여러 가지 포인트를 생각하고 선택하는 것이 좋다. 첫 번째로 초등 국어에서 가장 중요한 포인트는 폭넓은 독서다. 독서는 대개 여러 가지를 봐주는 초등학교 과외 선생님이 문답 형식으로 체크하는 방법이 올바르다. 교육대학이나 사범대 초등교육과 등에서 초등교육을 전공한 선생님(재학생도 괜찮다)이 가장 좋고, 수강료 대비 효과도 좋다. 과외 선생님에게 다른 과목 봐주면서 10분씩 독서를 체크해 달라고 하는 방법도 좋다.

초등학교 국어를 아예 팀으로 묶어서 가르치고 싶어 하는 학부형도 적지 않다. 돈을 좀 들이더라도 초등 국어를 제대로 가르치고 싶어 하는 경우인데 나름 괜찮은 방법이다. 사실 요즘 일부 초등학교 선생님들은 강의에 열의가 없는 경우도 가끔 있다. 이를 감안해 선제적으로 초등

국어를 사교육으로 커버하는 것도 나쁘지 않은 방법이다. 필자 역시 초등학교 시절 담임 선생님께서 워낙 자연체험을 강조하시는 바람에 막상 공부는 별로 못했던 기억이 있다.

필자가 팀 과외를 강사에게 의뢰한다면, 2시간 짜리 주2회 과외를 팀으로 엮을 것 같다. 학생은 5명 정도가 좋다. 일단 모인다면, 한 30분 정도를 할애해서 독서를 하게 할 것 같다. 아이들은 절대로 책을 스스로 읽지 않기 때문이다. 자꾸 읽어버릇해야 집[21]에서도 할 일 없을 때 책을 읽고 생각하게 된다. 다양한 분야의 텍스트를 접하는 시도도 해야 한다. 주로 한국 교과 과정에서 잘 다루지 못하는 서양사, 기초 철학, 자연과학, 과학사, 과학철학, 종교 같은 주제에 대해 책을 읽고 자신의 생각을 한두 마디씩 해본 다음, 노트에 적게 하는 방식을 시키고 싶다. 물론 이 정도의 강의를 해 줄 수 있는 초등부 담당 독서지도 학원선생은 드물다. 그래서 초등교육 전공 교사나 교육대학원생을 초빙해서 하는 것이다.

두 번째 포인트는 글쓰기 습관을 들이는 것이다. 사실 사교육까지 시

---

21) 초등학교 시절 독서 환경은 아주 중요하다. 집에 책꽂이 한 칸이라도 있어야 한다. 책을 빼서 읽어보고, 혼자 생각하고, 노트에 정리해 볼 수 있는 환경을 만들어줘야 한다. 최악의 경우는 아이에게 "넌 책 읽어"라고 말하고, 엄마는 막장 드라마를 보고 있는 것이다. 엄마가 TV 막장드라마 보고 있는 동안에 아이는 그 소리가 귀에 들어와 라디오 싱글벙글쇼를 들으면서 공부하는 것 같은 효과가 나타난다. 그 재미난 대사들이 귀에 들어오는데 무슨 책을 소화하고, 무슨 추론적 사고를 기른단 말인가. 자녀를 명문대에 보내고 싶다면, 지금이라도 드라마는 아침 재방송이나 VOD 등으로 전환하라. 프라임 시간에 드라마 보는 집에서는 미안하지만 절대 SKY 대학 못 보낸다. 필자는 초중고 12년간 집에서 볼 수 있던 방송은 뉴스, 사극 드라마, 과학 및 세계탐방 다큐멘터리 4가지였던 것으로 기억한다.

키기에는 좀 애매하고, 엄마가 집에서 충분히 해 줄 수 있다. 하지만 대부분의 엄마들이 시간이 없다거나 귀찮다는 이유로 그냥 학원에 일임하는 무책임한 행동을 보인다. 초등학교에서 할 수 있는 글쓰기라는 게 사실 별거 없다. EBS에서 글쓰기 강의를 하고 여러 학교에서 특강을 해본 필자 역시, 초등학교 시절 필자가 적은 논술 답안지(지금도 왜 초등학교에서 논술 경시대회를 했는지 이해할 수 없다)를 보면 오글거린다. 이건 무슨 억지와 거짓말로 가득하다. 경험이 없고, 배경지식이 없는 초등학생이 얼마나 제대로 된 논술을 쓰겠는가.

세 번째 포인트는 독자들도 다 예상하겠지만 토론이다. 토론은 면접의 기본, 대화의 기술까지도 커버할 수 있는 기본기라 할 수 있다. 사고력을 기르는 초등부 국어 강좌에서는 작품 암기나 통합교과적 사고력보다는 읽기 능력 배양이 기본이다. 이를 자기 것으로 한층 강화시키는 것이 토론, 그리고 글쓰기다. 많이 읽고, 많이 생각하고, 많이 쓰는 것. 어디서 많이 들어 본 말 같지 않나. 다독(多讀), 다작(多作), 다상량(多商量)이 그것이다. 초등학교 때는 그 기본기를 다지는 시기라고 생각하면 된다.

학원에서 독서 강의를 듣는 경우에는 글쓰기와 토론을 곁들이면 된다. 그렇지 않은 경우에는 집에서 엄마와 함께 글을 써 봐도 된다. TV 뉴스를 보다가 재미난 포인트가 있으면 아이와 대화를 시작하자. 엄마가 지식이 부족하다면 네이버 백과사전 등을 찾아보면서 대화를 이끌어 내도 좋다. 이는 아버지들도 충분히 할 수 있는 부분이다. 회사에서 일만 하나? 솔직히 아니지 않는가. 점심시간에 화두가 됐던 시사 이슈 하나씩 꺼내서 아이 수준에 맞게 이야기를 하면서 대화를 이끌어 나가보는 것도 좋다. 아버지를 통해 지식과 사고력을 받아들이면서 아이는 부모를 존경하게 된다. 물론, 아이 앞에서 폼 좀 잡으려면 신문을 꼼꼼하게 봐야 할 것이다.

'징검다리' 중학 국어, 어떻게 준비할까

중등부 위주의 학원에서 국어는 과학과 더불어 별 볼일 없는 과목이다. 일단 중학교 국어는 쉽다. 학원을 다니지 않고 학교 수업만 충실히 들어도 기본적으로 80점은 나온다. 수업 듣고 자습서 좀 읽어보면 90점 이상의 꽤 괜찮은 석차 백분율이 나온다. 그러니 공부를 하지 않는다. 게다가 중1 국어 교과서의 난이도나 중3 국어 교과서의 난이도가 크게 다르지 않다. 기껏해야 지문이 조금 다른 정도라고 생각하면 된다.

이런 상황 덕분에 학부형도, 학생도 안일한 생각을 하게 된다. 하지만 중학교 국어가 뒷받침이 되지 않으면 이후 교육과정에서 문제가 될 수 있다. 중학 국어는 평생 쓸 언어 습관과 지식을 쌓는 초석이 된다는 점에서 중요하지만, 여기서는 입시에 연관되는 포인트 위주로 알아보겠다.

● 중학교 국어가 중요한 까닭

흔히 필자가 상담을 할 때, 영어와의 연관 관계를 강조하면서 국어 실력의 중요성을 말하면 학부형들은 잘 알아듣는다.

어머님 "depreciation"이라는 단어의 뜻이 '감가상각(減價償却)'입니다. 종미(가명)에게 이 단어를 어떻게 설명해야 할까요?

중학교 시절, 선행학습을 한다며 외워대던 단어의 뜻을 도대체 이해할수가 없어서 고민했던 기억이 있다. 당시 감가상각의 뜻을 설명하려고 노력하던 아버지는 결국 설명하지 못하고 "그거 못 외워도 대학 잘 간다"면서 넘겼다. 물론 필자가 읽었던 지문은 감가상각이라는 단어를 이해하지 못하면 풀 수 없는 문제였다. 그래서 국어 실력 없는 영어 교육은 사상누각(砂上樓閣)이 될 수도 있는 것이다. 이렇게 이야기 하면 국어의 중요성을 모두 이해한다.

 하지만 문제는 그 필요성을 잠깐만 공감하고, 얼마 뒤 금방 까먹는다는 점이다. 다시 언어영역 이야기로 돌아오자. 흔히 엄마들은 중학교 국어의 중요성을 무시한다. "영어랑 수학이 중요하니, 국어는 제쳐둬도 되잖아요"라는 식이다. 하지만 현실은 그렇지 않다. 중학교 국어는 우선 고교 국어 및 언어영역, 논술의 바탕이 된다는 점에서 중요하다. 중학교 때 국어 실력을 제대로 닦지 않으면, 절대 언어영역을 95% 이상 맞출 수 없다. 중학교 때부터 길러 온 읽기 능력과 교과서 내 작품에 대한 이해가 고교까지 이어지기 때문이다.

 흔히 '쓰기 영역'이라고 말하는 어법 파트도 빼놓을 수 없다. 엄마들은 영어에만 어법이 있는 줄 알지만, 국어에도 어법이 있다. 언어영역 어법 문제를 틀려 애를 태우는 고교 학부형이 몇 명인 줄 아는가. 중학교 때 조금만 국어에 신경을 썼더라면 다 맞췄을 문제들이다. 또한 중학교 시절은 과학, 문화, 철학, 정치 등 다양한 분야의 지문을 접해보는 첫 시기다. 초등학교 시절에는 위인전 수준의 텍스트만 접했다면, 중학교 때부터는 비판적 사고 또는 추리상상적 사고를 하는 텍스트를 접하기 시작한다. 이 때 다양한 텍스트를 접하고, 비판적으로 생각해 보는 훈련이 필요하다. 바로 그게 중학교 국어에서 가능하다. 그래서 중학교 국어가 중요하다.

• 중학교 국어는 교과서 암기에서 시작된다

중학교 국어가 사고력의 길잡이가 된다는 이야기를 하고 나서 "적절히 외워야 한다"는 말을 하려니 어폐가 있다. 하지만 엄연한 사실이다. 중학교 국어는 일정 부분 교과서 내용을 암기에 가깝게 숙지를 해야 고득점을 받을 수 있다. 이 때문에 중학 국어 교과서의 내용을 암기하는 것에서 시작한다. 적어도 내신 관리라는 측면에서는 말이다. 학원의 국어 교육 역시 자습서와 문제집의 포인트를 중심으로 교과서 내용을 암기하는 것을 강조한다.

특히 시조, 가사, 시 등 다양한 장르의 기초격인 작품은 '빈 칸 채우기' 등으로 암기를 강요하기도 한다. 실제로 수능에 빈 칸을 만들어 두고 "빈 칸에 들어갈 단어를 추론하시오"라는 문제가 나온다. 잘 추론해서 맞추면 좋겠지만, 유명 시인이 쓴 시에 들어갈 말을 어떻게 평범한 학생이 추론해서 맞춰 넣을 수 있을까. 그정도 실력이면 신춘문예 등단한다. 그래서 적절한 암기가 필요한 것이다. 이런 암기는 작품 감상의 이해도를 높여주기도 한다.

다양한 읽기자료[22]를 읽으면서 주제의식과 작가의 프로필 등을 외워두는 것도 좋다. 언제 어떤 지문이 나올지 모른다고 하지만 사실 지문은 돌고 돈다. 평소에 꾸준히 익혀두면, 시험에 나와도 당황하지 않고 문제를 풀 수 있다. 이렇게 교과서 외에도 다양한 지문을 숙지하고 있으면, 고교 진학 후 언어영역을 공부할 때 "생소한 지문 때문에 죽겠다"는 말은 하지 않게 된다.

● 학원은 어떻게 보낼까

중학생에게 매달 국어 학원을 별도로 보낼 필요까지는 없다. 물론 지금 보내는 학원에서 영어+수학을 들으면 국어까지 종합반으로 엮어 준다던가, 국어 학원비를 좀 빼준다면 끊을 필요는 없다. 하지만 굳이 국어만을 위해 전문학원까지 다닐 필요는 없다는 이야기다.

평소에 국어 학원을 다니지 않는 학생들은 대규모 단과학원에 가서 중학교 국어를 방학 때 총정리해 주는 것을 들으라고 권하고 싶다. 방학 때 2개월 집중해서 듣고난 후 학교에서 수업을 들으면 다시 한 번 반복할 수 있다. 그리고 시험 전에 한 번 더 총정리하면 된다. 중학교 국어는 그 정도만 해도 아주 잘할 수 있을 것이다.

최악은 국어 학원에 매달 보내되, 시험 기간에는 암기과목을 해야 한다면서 안 보내는 경우이다. 국어는 많은 시간을 필요로 하지 않으니

---

22) 중학교 수준의 지문을 꾸준히 읽으면서 주제 의식과 글의 구성 등을 암기하는 것은, 중학교 수준에 맞는 좋은 논술 공부법이기도 하다. 사실 중학교 때 논술을 쓰라고 해봤자, 학생들이 그리 제대로 된 답안을 만들어 내기는 어렵다. 제 아무리 영재라고 해봐야 고1 끝날 무렵은 되어야 한다. 따라서 그 전의 과정으로 논술로 쓸 법한 칼럼들을 두루 섭렵하게 하는 것은 좋은 논술 교육이 될 수 있다. 그냥 지문만 읽게 하는 것이 아니라 개요를 쓰게 해야 한다. 그래야 글 쓰는 요령을 익히고, 자신이 구성하는 법을 터득한다.

꼭 보내자. 시험 기간에 교과서를 숙지해야 고교 진학 후에도 잊어버리지 않고 국어 성적 관리도 잘 된다. 암기과목 공부를 조금 일찍 시작하면 굳이 시험 기간에 국어 학원을 빼먹을 필요는 없지 않을까. 시험 1주전에 시작하는 게 아니라 3주 전부터 여유 있게 말이다.

뭘 읽어야 하나

중학생을 둔 학부형들에게 많이 듣는 질문이다. "아이에게 뭔가는 읽혀야 할 것 같은데, 마땅히 '뭘 읽으라'고 말하기는 어렵다"는 이야기다. 게다가 고교 진학 후에는 입시 공부로 인해, 충분한 독서 시간조차 내기 어렵다. 또한 독서를 중학교 때 충분히 해 놔야 고교 진학 후 국어 사교육비가 줄어든다는 것은 정설 중의 정설이다.

중학교 시절에는 중학생으로서 알아야 할 교과서 관련 작품을 읽는 것은 물론, 고교 및 수능에도 대비가 될 수 있는 폭넓은 텍스트를 읽어야 한다. 어머니들 스스로가 중학생 자녀의 읽기 목록을 선정할 때 고려해야 할 대목이다.

필자가 가장 많이 권하는 책은 월간 『독서평설』이다. 매달 양질의 텍스트를 분야별로 다양하게 읽을 수 있다는 점에서 최적의 읽기 자료라고 할 수 있다. 당연히 고교용으로 읽혀야 한다. 중2~3 정도라면 다소 어렵게 느껴지더라도 충분히 소화할 수 있다. 중학생용을 읽어야 한다면서 쉬운 글만 봐서는 실력이 늘지 않는다. 과감히 고교 독서평설을 읽는 습관을 들이는 것을 권한다.

다만, 독서평설은 작은 잡지에 다양한 텍스트를 넣느라 책 전문을 읽을 수 없다는 단점이 있다. 이런 단점을 극복하기 위해서는 고교에서 방학 때마다 내주는 리딩 리스트를 활용하면 좋다. 서울 대일고등학교에서는 『순수이성비판, 이성을 법정에 세우다(진은영)』에서 『음악은 왜 우리를 사로잡는가(로베르 주르뎅)』까지 '본교 선정 권장 도서 목록 100권'을 발표하기도 했다. 100권을 한 번에 읽을 수는 없겠지만, 중1부터 고교 1학년까지 본다는 마음으로 여가 시간마다 꾸준히 읽는다면 못읽을 것도 없다.

오직 수능만 바라보는 고교 국어

고교 국어는 오히려 가르치기 쉽다. 내신이 곧 수능이요, 수능이 곧 내신이다. 10년 전만 하더라도, 실력 없는 교사들의 아집으로 쓸데없는 내용을 가르치고 시험에 내고 그랬지만, 근래에는 교사들의 수준이 올라가면서 그런 일이 없어졌다. 공부하는 학생들 입장에서는 다행이라 할 수 있다. 학년에 상관없이 자신의 수준에 따라 3가지 학습+사교육 전략을 생각해 볼 수 있다.

● 다른 건 다 잘하는데... 국어만 안 오르는 꾀돌이

필자가 이랬다. 다른 과목은 모두 꾸준한 점수가 나왔다. 보통 한 개정도 틀리거나 많이 틀리면 5점 정도 감점됐다. 하지만 왜 국어 성적은 허구헌날 중상위권 아이들과 비슷할까. 일단은 그 원인을 찾는 것이 중요하다. 학원 강사가 하루 정도 시험을 보면 그 이유를 파악할 수 있다. 모의고사 3회 정도 풀고, 틀린 이유를 문답 형식으로 체크하면 정확하게 진단이 된다.

비문학에서 점수가 나오지 않는 경우가 대표적이다. 일단은 마음을 비우고 읽는 능력을 길러야 한다. 조금은 어려운 비문학 교재 한 권, 중간 난이도의 비문학 교재 한 권씩을 구입한 뒤 풀기 시작한다. 틀리면 방법은 하나다. 틀린 지문을 천천히 읽고 문제와 해답을 읽은 후 지문을 다시 한 번 읽으면서 이해하는 것이다. 어차피 내가 문제집에서 본 지문은 수능에 잘 나오지 않는다. 읽는 방법을 연습하는 것이라고 생각해야 한다. 이를 꾸준히 반복하더라도 비문학 점수가 안 나온다면 필요할 경우 3회독 기법을 쓸 수도 있다. 미리 문제를 풀고, 강사는 EBS에서 수능 날 해설해 주듯이 풀어주는 강의를 진행하는 것이 효과적이다.

이 외에 고전 문학에 대한 이해가 부족한 경우가 있다. 방법은 단순하다. 하나하나 외우면 된다. 고전편 언어영역 문제집을 하나 골라 꾸준히 공부를 하면 된다. 필요한 경우 학원 강의를 듣는 것도 괜찮다. 고전은 1:1 강의를 하게 되면 혼자 듣기 때문에 오히려 졸릴 수 있으므로 친구들과 함께 공부하되, 암기를 복습차원으로 충실히 하는 것이 올바르다. 교과서 지문을 완전히 숙지하지 못한 경우도 있다. 이런 경우에는 방학 때 진행되는 교과서 특강을 기본으로 하는 것이 빠르며, 교과서 내용을 한 줄 한 줄 해설해 놓은 '국어 한 권으로 끝내기' 같은 문제집을 보면서 접하는 것도 좋다. 한 줄 한 줄을 그냥 외워버린다는 느낌으로 접근하면 된다.

가장 쉽지 않은 것은 현대 문학 공부가 부족한 경우다. 현대 문학은 꾸준히 언어영역 수업을 들으면서 감을 쌓아야 하는데, 비슷한 실력의 학생 4~8명 정도를 모아 강의를 엮는 것이 가장 좋은 방법이다. 학원 강사가 주2회 정도 강의를 하되, 절반은 일반적인 언어영역 강의를 하고, 나머지 절반은 문학 강의를 해야 한다.

학생들을 모아 갔는데, 강의에 난색을 표하는 강사가 있다면 돈이 되지 않는다며 피하거나, 가르칠 실력이 없는 것 둘 중의 하나다. 전자의 경우 원장과의 교섭을 통해 해결하는 경우를 생각해 볼 수 있다. 원장이 받는 비율을 좀 조정한다던가, 다른 강의를 추가로 강사에게 배정하는 등의 방법으로 해결이 가능하다. 후자의 경우는 강사를 바꿔야 한다. 돈 말고 다른 이유를 대면서 "문학 강좌가 굳이 필요한가요" 등의 이야기를 하면 실력이 없는 것이니 무조건 바꾸어야 한다. 웬만한 학원 강사는 문학 전반을 훑어달라고 하면 뭘 가르쳐야 할지 대부분 알고 있다.

• 저는 해도 안 됩니다. 어쩌죠?

고3 5월쯤 됐는데 수능 모의고사에서 반타작을 하는 경우가 많다. 일단 언어영역에 올인해야 한다. 필자의 친척은 수능 절반 맞는 실력이었는데, 고3 때 수학과외에 올인하다가 결국 전문대에 갔다. 안타깝다. 차라리 국어와 사회탐구에 전념했더라면 나았을것이다. 수학, 영어는 외계어처럼 보일 수 있지만 국어는 우리말 아니겠나. 충분히 승산이 있다. 일단은 '언어영역 기본편+고교 국어 자습서'로 시작해야 한다. 기본편을 꾸준히 도를 닦는다는 느낌으로 계속 푸는 것이 기본이다. 그러면서 국어 자습서를 천천히 읽는다. 기본이 되어야 수능 국어 강의를 해도 이해를 할 수 있기 때문이다. 소위 '꼴통'이라 불리는 학생들의 경우에는 강의만큼이나 관리가 중요한데, 그것은 다음 장에서 다루기로 한다.

집에 경제적으로 여유가 있다면 언어영역 기본편과 국어 자습서를 '같이 읽어가면서 강의하는' 과외 선생을 붙여주는 것도 좋다. 아이가 국어를 못하는 것은 명강의를 듣지 못해서가 아니라, 읽는 습관 자체가 없기 때문이다. 일단은 읽어야 문제를 풀던 아니면 찍던 할 것 아닌가. 지문을 정확하게 읽는 것이 다른 무엇보다 전제되어야 한다.

방법은 앞서 말한 공부 잘하는 학생이 하는 방법을 그대로 따라하면 된다. 단, 지문을 읽는 속도와 깊이, 횟수를 올린다. 무조건 읽기만 한다고 해서 이해가 되는 것이 아니기 때문에 문제집 속 지문을 읽으면 한 줄 정도로 요약하는 것부터 해야 한다. 그리고 문제를 푼다. 절반 정도 틀리면 잘하는 것이다. 그리고는 답을 보고 큰 소리 내어 해답을 3번 읽은 후 다시 지문을 읽는다. 틀려도 좋다. 읽기만 해라. 그러면 일단 기본기가 쌓인다.

고전은 일단 포기한다. 고전은 아무리 봐도 단기간에 절대 안 된다. 정하고 싶으면, 국어 강사한테 보기(지문 말고)로 자주 나오는 고전을 토막내서 정리해 달라고 하라. 읽었을 때 이 보기가 무슨 작품이고, 무슨 뜻인지 한 단어 정도로 추릴 수 있게 말이다. 그것만 하면 된다. 괜히 성적 안 나오는 학생이 고전을 붙잡고 있다가 성적이 더 안 나오는 경우가 심심치 않게 나온다. 언어영역에서 80% 이상 득점 시 고전 공부를 하면 된다.

전문계고를 졸업하고 지방대를 거쳐 명문대에 편입한 분이 쓴 책에 따르면, 기본기가 약하면 기본기를 익혀야 상위 단계로 올라갈 수 있다고 한다. 급할수록 기본부터 해야 한다.

• **국어도, 영어도, 수학도 중간이라면?**

이런 경우에는 유형별 학습법이 올바르다. 일단 상위권으로 점수에 올라가야 그 이상을 할 게 아닌가. 평균 정도의 성적이라면, 일단은 기본기를 확실히 닦는 것이 중요하다. 이럴 때는 흔히 언어영역 유형편이라 불리는 중간 난이도의 문제집, 국어 교과서만 다룬 교과서편 문제집, 그리고 비문학만 다룬 비문학편 문제집 등 특화된 문제집별로 언어영역 공부를 하는 것이 기본이다. 학원은 그냥 한 강좌 정도만 들으면서 계속 남들이 공부하는 방법을 따라가면 된다.

성적이 딱 중간일 수는 없을 것이다. 그럴 때는 자신이 잘하는 각 영역(고전, 교과서, 현대문학, 비문학 등)별로 상위권의 공부법을 접목시켜 보는 것이 좋다. 또한 중위권 학생들의 경우 국어 문법에서 한두 개씩 꼭 틀리는 경우가 있다. 이때는 국어 문법 책을 한 권 정도 떼면(2일 정도면 끝난다) 이후에 문제가 없을 것이다. 물론 틀렸던 문제는 엄마가 체크해 놨다가 다시 보게 하는 것이 사교육비를 줄이는 왕도이다.

수능은 끝났는데 논술이 막막해요

사실 대다수의 학생들이 그렇다. 수능을 보기 전에 논술 공부를 제대로 하는 학생이 얼마나 되겠나. 수시를 앞두고 조금 하다가, 불합격 되고 나서 논술 접고 수능에 전력투구한 경우가 많다. 학원에는 수능 직후 "논술을 찍어달라"며 과외를 종용하는 학부모들이 적지 않다. 하지만 그렇게 해서는 결코 단기간에 고득점이 나오지 않는다.

그렇다면 어떻게 해야 할까. 먼저 예시 답안을 한 100편 정도 필사해 보는 것을 기본으로 해야 한다. 물론, 학교에서 반성문 쓰듯 성의없게 하면 전혀 도움이 되지 않는다. 정성껏 필사하되, 주제 의식과 구성을 익혀야 한다. 필사하는 방법을 논술 강사에게 미리 배우고 하는 것도 좋은 방법이다. 보통의 논술 강사들이 강의를 준비하는 요령과 비슷하다.

정답지에 나온 모범 논술문의 틀을 어느 정도 파악했으면, 서론 쓰기부터 들어가야 한다. 서론은 강력한 어조로 처음부터 할 말을 내지르되, 억지를 부려서는 안 된다. 차분하게 강한 어조로 쓴다는 느낌을 주면 된다. 본론은 체계적으로 3문단 정도 쓰되, 웬만하면 대안을 제시하도록 한다. 많은 학생들은 대안 없이 비판만 하다가 "따라서 중국과 한국을 잇는 묘안이 필요하다"는 식의 억지 결론을 내는 경우가 많다. '현실성 있는 대안'을 제시하는 것이 논술 작성의 기본이다.

어느 정도 논술 실력이 쌓인 뒤에 배우는 것이 결론이다. 결론에서는 임팩트가 있어야 한다. 5년 전까지만 하더라도 약간의 기교가 있는 논술문을 금기시 하는 경향이 가끔 있었다. 하지만 요즘 논술문은 글발을 휘날리는 친구들이 많다. 따라서 논술 강사의 글쓰기 스타일을 중심으로 약간 임팩트를 줄 방법을 고민해야 한다. 펜(필사)보다 입(강사와의 대화)을 통해 깨달아야 한다.

사실 논술을 강의만으로는 배울 수 없다. 첨삭을 통해 배우는 것이다. 첨삭 과정을 최소화하기 위해서는 일단 남의 답안을 좀 외워야 한다. 거기에 +α를 한다는 느낌으로 접근해 보자. 물론 다른 사람들의 답안과는 전혀 다른 기상천외한 창의적 답안을 만들 수도 있지만, 실력을 먼저 확인해봐야 할 문제이다.

실력별·학년별
영어 학원 사교육 재테크법

    '어륀쥐'라는 단어 하나만큼 한국의 영어 교육 실태를 여실히 보여줄 수 있는 단어는 없으리라 생각한다. 2008년 한국 정치에 획을 그을 만한 단어라는 평도 나온다. 이명박 정부 출범 직전인 2008년 1월 30일, 이경숙 대통령직 인수위원회 위원장이 했던 말이다.

"미국에 가서 오렌지를 달라고 했더니 못 알아들어서 '어륀쥐'라고 하니 알아듣더라."

 이 말에 전 국토가 흔들렸고, 결국 이 위원장은 비례대표 1번까지 거론됐지만 낙마하고 만다. 한국에서 회자되는 소위 '영어몰입교육'의 수준이 이렇다. 발음 좀 굴리면 된다고 생각하지, 어떤 콘텐츠를 담을지는 고민하지 않는다. 콘텐츠 없이 혀 잔뜩 굴리는 영어 학원에 다니다가, 고등학교 가서 점수가 안 나오면 그때서야 허겁지겁 입시학원을 찾는 것이 현실이다. 그 과정에서 많은 사교육 업체들의 배만 불린다. 실력 하나 늘지 않고 '어륀지' 발음 하나 남는다.

영어 학원 사교육 어디에 포커스를 맞출 것인가?

필자의 은사격인 영어 강사 선생님 이야기를 하지 않을 수가 없다. 그 간 숱한 중고생을 소위 '재래식' 영어교육으로 SKY 명문대에 보냈던 분이기도 하다. 영문법의 마술사라는 별명까지도 얻었다. 하지만 자녀 교육에 대해서는 그렇지 못했다. 일단 중학교 초반까지 '엄마가 가르치 겠다'며 자신만만하던 그 선생님은 막상 아이가 중학교에 올라가자 욕 심 겸 불안감을 보였다. "나보다 더 훌륭한 영어 전문 강사가 있는 곳에 서 아이에게 영어 공부를 시키고 싶다"는 말과 함께 '스마트한' 영어 전문학원에 보냈다. 수백 가지의 레벨과 레벨 테스트가 학생을 기다렸 다. "잘 배우고 있겠지?"라는 생각에 학원을 믿고 3년을 보냈다. 아이 가 고2가 됐다. 이게 웬걸. 영어 성적이 나오지를 않는다. 학교 내신 성 적이 100점 만점에 80점을 간신히 넘는 수준이었다. 결국 엄마가 옆에 앉혀놓고 2년 동안 혼내가면서 가르쳐 수능을 그럭저럭 보게 했다. 이 학생이야 엄마가 유능한 영어강사여서 그나마 다행이었지만 여러분의 자녀였다면 어떻게 되었을지 생각해 보시라. 꼼짝 없이 입시전문 족집 게 학원에서 월 100만원 넘게 내면서 가르쳤어야 할 것이다. 아니면 재 수학원의 나락으로 빠져들어, 결국 낮은 영어 성적의 본질적인 이유를 해결하지 못하고 도태될 수도 있다.

중학생 자녀를 둔 학부형들의 영어교육 인식이 혹시 '어린지' 수준은 아닌지 반성해 볼 필요가 있다. 만일 그렇다면 앞서 제시한 예시처럼, 자녀 고교 진학 후 학원에 돈을 잔뜩 퍼줘야 할지도 모른다. 고교생 자 녀를 뒀다고 해서 늦었다며 후회할 필요는 없다. 지금부터 어떻게 하면 영어 학원을 싸고 쉽게 보내면서 우수한 영어 성적을 낼 수 있을지 알아 볼 것이다. 사실 부모님들도 다 아는 내용일지 모른다. 다만 인정하고 싶지 않았을 것이다.

한국에서 영어의 효용을 따진다면 딱 두 가지다. 해외파 자녀들 또는 그 수준의 영어를 구사하는 '글로벌 인재'와 수능 영어를 잘 보는 것, 해외파 자녀들은 이미 정해져 있다. 해외에서 5년은 살다 와야 한다. 그렇지 않다면 영어 교육의 목표는 하나라 할 수 있다. 물론 토종으로 영어를 네이티브처럼 구사하는 사람들도 있지만, 우리 애가 그 수준이 될지는 엄마 스스로가 더 잘 알 것이다.

초등 영어, 회화와 기본기만 잡아라!

초등학교 영어 학원은 사실 돈 버리기 딱 좋다. '돈을 들인만큼 실력이 나오면, 학원을 계속 다닌다'는 사교육의 기본 명제가 성립하지 않기 때문이다. 그만큼 학원장들이 마케팅 기술로 커버할 여지가 커진다. 실력이 얼마나 늘었는지 객관적인 측정[23]이 안 되기 때문에, 학원장의 설명에만 매달리게 된다. 이 때문에 학부형들은 아이의 실력 향상은 뒷전이고 원장이 해 주는 '꿈같은 이야기'에 도취돼 수강료를 내는 경우가 다반사다.

---

23) 이에 대해 "학원 레벨 테스트를 보면 실력이 측정된다"는 어머니들이 있다. 하지만 학원 레벨 테스트는 객관성이 없고, 학원에서 가르친 것 위주로 출제하면 되기 때문에 신뢰도를 보장할 수 없다. 아니면 아예 어렵게 출제해 반 평균을 50점 이하로 조절하는 것도 가능하다. "최상위권 학생을 기준으로 출제했기 때문에"라는 말 한 마디면 난이도 논란도 사라진다. 엄마들은 최상위권이 아닌 자신의 자녀 탓을 하기 때문이다. 적어도 중학교 내신 시험 정도는 되어야 공신력이 있다고 할 수 있을 것이다. 자세한 내용은 1장의 '영어 전문학원' 부분 참조.

원장들이 말하는 논리는 뻔하다. 일단 미국 선진 교육 시스템을 언급하는 경우가 대표적이다. 미국 교과서를 가지고 가르친다는 이야기에서 시작해, 각종 명문 중고교의 이름이 언급된다. '7막 7장'에서 들어본 초우트는 물론이고, 필립스 엑세터, 밀턴, 세이트폴 등의 이름이 나온다. 그리고 나서는 모두가 하버드에 갈 수 있을 것처럼 이야기한다. 이 학원에 다녔다가 미국 명문대라도 진학한 학생이 하나라도 있으면 논리는 '완성'된다.

원장의 논리 속에 "귀댁의 자녀도 이렇게 할 수 있다"는 이야기는 없다. 있더라도 "커리큘럼을 잘 따라오면 된다"는 식의 이야기를 한다. 하지만 대다수의 초등학생이 이런 커리큘럼을 따른다고 해서 미국 명문대에 갈 수 없는 것이 현실이다. 우리나라에서 영어 학원 다니는 학생 중 몇 명이 하버드에 가겠나. 단순 수치만 봐도 "안 되겠구나"라는 생각을 할 수 있다.

하지만 초등학교 학부형들은 그렇게 생각하지 않는다. 오히려 학부형들은 이런 '사교육에서의 지적 허영심' 충족에 만족하는 반응을 보이는 경우가 많다. "일단은 인터내셔널 스탠더드(International Standard)에 맞게 가르치자"는 식의 이야기다. 그 과정에서 아이만 만신창이가 된다. 나중에는 모르는 단어 투성이인 '주니어 토플[24]' 반 교재로 수업을 하는 강의 시간에 졸고 있는 경우가 태반이다. 마치 10여년 전, 초등학생들이 다니는 보습학원에서 원장들이 "우리 초등부 학생들은 지금

---

24) 초등학생들을 위해 좀 더 쉽게 제작한 토플 교재를 주니어 토플이라고 부른다.

부터가 서울대학교를 향한 발걸음의 시작이다"라며 종합반을 모두 듣게 했던 광경과 흡사하다. 초등부 학부형 설명회에서 "우리 애는 서울대식으로 가르쳐 달라"는 엄마 셋 중 둘은 인서울로 대학을 못 보내는 경우가 많았다.

초등학교 영어 교육의 목적은 흥미 유발이 첫 번째다. 중고교에서 심도 있게 배우기 위한 기초 입문과정의 성격이 짙다. 초1~고3까지 사교육 스케줄의 입장에서 봐도 그렇다. 중학교에서 본격적인 영어 공부를 하기 전, 영어의 기초를 배우고 흥미를 갖는 것이 급선무다.

• 딱 한 가지만 가르치라면 '회화'

필자에게 초등학생 자녀가 있다면 영어를 딱 한 가지만 시키고 싶다. 원어민 또는 유학생, 교포 선생에게 배우는 영어회화[25]다. 기본적인 회화 능력은 평생 간다. 영어 단어를 잊어버리고 영어 문법을 까먹는 성

---

25) 사실 원어민보다는 유학생 출신 또는 교포 선생님이 낫다. 원어민의 장점이라면 외국인 같아 보이고, 공부에 좀 더 활력이 된다는 것 정도이다. 게다가 한국에 오는 원어민 영어강사들이 그리 양질도 아니다. 대학 제대로 나오고, 영어 교수법을 잘 익힌 강사가 한국에 왜 올까 싶다. 이탈리아 같은 유럽 국가에서도 영어 교육의 수요가 아직 높은데 말이다. 오히려 유학생 출신이 더 잘 가르칠 경우가 많다. 많은 시행착오를 통해 영어를 배웠기 때문에, 한국인이 어떤 점에서 부족한지를 잘 안다는 이점이 있다. 1.5세대 교포도 이런 점에서 괜찮다. 일각에서는 원어민에 비해 유학생 출신은 영어가 어색하고 콩글리시의 가능성이 있다는 지적도 있지만, 고졸 원어민보다는 지식을 쌓은 석사 출신 유학생이 훨씬 낫다는게 필자의 판단이다. 실제로 필자의 아버지는 초등학교 시절 원어민 회화선생에게 "한국 문화에 대해 이야기하라", "좋아하는 책에 대해 대화하라" 등의 주문사항을 말했지만, 대개 "나는 한국 문화를 좋아하지 않는다", "책을 읽지 않는다" 등의 대답을 들었다고 한다. 지금은 그 때에 비해 원어민 선생들의 수준이 올라갔겠지만, 조금만 찾아보면 '한미FTA의 경제적 효과'까지도 영어 토론이 가능한 유학생 선생이 있다는 점을 생각해 볼 필요가 있다.

인이 되더라도 원어민과 대화를 나누던 자신감과 감각은 남아 있다. 이 때문에 한 번은 해 볼 필요가 있다. 그 기간은 2~3년 정도가 되면 좋으며, 시기는 4~6학년 정도가 좋다. 초등 1~3학년에는 욕심부리지 말고 영어 만화영화를 계속 보여주는 것이 나을지도 모르겠다. 외국에서 살아본 적도 없는 한국 어린이가 쓸 수 있는 단어가 뻔한데 사교육을 시켜봐야 뭘 할까.

회화 외에도 욕심을 내고 싶다면 단어 공부 정도만 시키면 된다. 어려운 것 시킬 필요 없이 중학교 저학년 수준의 영어 단어만 가르치면 된다. 그 이상은 배워 봤자 까먹는다. 자신이 영어로 된 텍스트를 읽고 싶은데 단어를 몰라서 짜증이 나고, 이 때문에 영어 공부에 대한 열의가 떨어지는 것을 방지하는 용도라고 할 수 있다. 단어 공부를 꾸준히 하고, 가끔씩 책을 읽는 정도면 된다. 초등학교에서 국어를 어떻게 공부하는지 떠올려 보면 되겠다.

• 해외에서 3년 이상 살다 왔다면

일단 귀국 자녀 적응 전문학원에 보내는 것이 빠르다. 지금까지는 이게 대세다. 초등학교 시절 귀국한 아이들의 문제점은 영어를 급속도로 잊어버리기 쉽다는 점이다. 이를 방지하기 위해 귀국 자녀 전문학원에서 영어를 중고교 수준(학생의 수준에 맞게)에 맞게 조금은 집약적으로 가르치는 것도 좋다.

물론 가장 좋은 방법은 중학교 2학년 때쯤 한국에 들어오는 것이다. 흔히 중학교 때 들어오면 입시 지옥에서 뒤쳐질 수 있다는 생각을 하는데, 꼭 그렇지는 않다. 초등학교 때 들어온다고 공부를 더 하겠나. 달라지는 것은 국어와 수학 정도다. 해외에 거주하는 동안 수학을 한국 교과 과정에 맞게 인강 등으로 공부를 시키면 된다. 국어는 해외에 있는 동안 꾸준히 드라마를 보고, 국어책을 한글학교에서 배워두면 좋다. 이렇게 하더라도 해외에서 살다오면 일단은 국어 실력이 떨어진다. 이는 귀국 후 다각적인 독서 및 맞춤형 국어 과외 등으로 커버해야 할 영역이긴 하다.

목적에 맞는 중학 영어 공부

'꿈은 이루어진다'는 유명한 말이 있다. 2002년 월드컵 당시 국민들이 국가대표팀을 응원하면서 썼던 말이다. 열정을 갖고 노력한다면 뭐든 할 수 있다는 뜻으로 많이 쓰였다. 물론 훌륭한 말이고 좋은 말이다. 하지만 중학교에 들어가는 학생들과 학부형들이 이 말을 금과옥조(金科玉條)처럼 새긴다면 낭패를 볼 수 있다. 마음껏 꿈을 꿔도 큰 문제가 없었던 초등학교 시절과 달리, 중학교 때부터는 정신 차리지 않고 꿈만 꾸다가는 나락으로 떨어질 수 있기 때문이다. 정신 못 차리고 "형이 연세대 갔으니, 난 서울에 있는 대학은 가지 않겠어?"라는 식의 이야기나 읊고 있으면 4년제 대학도 못 간다. 가까운 예가 필자의 친척 중에 있었다.

정신을 바짝 차리고, 크게 다음 3가지 트랙 중에서 선택해야 한다. ① 해외에서 살다 왔거나 조기교육을 다 이해해 대학 수준 이상의 영어를 구사하는 영재인 경우 ② 열심히 공부해서 어느 정도의 선행학습을 할 수 있는 경우 ③ 탄탄하게 기본기를 닦아야 하는 경우가 있다. 우리 아이가 어떤 범주에 드는지는 모의고사 등 객관적인 지표를 찾아보면 충분히 알 수 있다.

• 영어 영재 아니라면 목표는 '수능'

사실 영어 영재들에 대해서는 할 말이 없다. 해외파도 마찬가지다. 그냥 하던 대로 2~3년 더 공부시켜서 토플 고득점 맞으면 끝이다. 영어를 더 공부할 필요가 없다. 그 점수를 잘 유지해서 고교 때 특기자로 입학하면 된다. 물론 시험 점수의 유효기간이 만료될 수 있으니 꾸준한 재응시가 필요하다. 유학 준비생들 역시 말할 것도 없다. 유학생들은 영어가 언어영역이나 마찬가지 아닌가.

필자의 경험상 특기자 전형으로 명문대를 갈 수 있을 정도의 실력(①번 유형)을 갖춘 학생은 0.1% 수준이다. 나머지 '영어 천재가 아닌 학생들(②, ③번 유형)'의 목표는 하나로 압축된다. 내신을 비교적 우수한 성적으로 맞고, 수능 영어 점수 만점을 맞는 것이다. 다른 목표는 생각하지 않아도 된다. 영어를 잘 구사하고 외국 친구들과 토론을 할 수 있는 것? 미국인처럼 수려한 문체를 구사하는 것? 영어 에세이를 제대로 쓰는 것? 그런 것들은 다 대학에 가서 해도 된다. 물론 고교 시절 영어를 도구로 사용하면서 비판적 사고(Critical thinking)나 토론 능력(debate skill) 등을 익힐 수도 있다. 이런 것들을 다 배우면서 공부를 잘하면 참 좋을 것이다. 하지만 현실은 그렇지 않다. 전 영역 만점을 맞지 않는 이상 수능 공부에 끝은 없다. 내신 역시 마찬가지다. 따라서 공부를 좀 하는 학생들의 중학교 영어 사교육 목표는 '수능'이어야 한다. 1년을 앞서서 공부하던(②번 유형), 중3때 수능 특강을 쉽게 풀 정도로 연마를 하던(②번 유형 중 상위권), 아니면 자기 학년에 맞는 수준을 간신히 소화하건(③번 유형) 학생의 성취도와 진도에 선후(先後) 또는 고저(高低)가 있을지언정 그 길 자체는 다르지 않다.

• 수준 달라도 공부법은 같아

학년(또는 영어 공부를 하는 학년)이 달라지더라도 영어 공부법 그 자체는 바뀌지 않는다. 크게 어휘, 독해, 문법, 청해(듣기)의 4가지 영역으로 생각하면 된다. 중학교 시절에는 여기에 청해를 도와주는 과목으로서 회화 정도가 추가될 수 있지만, 회화를 안 한다고 해서 청해 점수가 안 나오는 것은 또 아니다. 학원의 자체 커리큘럼에 맞게 공부하면 되지만 대략의 가이드라인을 정해준다면 이렇다. 중학교 시절의 어휘는 알짜 영단어 같은 단어집의 중학교편을 마스터하면 우수, 욕심 좀 부려서 이찬승 저 「능률 Voca 어원편 – 고교영단어의 과학적 암기비결」[26]을 2회독하면 최우수다.

독해는 중1, 중2, 중3 학년별 독해집을 공부하고, 이후 수능 문제집으로 들어가면 된다. 수능 문제집이 어렵다면, 수능 문제집 중 기초편을 먼저 공부하면 된다. 독해에서 하나 기억해야 할 것은 독해 문제집에 나온 단어들은 그때그때 외우고, 단어장을 스스로 정리해 반복해 줘야 그 독해집이 자신의 것이 될 수 있다는 점이다. 요즘에는 독해책이 좋

---

26) 이찬승 저 「능률 Voca 어원편 – 고교영단어의 과학적 암기비결」은 어휘 실력을 탄탄히(단어를 좀 비틀어 내더라도 점수가 푹 떨어지지 않을 만큼) 다질 수 있는 가장 좋은 교재지만, 고2 진학 후부터는 공부할 시간이 없다. 공부를 좀 하는 학생이라면 고1때까지 완벽하게 마스터하기를 권한다.

아졌으니 아무거나 봐도 좋다.

 문법은 전통적인 방법을 사용하기를 권한다. 적어도 중학교 때 성문기초영문법을, 고교 시절에는 성문기본영어를, 공부를 좀 잘 한다면 성문종합영어를 공부하자. 물론 해외에서 직접 개발한 'Grammar in Use'와 같은 훌륭한 교재나 각종 유명 학원 강사들이 집필한 문제집이 있지만, 이런 교재들에 연연하지 않아도 된다. 성문 시리즈를 공부한 뒤, 수능 문제집 문법편을 한 권 집어서 3회독하면 가장 빠르고 정확하게 공부를 할 수 있다. 문법이라는 것이 한 번 틀이 잡히면 그 다음부터는 영원히 공부할 필요가 없다. 그래서 기초가 중요하며, 그 기초가 바로 문법이다. 이는 '수험 과목'으로서의 영어라는 전제하에 이야기하는 것이다.

 청해는 스크립트 암기가 기본이다. 먼저 듣기평가를 하고, 스크립트와 단어를 외운 뒤 다시 듣는 방법을 반복하면 된다. 듣기 대본의 수준이 중1에서 고교로 올라가는 것일 뿐, 공부 방법은 다르지 않다. 228페이지의 '스크립트 외우기'를 기본으로 한 영어 청해 공부법을 참고하기 바란다.

 지금까지 언급한 영어 사교육 가이드라인은 그냥 일반적인 동네 학원의 그룹반에서 충분히 소화할 수 있는 것들이다. 영어 전문학원이나 족집게 첨삭지도를 받지 않아도 된다. 이름값이나 적중예언 같은 외부 요소에 휘둘리지 말고, 이런 교육 방법을 제대로 진행하는지, 자녀가 공부를 제대로 했는지 체크해 줄 수 있는 학원으로 가자. 원장이 영어강사 출신이고, 학원의 규모가 그다지 크지 않다면 충분히 가르칠 수 있는 내용이다. 그렇게 한다면 월 20만원 미만의 돈으로 영어 교육을 마칠 수 있다. 실력이 부족하다면 1:1 과외를 좀 병행하더라도 실력의 기본기를 닦기를 바란다. 공부법은 달라지지 않는다. 이해가 가지 않는 부분을 사교육에서 반복하고, 암기가 안 되는 부분을 더 자세히 체크해 준다고 생각하면 된다.

• 끝낼 수 있으면 끝내라

중학교 시절에 영어 선행학습이 어느 정도 진행된 학생들이라면, 끝낼 수 있을 때 끝내는 것도 괜찮다. 중학교 시절에 고3 수능 영어 수준까지 끝내버리는 전략을 말한다. 사실 현행 교과 과정에서 고2~3 시절에는 영어 교과 과정이라는 것이 별반 없다. 중학교 영어 교과 과정을 마친 뒤, 고1 때 공통영어를 배우고, 그 이후에는 선택 과목 위주다. 이 때문에 일선 학교 현장에서는 고2~3의 경우 문법·독해·어휘·청해 4개 영역을 중심으로 수능 위주의 강의를 하는 것이 현실이다. 따라서 선행 학습이라는 것 자체가 큰 무리가 없을 수도 있다. 하지만 모두가 선행 학습을 하려 한다면 자칫 낭패를 볼 수도 있다. 학생의 성적에 대한 고민을 반드시 먼저 해야 한다.

'목적이 이끄는 삶'이라는 기독교 서적이 있다. 필자는 이 책의 제목을 참 좋아한다. 학원 교육의 맥을 짚어주는 말로도 생각해 볼 수 있기 때문이다. '목적이 이끄는 사교육'을 떠올려 보자. 중학교 자녀의 영어 교육을 고민하는 당신, 사교육을 시키는 이유는 무엇인가. 그 사교육을 받을 당신의 자녀 수준은 어떠한가. 그렇다면 어떤 방법을 취해야 할지 명백해질 것이다.

영어 선행학습 했는데, 다 잊어버렸습니다

그나마 행복한 푸념이지만, 실제로 꽤 많은 학부형들이 질문하는 것이다. 선행학습으로 중3 졸업 시절에 고3용 수능 모의고사 외국어 영역을 3회 연속 만점 맞을 정도의 학생을 '영어 선행학습 완료'라고 볼 수 있을 것이다. 하지만 이런 학생들이 왜 2년이 지나 고3이 되고 첫 모의고사에서 영어 만점을 받지 못하는 것일까. 몇 가지 이유가 있다.

우선, 어휘력의 문제다. 어휘는 시간이 지나면 자연스럽게 잊어버리게 된다. 따라서 수능 때까지 꾸준하게 단어를 재암기해야 한다. 또한 이찬승 저 「과학적 암기비결」이나 장봉진 저 「알짜 영단어」 등 주요 영단어집을 마스터 했다고 하더라도, 각 수능 영어문제집 별로 신규 어휘가 쏟아지는 경우가 있다. 수능 주요 단어는 아니지만 모의고사에서 나온다면 무조건 챙겨서 외워야 한다.

듣기 능력의 퇴보도 빼놓을 수 없다. 듣기는 무조건 주1회 정도 실전 모의고사를 치러야 한다. 그렇지 않으면 1문제 정도 실수하는 우를 범할 수밖에 없다. 따라서 꾸준한 듣기 평가를 통해 감을 3년 동안 유지해야 한다. 그 외에 독해력에서 신규 유형이 나와 당황하는 경우, 문제 푸는 감을 잃어버린 경우 등이 있다.

문법은 선행학습을 확실하게 해 두면 절대 잊어버리지 않는다. 걱정할 필요가 없으며, 수능을 앞둔 고3 여름방학쯤 수능 영어 문법편 문제집 5권 정도를 몰아서 풀면 된다. 3일 정도가 소요된다. 물론, 성문시리즈 및 수능 영어 문법편 문제집으로 중학교 시절 문법을 탄탄하게 마스터 했을 때의 이야기다.

가장 좋은 방법은 주1회 정도 주말반 수능 영어 강의를 3년간 시키는 방법이다. 선행학습이 완료된 상위권 학생들을 10명 정도 모아서 매주 1회 정도 진행하는 특강의 개설을 의뢰하면 된다. 원장에게 "상위권 아이들의 반이니, 책임지고 매달 모의고사와 매주 단어 테스트를 해 달라"는 부탁을 곁들이면 좋다. 그 방법이 아니면 매달 영어 수능교재 한 권 정도를 꾸준히 푸는 것이다. 이 경우에는 듣기를 소홀히 할 가능성이 있으니, 가정에서 영어 듣기를 실전처럼 진행하는 것이 중요하다.

절망하면 지는 것! 고교 영어

고교 시절의 영어 사교육만큼 양극화가 심한 곳도 없다. 공부 좀 한다는 학생들은 일단 영어를 걱정하지 않는다. 영어라는 과목이 한 번 궤도에 올라서면 이만큼 효자인 것도 없기 때문이다. 언어영역은 생소한 지문이나 문학적 해석을 요구하는 고난이도 지문이 한두 개 나오느냐 안 나오느냐에 따라 점수가 크게는 10점까지도 오르락내리락한다. 물론 최종 점수와 등급은 수능 시험을 치러 봐야 알게 된다. 수학 역시 크게 다르지 않다. 어려운 문제 몇 개가 그 시험, 그 해의 농사를 가르는 분수령이 된다. 하지만 영어는 그렇지 않다. 천천히 실력을 다지는 과정이 고통스러워서 그렇지, 한 번 실력을 다져 놓으면 그 이후에는 문제집을 풀고 단어를 좀 외워(수준이 되는 학생은 외울 단어도 별로 없다) 주면 그만이다. 상당수의 상위권 학생들은 앞서 언급했던 중학교 시절의 선행학습 스케줄에 맞춰 상당한 고교 수준의 영어 실력을 쌓는다. 그리고 고교에 진학해서는 그 공부 페이스대로 학원 하나를 꾸준히 다니거나 독학 위주로 공부해서 수능 고득점을 맞는다. 필자의 경우에도 고1때까지 영어 공부를 했고 이후 스스로 공부한 후 수능을 보는데 문제가 없었다. 따라서 고교 시절에 영어 학원에 대해 고민하는 경우는 대개 중위권 이하의 학생인 경우가 많다.

• 일단 학원에 가라

공부를 못하는데 사교육까지 안 받으면 결국 낮은 점수를 벗어날 수 없다. 학원에 가는 것이 가장 빠르다. 학원비가 아까워서 독학하는 것보다 결과적으로 돈을 아낄 수 있을 것이다. 학원에 간 다음에는 무엇이 부족한지를 알아야 한다. 학원 영어선생을 붙잡고 딱 30분만 상담을 하자. 상담 시간에 모든 것을 다 털어놓고, 자녀를 진단해야 돈이 덜 든다. 무엇이 부족한지, 어떤 강의가 필요한지를 정확하게 진단해야 한다. 영어의 4가지 분야에서 점수가 안 나오는 포인트를 찾아, 맞춤형 사교육을 시키는 것이 필수이다.

대표적인 경우가 문법만 나오지 않는 경우다. 이런 현상은 보통 공부를 얕게 했을 때 나타난다. 중학교 때 난이도가 낮은 문법 공부를 좀 하고, 고교에 진학한 이후에는 독해만 했을 때 이렇다. 대개 중학교 때 영어를 등한시했지만 내신 시험이 쉬워 90점대를 유지하다가, 자립형사립고에 진학한 뒤 학교에서 변별력 유지를 위해 난이도 있는 문법 문제를 출제했을 때 그 실력이 티가 난다. 70점짜리 시험지를 들고는 허겁지겁 "이거 어떡하냐"는 식이다. 이때도 문법을 제대로 잡지 않으면 상황은 달라지지 않는다. 빠르고 효과적으로 개선하려면 과외 3달하는 것이 빠르다. 성문 기본 영어를 2달 정도에 마무리 하고, 1달 정도는 수능 영어책 문법편을 풀이하는 식이다. 실력에 따라 3개월이 6개월까지 늘어날 수도 있다. 아니면 방학을 맞아 학원에서 개설한 문법 특설 강좌를 듣는 것도 괜찮다. 이 경우는 특설 강좌이기 때문에, 본인의 꾸준한 복습이 반드시 전제되어야 효과가 있다.

독해는 언어영역을 공부하듯이 하면 된다. 우선 지문을 두 번 읽고 문제를 풀고, 해설을 보며 답을 맞춰본 후 다시 지문을 읽는 식이다. 물론 여기서 모르는 단어는 반드시 외워야 한다. 그렇지 않으면 다음에 비슷한 지문을 봐도 또 못 읽고 까막눈이 되어 정답을 못 맞추게 된다. 듣기는 기본기가 부족한 학생들이 점수를 쉽게 올릴 수 있는 파트다. 스크립트를 꾸준히 외우면 무조건 들린다. 고교 영어 수준에서 나오는 듣기 지문은 정말 뻔하기 때문이다.

그렇다면 문법-어휘-독해-청해 4개 영역을 어떻게 싸게 학원에서 배울 수 있을까. 원장 또는 영어 강사와의 상담을 통해 충분히 알 수 있다. 대개 독해와 청해를 학원 정규 강의로 가르치고, 어휘는 담당 강사나 관리실장 등이 매일 시험을 보는 방식으로 무료 서비스 점검을 해 준다. 관리실장이 듣기 대본의 암기 여부를 체크해 주면 더 좋다. 문법은 정규 독해반 진도에서 다루는 것도 있지만, 확실하게 공부하기 위해서는 특설반을 듣는다. 이렇게 하면 그래도 양심적인 학원이요, 사교육비도 별로 들지 않는다. 학원에 강의 개설을 요청할 때 비슷한 성적의 친구 5명 정도를 묶는 다면 돈은 적게 들 수 있다는 장점이 있지만, 친한 아이들이 공부를 하지 않을 수 있다는 단점이 있다. 특히 남학생만 5명으로 구성되면 학원을 결석하고 PC방 등으로 빠질 가능성이 있다. 차라리 기존에 구성돼 있는 반에 들어가는 것이 좋다. "조용히 해"라는 여학생의 한 마디에 찍 소리 못 하고 교재만 보고 있는 것이 오늘날 소심파 남학생들의 특징이자 매력 아니겠나.

• 영어를 꽤 하는 학생의 경우

수능 모의고사 기준 90% 이상 득점을 하는 경우에는 영어 능력을 꾸준히 이어가면 된다. 독해 문제집을 꾸준히 보고, 독해를 하다가 막힌 단어만 정리해도 된다. 물론 리스닝은 별도겠지만, 대개 한 개 정도 틀리는 수준이기 때문에 꾸준히 듣는 것이 좋다고 볼 수 있다. 문법은 꾸준히 문제를 풀되 틀리는 문제를 단지 답만 보고 넘어가는 것이 아니라 관리를 해야 한다. 90%는 맞추고 10%만 틀릴 경우 다른 문제집을 계속 풀어봤자 똑같은 부분에서 또 틀리게 된다. 틀린 문제만 다시 풀어 보는 방법이 빠르다. 다음에 자세하게 서술해 놓은 '3회독 기법'을 쓰는 것도 방법이다.

상위권 학생은 영어 학원 강좌를 굳이 여러 개 듣지 않아도 된다. 가격을 좀 낮추고, 틀린 문제만 해설해 주는 첨삭반이 시간 대비 가장 효과적이다. 첨삭반의 가격이 부담스럽다면 수능 정규 영어반을 들으면서 감을 유지하고, 모르는 문제 한두 개씩 수업 전후해서 질문을 하는 것도 괜찮다.

공부를 좀 한다는 학생들이 하는 가장 큰 오류는 다름 아닌 '모의고사만 풀다가 기본기를 잊어먹는 것'이라고 할 수 있다. 고1 때부터 공부 잘한답시고 실전편 문제집만 풀었다가 고3 때 기본적인 문제를 계속 틀려 난감해 하는 학생들이 적지 않다. 공부 좀 한다고 모의고사반만 계속 다니며 폼 잡다가 재수하는 우를 범하지 않기 바란다.

영어 학원비를 늘리는 나쁜 습관

학원에 있으면 갖가지 영어 공부법을 보게 된다. 똑바른 자세와 올바른 공부법으로 부모님의 사교육비 부담을 줄여주는 효자, 효녀도 많지만, 그렇지 않은 경우도 결코 적지 않다. 그중에서도 영어 학원비는 '이해가 안 된다'는 이유로 재수강을 할 일이 없다는 점에서 습관 몇 개 고쳐 학원비를 줄일 수 있는 부분이 있다.

영어 사교육비를 늘리는 가장 나쁜 습관은 이 책 공부했다가, 반쯤 보고 저 책 공부하는 것이다. 특히 학원 교재로 선택된 문제집도 제대로 공부하지 않으면서 다른 문제집을 공부하는 것이다. 대개 한 권을 처음부터 끝까지 완독해야 저자들이 생각하는 한 텀의 공부가 끝난다. 하지만 이 책에서 앞부분, 저 책에서 뒷부분만 공부하면 영어 실력이 일부분만 쌓이고, 나머지는 뒤죽박죽되어 실력은 늘지 않는다. 학력고사 이전의 학부형들은 '제1장 동사의 종류편만 새까만 성문종합영어 책'을 생각하면 되겠다.

또 다른 나쁜 습관은 듣기평가를 공부한 뒤 스크립트를 다시 보지 않는 것이다. 이 경우, 듣기평가 음성 파일을 처음 들었을 때의 신선한 감각은 쌓이지만, 내가 들은 내용을 제대로 숙지하지 못하게 된다. 이런 습관의 결과물은 언제 어떤 듣기평가를 해도 새로운 유형이고, 어렵게 느껴진다는 점이다.

하나 더 들자면, 영어 단어를 열심히 외우지 않는 것이다. 고1 내신 대비 교과서만 외우다가, 수능 영어책을 집어 드니 대학에 간 것 같은가? 천만의 말씀, 아직도 갈 길은 멀었다.

엄마표 '점검'이 만점 영어 만든다

필자의 부친은 '점검'이라는 콘셉트로 영어 사교육에서 학부형들의 만족을 이끌어 냈다. 만족이란 것은 별거 없다. 학교 성적과 모의고사 점수가 10점 이상 오르면 그게 만족이다. 점검은 듣기 점검, 단어 점검, 독해 점검이 있다. 그중 듣기 점검이 손이 가장 많이 간다. 반에서 5~15등 정도 하는 고3 학생을 기준으로 생각해 보자. 일단 듣기 평가를 시킨다. 1회분 정도 시키면 반 정도 맞는다. 좀 잘 하는 아이들이면 5개 정도 틀릴 수도 있다. 그러면 일단 해설지를 펴 스크립트(대본)를 외우게 한다. 3번씩만 암기를 하라고 하고, 모르는 단어는 별도의 단어장에 적게 한다. 그리고는 다시 듣게 한다. 분명히 들릴 것이다.

단어 점검은 어떻게 하면 될까. 엄마가 적어 놨다가 매주 월요일, 저녁 먹기 전에 쪽지시험 형식으로 보면 된다. 실력이 조금씩 늘면 아이는 엄마표 점검에 신뢰를 보낸다. 그게 엄마의 권위요, 역할이다. 틀린다고 혼내지만 않으면 된다.

단어 역시 마찬가지다. 고1이면 이찬승 저 「VOCABULARY 고교영단어의 과학적

암기 비결(능률)」, 고3이면 장봉진 저 「알짜 영단어(월드컴)」면 된다. 고3 때 이찬승 저를 보지 않는 이유는, 시간이 없어서다. 이찬승 저의 경우 내용이 방대하기 때문에 고3때 보기에는 좀 벅차다. 욕심을 좀 줄이고 장봉진 저를 선택하면 된다.

단어를 점검하는 방법도 비슷하다. '무조건 외우게' 하면 된다. 헤르만 에빙하우스라는 학자가 말한 망각곡선 이론이 있다. 암기를 한 것은 며칠 지나서 반복해야 망각이 덜 된다는 이론이다. 하지만 무작정 반복할 수는 없다. "오늘 체크해서 외운 것은 '외운 것으로 인정한다', 내일 잊어버려도 OK"라는 마음가짐이 중요하다. 그렇게 책 한 권을 다 외우게 시킨다. 단어의 뜻, 발음을 외우고, 예문 중 가장 위에 있는 것을 외우게 하면 된다. approximate라고 하면, 발음 '어프락시머트(형용사), 어프락시메이트(동사)'를 외우고, 뜻 '근사치인'을 외운다. 그리고는 예문 하나를 외워준다. "Your cost is only approximate.", "네가 계산한 비용은 근사치일 뿐이다." 이렇게 외우게 하면 된다. 체크는 어떻게 할까? "네가 계산한 비용은 근사치일 뿐이다"라고 말하면, 아이가 "Your cost is only approximate"라고 답하면 된다. 처음에는 아이가 경악하지만, 나중에 속도가 붙으면 좋아하고, 엄마를 존경하게 된다.

독해는 많은 것을 물어보려 하지 말자. 학원에서 공부한 것을 믿어주되, 약간의 점검만 하면 된다. 방법은 단어와 대동소이 하다. 엄마가 독해책을 쭉 보고, 자기가 모르는 단어 한두 개만 체크하면 된다. 요즘 엄마들 평균 학력이 대졸에 육박하기 때문에, 자기가 잘 모르는 것이나 어정쩡한 단어만 몇 개 체크하면 수준이 자녀와 비슷하다.

실제로 이 공부법으로 많은 학생들을 서울 시내 대학에 보내고, 영어가 약한 우등생들을 의대에 잘만 보냈으니 믿고 시켜도 된다. 자세한 점검 요령은 후술할 관리법 파트에서 다시 말하겠다. 단, 문법 파트는 엄마가 손대면 안 된다. 기억이 가물가물한데 괜히 아는 척 했다가 아이에게 잘못된 지식을 주입할 수 있기 때문이다.

영어를 아무리 잘 해도, 외국에서 5년 살다온 특례 학생보다 잘 할 수 없다. 그 특례 학생이 바보가 아니라면 말이다. 그러면 사교육의 방향은 정해졌다. 가장 최소의 비용으로, 영어 만점을 받게 하는 것이다. 사교육을 시키기 전 영어 사교육의 목표를 떠올려야 돈이 덜 들어간다.

부모님표 3회독 기법으로 사교육비를 10% 더 아끼자!

 필자는 강의 현장에서 '3회독'이라는 말을 참 많이 한다. 고시 공부할 때 쓰는 '3회독(같은 책을 3번 완벽히 공부하는 것)'에서 유래한 개념으로, 헤르만 에빙하우스(Hermann Ebbinghaus)의 '망각의 곡선'을 적절히 활용한 방법이다.

 기본은 같은 문제집을 3권 사는 것에서 시작한다. 일각에서는 "문제집 값이 아깝다"는 의견이 있지만, 정작 학원비 더 내는 것보다 효과가 좋으니 믿고 해 보시라. 또한 과목별로 3회독 기법은 조금씩 다르니 무턱대고 문제집만 사서는 안 된다. 우선 국어에서는 아버지의 역할이 큰 작용을 할 수 있다. 일단 책 한 권을 구입한다. 대개 언어영역 기본편이 될 것이다. 그리고는 자녀에게 한 권을 다 풀게 시킨다. 그리고 풀이를 그때그때 시킨다. 부모가 해야 할 일은 문제를 풀고 나서 채점을 한 뒤, 지문을 1번 큰 소리로 읽게 시키기, 풀이를 보면서 틀린 내용 검토하기 두 가지다. 문제집을 다 푼 뒤 1주일을 기다린다. 자녀가 국어 문제집의 내용을 어늘 정도 잊어버렸을 것이다. 그 때 두 번째 문제집(첫 번째와 같은 것)을 꺼낸다. 그 문제집에는 자녀가 틀렸던 내용만 빨간색 색연필로 동그라미 쳐져 있을 것이다. 다시 풀게 한다. 당연히 그 중에 1/3 정도는 또 틀린다. 틀린 문제는 지문을 1회 크게 읽고, 풀이를 맞춰본다. 다시 1개월을 기다린다. 세 번째 책(역시 같은 것)을 꺼낸다. 2회독에서 틀렸던 문제만 파란색 동그라미로 쳐서 건네주고 풀게 한다. 방법은 1·2회독과 같다. 그리고는 책을 덮는다. 3회독 문제집은 수능 직전 총정리하면 된다. 그렇게 하면 유형별 학습지로 공부하는 것의 몇 배 효과를 얻을 수 있다.

 영어독해는 언어영역(국어) 문제집 3회독과 방법이 같다. 다만 여기에 어머니가 단어 검사를 해 주는 것이 부가되면 되겠다. 대졸 어머니 기준으로, 자기가

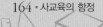

모르는 단어만 시험 보면 된다. 알면 넘어가고, 모르는 단어는 자기 메모장에 적는다. 그리고 시간이 지나면 다시 즉석 퀴즈를 한다. 아이 공부를 이렇게까지 거들어줘야 싶은 생각이 들 수도 있다. 학원 원장이 이거만 해주고 몇 십만원씩 더 받는 곳도 있다는 점을 기억하라. 영어 듣기평가(청해)의 경우에는 스크립트를 활용한 3회독을 생각해 볼 수 있다. 영어 듣기평가를 한 뒤 스크립트를 외우게 시키면서 모르는 단어를 1차로 시험 본다. 그리고 틀린 단어를 단어장에 정리한다. 2차 단어(스크립트 내) 시험은 1주일 뒤. 3차 시험은 그 듣기평가를 2주 정도 뒤에 다시 보면 되겠다.

사회탐구와 과학탐구의 경우에는 굳이 문제집을 살 필요가 없다. 연필로 문제를 풀어보고, 틀린 문제는 부모가 색연필로 표시를 하면서 연필 자국을 지우기만 해도 된다. 사과탐의 경우 암기과목적 요소가 있기 때문에 문제 풀이법을 외워버린다고 해서 수학처럼 문제풀이 능력이 늘지 않는 문제점이 생기지 않는다. 수학은 학원 강사를 통해 3회독을 하는 것이 현명하다. 대개 8절지로 된 '적중 파이널 수리영역' 같은류의 문제집을 풀 시기에 도움이 된다.

3회독 기법은 어찌 보면 상당히 간단한 방법이다. 하지만 손이 많이 간다. 내가 귀찮은 만큼 자녀가 자꾸 틀리는 유형 하나를 소거해 나갈 수 있다는 뿌듯함으로 접근하자. 사교육비가 10% 절약되고 자녀의 성적은 평균 1등급씩 올라갈 수 있다.

사교육비 주범
'수학', 어떻게 대처할까

❝ 학원은 망해도 수학선생은 망하지 않는다는 이야기가 있다. 원장들 사이에서는 "대학 때 수학 전공 좀 할 걸"이라는 이야기까지도 나온다. 학원 경영이 코너에 몰리거나, 일시적으로 현금 유동성 위기에 빠졌을 때, 수학 개인지도 한두 건만으로 학원의 급한 불을 끌 수 있기 때문이다. 작아 보이는 한두 건 때문에 일시적인 유동성 위기에 빠지고, 이 때문에 학원 전체의 신용등급이 내려가는 경우는 학원가에서는 빈번하다.

사교육의 질을 좌우하는 수학 사교육

실제로 학원 경영에 있어서 수학의 비중은 막대하다. 소위 공부 좀 한다는 '고2~3 이과학생'까지도 꾸준하게 사교육이 필요한 과목이 바로 수학이다. 수학은 꾸준히 공부해야 한다는 특성을 가지고 있기 때문이다. 수학 모의고사에서 만점을 받았다고 걱정 안하고 공부를 게을리 했다가 실제 수능에서 낭패를 보는 경우도 다반사다. 내신 성적이 10점씩 떨어지는 경우도 있다. 그래 봤자 평소에 보던 실력에서 두 개 정도만 실수로 더 틀리면 되니깐 말이다.

인강의 광풍 속에서 수학은 거의 유일한 무풍지대이기도 하다. 칠판 판서 대신 화려한 파워포인트로 무장한 인강으로 배우는 것이 머리에 더 쏙쏙 들어오는 오늘날 중고생들에게조차, 수학은 칠판에 또는 노트에 직접 풀어주는 선생님에게 배우는 것이 더 이해가 잘 되는 것이 현실이기 때문이다. 이런 상황은 대학에서도 똑같다. 거의 유일하게 칠판에 의존해서 공부하는 학문일지도 모른다.

이런 점에서 수학은 사교육의 거의 모든 것이라 할 수도 있다. 적어도 입시라는 관점에서는 말이다. 그 만큼 돈도 많이 든다. 기본적인 수학 정규반을 듣는데 20여 만원이 들어가는 경우는 허다하다. 방학이 되면 선행학습하랴, 문제풀이반 들으랴 정신이 없다. 계속 돈이 들어간다. 고3 때는 막판이니 돈을 지르자는 생각에 몇 백만원씩 들어가기도 한다.

수학 선행학습은 너무 빨라도, 너무 늦어도 좋지 않다. 필자의 경우 어릴 적부터 사교육으로 무장해 중학교 때 수학2를 모두 끝냈다. 그리고는 방심하고 있다가 수학을 까먹고 실제 수능에서 몇 개 틀려서 재수할 뻔 했다. 반대로 제철학습이 좋다는 생각에 선행학습을 전혀 하지 않았다가 낭패를 보는 경우도 적지 않다. 고3 여름방학에 학교 수학 정규 교과 진도가 다 끝난다면, 언제 입시 수학 준비를 하겠는가. 7월 중순 1학기 기말고사가 끝난 후부터 10월까지 2개월 남짓한 기간에 실전 감각을 기른다는 말인가? 이번 장에서는 적당한 선행학습을 전제로 한 수학 사교육법을 알아보자.

지식보다는 흥미 유발이 중요한 초등 수학

초등학교 수학 파트는 모든 학부형이 알고 싶어하는 부분이지만, 사교육 컨설팅 차원에서는 도통 쓸모가 없다. 그냥 안 시켜도 되기 때문이다. 다른 애들은 다 하는데 우리 아이만 뒤쳐지면 어떡하냐고? 절대 그렇지 않다. 극단적인 예시일 수 있겠지만, 초등학교 시절 수학왕으로 이름 날렸던 애들 중에 명문대는 커녕 인서울도 못한 아이들이 수두룩하다. 반대로 초등학교 때 수학 못한다고 자신감이 없던 아이들 중 SKY에 진학한 아이들도 결코 적지 않다. 그 이유는 당연하다. 대입을 좌우하는 수학은 고교 수학이고, 이는 중학교 고학년~고교 시절에 배우는 것이기 때문이다. 물론 일부 학부형은 "초6때 수학의 정석을 가르치면 되는 것 아니냐"는 이야기를 하지만, 그런 학부형 중 6~7년 뒤 자녀를 명문대에 보냈는지 오히려 필자가 물어보고 싶다.

• '경시대회'에 울고 가는 초등수학 시장

2000년 이전에만 하더라도 경시대회라는 것이 몇 개 없었다. 초등학교 때는 수학왕 또는 수학경시대회 제도가 있었다. 각 학교별로 수학 수재들에게 성취감을 북돋아주고, 공부를 더 열심히 하도록 격려하기 위함이었다. 학교장 책임하에 출제·시행되었다. 중학교에 가면 중학교별 수학경시대회가 있다. 대개 각 시·도 수학경시대회에 출전할 학생을 뽑는 용도다. 중학교별로 뽑힌 학생들은 각 시도, 그리고 KMO(한국수학올림피아드)를 거쳐 IMO(세계수학올림피아드)로 나가는 구조였다. 극소수의 천재들을 제외하고는 수학경시대회를 신경 쓸 필요가 없었다.

하지만 2000년대 들어서면서 각종 수학경시대회가 생겨나기 시작했다. 각종 수학 단체가 생겨나고, 이들이 학원과 제휴하여 수학경시대회를 만들어 내기 시작했다. 처음이니 권위가 쉽게 생기지 않아 우수 학생에 목마른 각종 특목고, 대학과 제휴를 통해 이름값을 알리기 시작했다.

학부형들은 어떻게 생각했을까? 경시대회의 문턱이 낮아지니 너도나도 경시대회를 준비했다. 경시대회 측은 한 번에 백 명 넘게 우수상을 주기도 했다. 스펙[27]이 쌓이는 것 같은 느낌이 들지 않나? 이런 식이면 서울대 수학과도 갈 수 있을 것 같다. 바로 입소문이 난다. 그 경시대회를 주최하는 사교육 기관과 제휴된 학원에서 "A경시대회 최우수 OOO 군"이라는 광고를 내보낸다. 그러면 다들 그 경시대회를 준비한다고 정규반의 두 배 가량 되는 수강료를 주고 경시대회반을 듣게 된다. '우리가 출제하는 시험을 돈 주고 응시하고, 이를 공부하려고 돈을 내고 우리에게 또 수업을 들어야 한다'는 논리, 어디서 많이 보던 것 같지 않나. 토익하고 비슷한 논리다. 다만, 토익은 없으면 취업을 못한다는 절박함이 있지만 사설 수학경시대회는 '없으면 안 된다'는 착각을 마케팅하는 것이다.

---

27) 실제로 몇 백명씩 주는 입상 경력을 스펙으로 인정해 주는 특목고, 명문대는 거의 없다.

학원에서는 말한다. 이 경시대회를 준비하면서 수학적 사고가 생기고 공부하는 습관을 들여 결국 명문대로 가는 초석(礎石)이 될 수 있다고 말이다. 하지만 사설 경시대회가 생겨나기 이전 세대로, KMO나 서울시 수학경시대회 등에 나가 낙방한 '수학 둔재' 출신인 필자의 경험상 그런 말은 대부분 거짓말이다. 물론 어려운 문제를 두고 다각적으로 사고를 하면서 수학적 사고의 깊이가 생겨날 수는 있다. 하지만 그걸 잘 활용해 입시까지 발전시킬 수 있는 아이가 몇 명이나 될까? 수능 1% 이내에 들었던 필자도, 반에서 중간쯤 하는 학생들도 모두 아니다. 전국에서 손꼽을 정도의 수학 천재들만이 전국대회나 세계대회에 입상하고, 대학 가는데 도움을 받는다. 나머지는 다 들러리인 셈이다.

초등학교 수학은 9개월이면 돼

필자가 자주 하는 말 중에 "초등학교 수학 사교육은 9개월만 시키면 된다"는 말이 있다. 경험담에서 나온 이야기다. 일찍 할 것도 없다. 초등학교 4학년 정도 쯤에, 1학년 과정부터 6학년 과정까지 한 번에 몰아서 싹 가르치면 3~6개월, 천천히 가르치면 12개월이면 된다. "학원은 단지 지식만 배우는게 아니라, 즐겁게 공부하는 습관을 들이는 곳"이라면서 꾸준히 보내는 것도 나쁘지는 않다. 필자가 말하고 싶은 것은, 초등학교 시절 학원에서 수학을 배우지 않으면 도태될 것이라는 생각을 버리라는 것이다. 3개월, 6개월은 중요하지 않다. 당장 고3 때 수능을 망쳐서 재수하면 1년이 늦어지는 것 아니겠나. 그러므로 단기적인 성과에 연연해서는 안 된다. 공부하는 습관을 들여 중학교 때 본격적으로 공부시키는 것이 올바르다.

초등학교 수학하면 또 빼먹을 수 없는 요소가 있다. 바로 수학 학습지이다. 학습지는 수학에 대한 흥미를 유발하고, 더 나아가 꾸준히 공부하는 습관을 들인다는 장점이 있다. 하지만 학습지 그 자체만으로는 별로 공부가 안 된다. 한 달에 열 몇 장 풀어 제끼는 학습지가 얼마나 공부가 되겠나. 하지만 일부 안타까운 학부형들은 학습지에 그렇게 연연한다. 학습지의 커리큘럼이 수준별로 되어 있고, 아이의 실력에 맞게 레벨을 올일 수 있어서 한다고 말한다. 제 아무리 잘난 수학 '전문' 학습지에서 커리큘럼을 만들었다고 한들, 대학교수들이 집필한 교과서만 할까? 게다가 교과서의 커리큘럼은 중고교 내신 뿐만 아니라 수능의 출제범위가 되는 '금과옥조(金科玉條)'나 다름없다.

• 선행학습, 언제 시작할까

선행학습은 초등 6학년 정도에 시작하면 된다. 이때 미리 배우는 중학수학은 초등수학의 영역이 아니다. 시기만 초등 6학년일 뿐, 내용은 중학교 교과 과정이기에 다음 장에서 언급하기로 한다. 중학교 프레임으로 생각하는 것이 더 효과적이다. 선행학습을 5학년 이전에 한다면 큰 효과가 없을 수도 있다. 이해할 연령이 되어야 이해가 되므로, 6학년 정도에 시키는 것이 안성맞춤이다. 수학은 입시에 있어 정말 중요한 부분이지만 역설적으로 사교육비에서 중요한 부분을 차지할 필요는 없다. 특히 초등학교 시절에는 사교육비를 지출하지 않아도 될 과목이다. 그 돈을 아껴났다가 중3때 몽땅 쏟아 붓는 게 낫다.

대입 전체를 좌우하는 중학 수학

제목을 쓰고 보니 거창하지만 엄연한 현실이다. 중학교 시절은 수학 교육에 있어서 거의 전부라 할 수 있다. 교과 과정의 측면에서 봐도, 중학교 수학의 기틀이 잡히지 않으면 고교 수학 실력 전체가 무너지게 된다. 수학 학원에서 폼 잡으면서 어려운 문제 풀다가, 고3 때 모의고사 점수가 안 나오고 수능 수학 망쳐서 재수하는 친구들이 그런 경우다.

사교육비는 얼마나 들까. 일단 3년 동안 500만원 이상은 든다. 버블 세븐 지역이라면 1000만원까지 들 수도 있다. 한 달에 13만~20만원으로 치고, 36개월을 계산한다면 말이다. 중학교 때 제대로 가르치면 고교 시절에 들 사교육비를 획기적으로 줄일 수 있다. 실제로 고교 시절에 수학 점수가 안 나와 막판에 100만~200만원씩 들여가면서 가르치는 광경을 쉽게 볼 수 있다. 중학교 때 옳게 가르치면, 고교 때 돈을 엄청나게 세이브 할 수 있다. 그래서 중학교 때는 좀 과감하게 가르칠 필요도 있다.

사실 중학교 수학은 특별한 공부법이라는 것이 없다. 주어진 문제를 풀면 득점하는 것이고, 못 풀면 틀리는 것이다. 하나하나 맞춰가는 방법을 터득하는 것 외에는 방법이 없다. 따라서 공부법보다는 돈을 언제, 어떻게 투자해야 하는지가 사교육의 키포인트라고 할 수 있겠다.

• 적절한 선행학습을 시켜라

중학교 시절에는 선행학습이 키포인트라 할 수 있다. 적절한 선행학습은 학생이 이후 학교에서 복습이나 다름없는 수업을 듣고, 이를 다시 한 번 숙제나 수행평가의 방식으로 재복습하는 3회독의 효과를 가져다 준다. 또한 1년 정도 앞선 교과 과정을 알고 정규 교과를 배우면, 그 이해의 폭이 넓어진다는 장점이 있다. 예컨대 미적분을 어느 정도 알고난 뒤, 고1 과정의 함수 파트를 원리부터 다시 배우게 되면, 그 원리 및 공식 유도과정을 '눈 뜬 장님' 처럼 넘기는 것이 아니라, 제대로 이해하고 내 것으로 만들 수 있기 때문이다.

수험생활을 손쉽게 한다는 측면에서도 선행학습은 의미가 있다. 중학교 시절, 고교 수학을 어느 정도 끝낸 학생들은 중학교 수학과 고교 입학 직후의 수학에 대한 혼란을 줄일 수 있다. 특별한 선행학습 없이 중학교 과정을 충실히 마친 학생들조차도 고교에 진학하면, 고교 수학이 어렵다고 징징대거나 수학에 재미를 잃는 경우가 많다. 따라서 징검다리 역할을 위해서도 선행학습은 필요하다.

선행학습의 방법은 학원에서 잘하는 학생들끼리 선행학습반을 구성해 가는 것이 일반적이다. 이러한 선행학습반의 경우 고교까지 함께 가는 수험파트너로 발전할 수도 있기 때문에, 눈치 빠른 학부형들은 아예 중 1~2 사이에 괜찮은 친구들을 모아 그룹을 형성하기도 한다. 드라마 '아내의 자격' 에 나왔던 상위권 그룹 엄마들 모임이 이런 식이라고 생각하면 되겠다.

돈이 부족한 경우에는 차라리 한 학년 높은 아이들과 함께 듣는 것도 생각해 볼 수 있다. 필자의 경우, 부친의 권유로 한두 학년 높은 형님들과 함께 사교육을 받았던 기억이 있다. 기존에 있는 반에 신규학생을 집어넣는 것에 불과하기 때문에 별도로 선행학습반을 구성하지 않아도 된다는 점에서 학원에는 이득이지만, 학원생 분위기를 해칠 수 있기 때문에 주저하는 경우도 많다. 이럴 때는 상위 학년 아이들과의 처신이 중요하다. 필자의 부친은 "형님 형님 하면서 친하게 지내라"고 말했던 기억이 있다. 공부를 잘하는 중2 학생들 보다는 반에서 4~5등 하는 중3 학생들이 수준이 높은 경우가 많다. 강의 수준 역시 후자가 더 높다.

일각에서는 제철학습이 중요하다면서 선행학습을 할 경우 아이가 이해를 잘 못하는 문제점이 있다는 지적도 있다. 일리가 있기는 하지만 정답은 아니다. 고교 수학의 경우 10여년 전에 비해 한 학년이 내려갔다고 봐도 될 정도로 쉬워졌다. 95학번이 고1 때 배우는 것이 지금은 선택 과목이거나 고2 후반기에 배우는 정도라고 생각하면 된다. 물론 그 때에 비해 전반적인 학생들의 학력 수준이 떨어진 점도 없지 않다.

중학 과정에 대한 '깊이'도 필요하다

고교 수학 일부를 선행학습 차원에서 가르치는 것이 '공부의 넓이를 확대하는 것'이라면, 중학교 때 배웠던 내용을 깊이 있게 공부하는 것도 나쁘지 않다. 특히나 한두 문제씩 출제되는 '변별력 있는 문제'에 대응하기 위해서는 중학교 과정을 깊이 있게 공부하는 것도 중요하다.

깊이 있는 수학 공부의 바로미터는 임대섭 저 「에이급 수학」시리즈의 A급[28] 문제를 자신의 힘으로 풀어낼 정도가 되어야 한다. 지학사에서 나온 「하이라이트 고난도 수학」시리즈도 괜찮다. 이런 류의 '적당히 어려운 책'을 공부하면서 깊이를 쌓으면 된다. 어설프게 고교 수학을 선행학습 한 학생들의 경우 중학교 내신 문제에서 교사가 약간만 비틀어 놓으면 바로 오답을 체크하는 경우가 있다. 그것을 개선해 주는 것이 바로 이러한 깊이 있는 수학 사교육이라 할 수 있다.

"우리 아이는 고교 과정 수학1까지 배웠어요"라면서, 중학교 내신 90점 대 초반 맞는 학생들은 깊이에 대한 고민을 해봐야 할 것이다. 이때는 수학 전문학원을 이용해야 한다. 최근 몇 년 사이 학생들의 수학(數學) 능력이 떨어지면서, 고난도의 수학 문제를 가르치는 학원의 숫자가 급격히 떨어졌다. 수학 전문학원에도 이런 강좌가 없을 가능성도 배제할 수 없다. 마땅한 학원이 없을 때는 상위권 학생 5~10명 정도가 모여 신규 반을 하나 개설해 달라는 것도 나쁘지 않다.

물론 올림피아드 수학을 가르치라는 이야기는 아니다. 올림피아드는 정말 수학 천재들의 영역이고, 입시에도 도움이 되지 않는다. 수학자가 될 것이 아니라면 전혀 신경 쓸 필요가 없다. 의대 가는데도 전혀 도움이 안 된다.

---

28) 이 책은 난이도에 따라 문제를 C급, B급, A급으로 분류한다.

• 기초가 부족하면 처음부터 가르쳐라

중학교 시절이 중요한 이유는, 기초가 무너졌을 때 중1 과정의 집합과 자연수부터 다시 시작해도 늦지 않기 때문이다. 중3 2학기인데 기초가 무너졌다는 판단이 들었을 때는, 과감히 포기하고 처음부터 시작하는 것이 '대학 입시'라는 스케줄에서 봤을 때 현명하다. 물론 남아있는 중3 2학기의 수학 내신 성적은 좋지 않을 것이다. 하지만 그게 뭐가 중요한가? 대학만 잘 가면 되는 것 아닌가? "중학교 시절 공부 못 했다"는 사실은 사회를 살아가는데 아무런 낙인이 되지 않는다. 늦더라도 조금 돌아가는 심정으로 중학교 수학을 마스터하고, 이를 바탕으로 제대로 고교 수학까지 익히는 것이 올바르다. 하지만 상당수의 학부형은 이런 사실을 받아들이지 못한다. 우리 애 2학기 내신은 어떡하냐고 한다. 냉정하게 생각하자. 그 성적으로 과학고 보낼 것인가? 어차피 특목고에 가지 않는 이상, 중학교 성적이 입시에 반영되는 경우는 거의 없다.

결론을 말하면, 중학교 때 제대로 중학과정의 수학을 마스터하지 못하면 고교 가서 돈이 정말 많이 든다. 돈을 줄이려면 중학교 시절 고교 1년 수준까지는 잘 배워놓는 것이 좋다. 그래야 고교 때 수학 과외를 하기 위해 몇 백 만원이 들지 않는다. 필자가 학부형들에게 "중학교 때 돈 몇 푼 아끼려고 대충 가르치면, 고교 때 10배로 듭니다"라고 충고하는 것은 이런 맥락이다.

고교 수학, 포기하지 말고 정공법으로

반에서 5등 안에 드는 학생들은 중학교 시절부터 꾸준히 수학을 공부했고, 고교 시절에도 타임테이블에 맞게 수학 공부를 하면 90% 이상의 득점을 할 수 있기 때문에 지금 이 글을 읽지 않고 넘어가도 된다. 하지만 나머지 학생들이 문제다. 5등 밖에 있는 학생들은 일단 중학 수학의 기초가 탄탄하지 않은 경우가 많다. 중학교에서 수학 내신 성적 90점이 안 되는 학생들이 기초가 탄탄해봐야 얼마나 탄탄하겠나. 고교 수학 역시 기본적인 개념부터 차곡차곡 공부해야 하는데, 상위권 아이들에게 맞춰진 강의에서 기초 개념은 무시되기 일쑤다. 결국, 이리 치이고 저리 치이다가 고3 때 수학을 포기하는 아이들까지 생겨난다. 대개는 수학 학원의 진도만 간신히 따라가다가 수리영역을 반타작하는 경우가 대다수다.

하지만 학부형들은 의외로 느긋하다. "선행학습을 하지는 않았어도, 약간 지지부진하면서 배울 수 있다"는 인식이 대표적이다. 하지만 고교 수학에서는 선행학습이라는 명제가 존재하지도 않는다. 남들은 먼저 배우지만 우리 애는 안 해도 된다는 식의 사고를 가졌다가는 낭패를 본다. 어차피 고3이 되면, 모두가 같은 조건에서 고교 과정을 바탕으로 한 수학능력시험 수리 영역을 응시해야 하기 때문이다. 모두에게 똑같은 범위가 조건이다. 고교 수학은 더 이상 선행학습의 대상이 아닌, 고3 때까지 마스터한 뒤 수능을 봐야 하는 대상이다.

고교 수학. 어영부영하다 막판에 포기하기 쉬운 과목이다. 하지만 절대 포기해서는 안 된다. 악착같이 공부하고, 수업 듣고, 한 문제라도 더 맞춰야 한다. 그래야 그동안 들인 사교육비가 물거품이 되지 않는다.

• 독학 · 인강 · EBS 맹신하지 마라

흔히 명문대에 들어갔다는 학생들의 합격수기에는 어김없이 나오는 말이 있다. "학교 수업 위주로 공부했어요."[29], "EBS만 듣고서도 서울대 합격했어요."와 같은 말이다. 일단 답부터 말하자면, 평범한 학생이 저 말 듣고 독학하면 무조건 재수한다. 물론 재수하지 않는 학생들도 많지만 수능 직후 자신의 수리영역 점수에 실망한다는 뜻이다. 서울대가는 학생들이 수학을 독학하고, 인터넷 강의 위주로 수업을 듣고, EBS 문제집만 풀어서 마스터했다고 해서 평범한 학생들까지 그러면 되겠나. 그들과 나의 차이를 인식해야 한다.

평범한 학생들은 꾸준한 사교육이 필요하다. 문제를 풀지 못하면 누군가는 그 이유를 제시하고, 학생이 제대로 풀 수 있도록 지도해야 한다. 하지만 학교 선생님들은 평범한 아이들의 단순한 질문까지 답해줄 만큼 시간이 많지 않다. 정해진 교과 과정을 설명하고 풀이하는데도 1년이 모자란다. 그런데 어떻게 우리 애가 뒤쳐지는 부분의 문제를 다시 풀어줄 수 있단 말인가.

---

29) 미디어에서 그런 말을 원하고 있다는 점 역시 배제할 수는 없다. 필자는 2002년 1월 고려대 법대 논술고사 직후 SBS와 인터뷰를 한 기억이 있다. 시험장에서 가장 먼저 나왔다는 이유에서다. "오늘 시험 어땠나요"라는 말에 필자는 뭐라고 말했을까. 준비한 것도 아닌데 자연스럽게 "수업시간에 배웠던 것들이 나와서 쓰기가 평이했다"는 말을 했다. 물론 그 문제가 그리 평이하지는 않았지만, 왠지 TV에서 물어보니 그렇게 말해야 한다는 생각이 들었을지도 모른다. 이게 미디어다. 물론 당시 SBS 8시 뉴스를 봤던 필자의 담임 선생님께서는 전화를 걸어 "네가 언제부터 그리 수업을 충실히 들었느냐"는 핀잔을 주시기도 했다. 물론 그 대학에 합격했다.

학생들의 오기 역시 일을 그르치는 계기가 되기도 한다. 대개 야간 자율학습을 잘하면 대학을 잘 간다는 학교 교사의 말을 곧이곧대로 믿고, 모든 학원을 끊은 후 독서실에 처박혀 있는 '돌쇠' 스타일의 평범한 학생들이 낭패 1순위다. 이런 학생들은 요령 있는 학원 강사에게 틀린 문제만 점검받아도 수학 성적을 10점 이상 올릴 수 있다.

그렇다고 해서 EBS 문제집을 경시(輕視)해서는 안 된다. 아직까지는 EBS의 지문과 문제에서 대부분의 수능 문제를 출제하는 기조가 지속되고 있다. EBS 문제집을 교과서라 생각하고 지문 하나 하나 샅샅이 훑어봐야 한다.

• 해야 할 것과 해서는 안 되는 것

고교 수학 사교육에 있어서 가장 중요한 것은 한 선생에게 3년을 꾸준히 배우는 것이다. 수학의 경우 교육의 '맥'이 중요하다. 베테랑 수학 강사들은 학생을 지도해 보면 애가 뭘 못 알아듣는지, 뭘 틀릴지를 정확하게 볼 수 있다. 그러면 질문을 받아도 그 학생이 궁금해 하는 부분을 정확히 짚어낸다. 하지만 학원을 여기 저기 옮기게 되면 탐색의 시간이 필요하다. 적어도 학생의 풀이과정을 몇 십 번은 봐야 파악이 되기 때문이다. 그러면 소중한 몇 달 간의 수험 기간이 날아간다.

이런 점에서 '첨삭지도반'은 수학 과목에서 가장 효과적이다. 앞에서도 설명했지만, 5~10명의 학생을 한 반으로 해 놓고, 문제를 풀게 시킨다. 그리고는 답을 맞춘다. 틀린 문제는 각자 첨삭실에 와서 1:1로 풀이를 하고 끝내는 방식이다. 학생이 10명이 넘어가면 현실적으로 제대로 첨삭을 해 줄 수 없으므로 10명 이내의 인원으로 구성하는 것이 가장 좋다.

 또 중요한 것이 '풀이과정 노트'이다. 학원 강사에게 첨삭지도를 받기 전, 틀린 문제와 함께 자신이 풀었던 풀이과정을 보여주는 것이 좋다. 학원 강사는 정확하게 학생이 어떤 생각을 갖고 풀다가 답이 안 나왔는지 알아낼 수 있다. 잘못된 풀이과정으로 답을 구했다면, 강사가 그 옆에 풀어주면서 해설해 줄 수 있다. 복습은 그 두 개의 풀이과정을 비교하면서 어느 부분에서 잘못된 것인지 알아보고 다시 한 번 풀어보면 된다.

 하지 말아야 할 것도 있다. 우선 한 권의 문제집을 다 풀기 전에 다른 문제집에 손을 대는 것이다. 그러면 계속 앞부분의 집합만 풀다가 끝난다. 한 권을 풀더라도 끝까지 마스터하는 것이 중요하다. 틀린 문제를 review하는 것도 중요하다. 한 권 다 풀고, 틀린 문제의 답을 외워버리면 안 된다. 그러면 틀렸던 파트의 문제를 다른 문제집에서 풀어도 똑같이 틀린다.[30] 모의고사에 연연하는 행동도 버려야 한다. 모의고사의 경우 출제범위에 따라 점수가 들쭉날쭉한다. 쉬운 파트에서 문제가 많이 나오면 점수가 잘 나오고, 어려운 부분에서 많이 나오면 점수가 떨어지게 마련이다. 일희일비(一喜一悲)할게 아니라 제대로 수학 교과 과정을 끝내는 것에 중점을 둬야 한다. 모의고사형 문제집은 고3 여름방학부터 해도 충분하며, 모의고사 대비 수학강좌 역시 마찬가지다.

---

30) 여러 가지 문제집을 풀었는데, 한 가지 유형만 틀렸다면 164쪽에 서술한 '3회독 공부법'을 활용하기 바란다.

• 잘한다고 자만하다 몰락한다!

 수학에 있어서 가장 중요한 것을 하나 꼽으라면, 자만하거나 포기하지
말고 꾸준히 공부해야 한다는 점이다. 포기하면 일단 그 해 입시를 포기
하는 셈이다. 자만해서도 안 된다. 모의고사 점수가 꾸준히 만점이라는
이유로 수학 공부를 등한시 하면, 신유형의 문제가 가미된 수능에서 낭
패를 볼 수 있다. 필자 역시 고2~3 2년 동안 모의고사 수리영역을 거의
만점만 맞다가 실제 수능에서 3개를 틀려 재수할 뻔 했던 기억이 있다.

학교에서 수학 진도를 뒤에서부터 나갑니다

학원가에서 수학은 중학교 때 고1 과정까지 마스터하고 고교에 진학을 하라는 이
야기를 많이 한다. 그 이유로 고교 진학 후 교과서 순서와 상관없이 진도를 나가는
학교가 있다는 점이 꼽힌다. 수학이 약한 학생들이 고교 초반에 고전하게 되는 이
유이기도 하다. 학교에서는 수학 교과서를 앞에서부터 가르치는 것이 상식이다. 하
지만 적지 않은 고등학교에서 여러가지 이유를 대면서 교과서의 순서와 상관없이
진도를 나간다. 함수편부터 가르치는 고교가 있고, 2명의 수학교사(주4회 수업을 2
명이 2강좌로 가르친다)가 각각 집합부터 가르치는 교사 1명, 도형부터 가르치는
교사 1명인 학교도 있다. 이런 경우에는 고교 1학년 1학기 중간고사를 앞두고 학생
과 학부형이 사색이 되어 학원을 찾는다.

 이런 학교는 학원에서 대비를 제대로 해 주지 못하는 경우도 있다. 수학학원에 10
명이 있는데, 8명은 앞에서부터 학교 진도가 나가는데, 2명이 도형편을 배우고 있
다고 생각하면 된다. 학원 강사가 2명을 개인과외 해 주지 않는 이상 100% 대비
가 불가능하다.

 진도를 아예 천천히 나가는 경우도 있다. 문과 학생인데 고3 1학기가 되어서야 학
교 수학 진도가 수능 대비할 만큼 나가는 경우다. 여름방학 및 9~10월 동안 수능
수학을 절대 마스터할 수 없다. 이런 경우에도 미리 학원 등을 통해 대비하는 것이
좋다.

04
그 외 사교육 재테크에 대한 모든 궁금증

66 돈을 최대한 적게 들이면서 적절한 양의 사교육을 시키는 것. 필자가 이 책에서 강조하고 싶은 포인트이다. 물론 국어·영어·수학 등 소위 주요 3과목이 사교육비에서 차지하는 비중이 절대적이지만, 사회·과학탐구나 기타 암기과목의 비중 역시 결코 적지 않다. 또한 부모의 수입이 한정돼 있다는 점을 감안하면, 사회탐구 등 '암기과목'의 사교육비를 줄이는 것은 국영수에 필요한 '실탄'을 아껴놓는다는 점에서 중요하다고 볼 수 있다. 그렇다면 어떻게 해야 사교육비를 줄일 수 있을까. 국영수를 제외한 사교육 재테크에 관해 자주 묻는 질문과 그 해답을 정리해 봤다.

Q1. 사회 · 과학학원 다녀야 하나요? 종합반은요?

학년마다 다르다. 일단 초등학교 때는 다니지 않아도 된다. 가끔 보면 초등학교 때부터 과학 사교육을 해서 창의적인 인재로 키우는 것이 좋다는 이야기가 있는데, 새빨간 거짓말이라고 생각하면 된다. 현행 한국의 교과 과정에서 창의적인 인재를 길러내기는 거의 불가능하다. 학교 교육과 상관없이 그냥 스스로 창의적인 아이들일 가능성이 높다. 게다가 초등학교 과학 교과 과정은 대부분 실험을 통해 흥미를 유발하고 원리를 깨우쳐가는 것인데, 무슨 지식을 가르치고 어떤 탐구과정을 학원에서 알려준단 말인가. 사회 역시 마찬가지다. 엄마가 스스로 초등학교 사회 과목 교과서를 읽어보면 금방 답을 알 수 있다. 일부 교육서적이라고 나온 책을 읽어보면, '과학은 메커니즘을 알아야 한다', '사회는 이해 과목이다' 라는 제목을 하나 달아 놓고, 내용은 하나 없이 그냥 스스로 할 수 있다는 식의 이야기를 하는데, 그 책의 제자들이 초등학생들을 가르쳐 보기는 한 것인지 궁금하다. 그런 책을 읽고 "이해 위주의 강사"가 필요하다면서 학원 상담 다니면 원장들의 먹잇감이 되기 쉽다.

필자는 중학교까지 사회 및 과학은 사교육 없이 교과서만 달달 외워도 충분하다는 입장이다. 하지만 스스로 공부를 절대 하지 않는 학생들에게 '교과서만 외우라' 는 식의 답변은 성의 없어 보일 수 있을 것이다. 그럴 경우에 과학은 방학 때 2개월짜리 싸구려 단과를 듣기를 권한다. 중학교 과학은 소수 정예로 듣지 않아도 된다. 200명 짜리 대형 단과를 수강해도, EBS 강좌를 시청해도, 인강을 들어도 효과는 비슷하다. 다만 EBS 강좌를 보면서 휴대전화로 딴짓하고, 인강을 듣는다면서 채팅하는 것을 방지하기 위해 비교적 저렴한 단과 학원에 보내는 것이다.

수박 겉핥기라도 괜찮다. 어차피 중학교 과학은 시험 때 하는 암기가 기본이다. 그 전에 숲을 보는 개괄적인 역할로서 강좌를 듣는 것이다. 그러면 학교에서 본 강좌를 들을 때 이해가 더 쉽다. 대개 이런 방학 특설 과학강좌는 방학 2개월간 수강하면 다음 학기 과정이 한 번 끝난다. 한 번씩 쭉 듣고, 단원당 문제 몇 개씩 풀어본다는 마음가짐으로 접근하자.

사회는 중간고사 기간에 학원에서 정리해 주는 특강만 들어도 충분한 경우가 많다. 사실 학교에서 수업을 듣고, 교과서 달달 외우고, 문제집 2권 정도만 풀어 주면 무조건 90점 이상 나온다. 사회는 어차피 고등학교에 가면 똑같은 내용을 조금 더 심화해서 그대로 배운다. 국사는 중학교 책이나 고등학교 책이나 교과서 자체는 별반 다르지 않을 정도다. 지리, 일반사회, 세계사 등도 마찬가지다. 하지만 내신 자체가 지니는 중요성이 있기 때문에, 평소 학교 수업을 듣고, 시험 기간에 학원에서 2주 정도 정리하면 되겠다.

중학생 자녀를 국영수 학원에 보내고 있는데, 그 학원에서 거의 무료와 다름 없이 종합반으로 엮어주고, 사회와 과학을 끼워주는 경우가 있다. 국영수가 각 15만원이고 종합반은 50만원인 식이다. 저렴한 가격의 종합반으로 묶어서 학생의 이탈을 막기 위한 마케팅 도구이다. 사회 및 과학 강사의 페이는 원장의 몫에서 제한다. 이런 경우에는 규칙적인 공부를 위해 사회와 과학도 같이 듣는 종합반을 듣는 것이 좋다. 하지만 고교라면 이야기가 다르다. 학원이 필요하지만 정기적으로 다닐 필요까지는 없다. 사회 선택 과목, 과학 선택 과목 중 자신이 수능에서 볼 과목들만 골라서 들으면 된다. 문제는 이런 강좌가 별로 없다는 점이다. 6차 교육과정까지만 하더라도 사회탐구 4과목, 과학탐구 4과목, 선택(사회 또는 과학탐구) 1과목이 전부였지만, 지금은 선택 과목이 십수 가지다. 따라서 강의를 할 만큼 강의료가 나오지 않게 된다. 이럴 때는 학부형들이 스스로 뭉쳐야 한다. 실력이 비슷한 아이들끼리 모으는 것은 물론, 사회탐구나 과학탐구 과목을 3가지 정도로 정하는 과정이 필요하다. 그리고는 10명 정도 모아서 학원에 가면 강의가 개설된다.

고교생들은 학원 종합반보다는 필요한 과목 위주로 듣는 것이 낫다. 수학의 경우에는 무조건 3년 내내 꾸준히 다니기를 권한다. 수능에서 감각을 잃거나, 신유형에 적응하지 못해 한두 문제 더 틀리면 3년간의 노력이 물거품으로 변할 수 있기 때문이다.

Q2. 제2외국어는 어떻게 시켜야 하나요.

씁쓸한 이야기 하나 해야겠다. 필자의 고교 선후배들로 구성된 한 동문 모임은 외고 출신 우등생이 대부분인데도 전공어(중국어 · 영어 · 독일어 등)를 제대로 하는 사람이 5명에 한 명 꼴이었다. 그것도 일본어나 중국어 전공인 경우가 많았다. 이런 상황에서 제2외국어를 한국에서 배워 유창하게 할 수 있다는 말이 얼마나 신빙성이 있을지 모르겠다.

일단 사교육비가 아깝다면 제2외국어는 시키지 마라. 대학에 갈 때에는 정말 학교에서 가르치는 제2외국어 교재 및 프린트만 달달 외워도 충분하다. 제2외국어가 반영되는 명문대도 거의 없다. 서울대가 2013학년도 기준 제2외국어를 필수(인문계만) 응시 과목으로 하고 있지만,

이 역시 선택으로 바뀔[31] 가능성이 높다. 따라서 고1 이하의 자녀를 둔 학부형은 제2외국어를 신경 쓰지 않아도 된다는 이야기를 하고 싶다. 또한 서울대를 지망할 정도의 수재들은 고1 때 매주 1회 정도씩 6개월 정도만 제2외국어를 꾸준히 하면, 수능 제2외국어 만점 맞는데 전혀 지장이 없다. 필자 역시 수능 응시 당시 제2외국어였던 프랑스어를 10분 만에 다 풀고 잤던 기억이 있다. 점수는 당연히 만점이다.

물론 제2외국어를 배워두면 장점은 많다. 필자의 경우 고교 시절 외고에서 배웠던 프랑스어 교육을 아주 소중하게 생각하고 있다. 물론 프랑스어를 잘 하는 것은 아니지만, 프랑스에 출장을 갔을 때 '르 몽드' 신문을 더듬더듬이라도 읽을 수 있는 것과 그렇지 않은 것은 차이가 크기 때문이다. 하지만 국제기구로의 진출을 꿈꾸는 학생이라면 제2외국어 없이는 사실상 유엔 무대에 진출하는 것이 불가능하다는 점을 잊어서는 안 되겠다.

Q3. 피아노학원에서 내신대비 강의를 해 준다는데요

앞서 언급했던 가정 과외 학생 이야기를 다시 해야겠다. 필자가 가정 외에 기술, 한문 등을 4주간 가르쳤던 학생이었다. 엄마는 학원 셔틀을 하고, 아이는 여의도를 돌면서 국어, 영어, 수학, 과학, 사회, 도덕, 국사 외에 음악, 체육 필기 강좌도 들었다. 음악은 피아노학원, 체육은 태권도 체육관에서 한다고 했다.

---

31) 매일경제 2012년 2월 6일자 1면 참고.

얼핏 들으면 같은 음악 전공자인데 학교 선생님이 가르치는 것을 학원 강사가 못 가르치느냐고 물을 수도 있다. 하지만 학교 교사들은 음악교육을 전공한 사람들이 대부분이다. 사범대를 나와 교과 과정을 가르치는 것이 전공이다. 하지만 학원 선생은 기악을 전공한 사람이 많다. 물론 음악교육을 전공하여 이론에 조예가 깊을 수도 있겠지만 중학생 수준에 맞게 가르쳐 본 적은 없다. 게다가 음악은 담당 교사의 취향 내지는 소신에 따라 교육 방향 및 출제 범위가 달라지기 일쑤다. 그냥 공부 잘 하는 학생의 노트 필기를 빌려서 복사한 다음, 달달 외우는 것이 빠를 것이다. 빌리는 것은 학생의 재주다. 체육 역시 마찬가지로 체육관에서는 무도에 힘쓰라. 체육관 사범에게 필기시험 공부를 시켜달라는 것은 어째 좀 이상하지 않나.

Q4. 명문대생 과외가 도움이 되나요

앞서 언급했던 '명문대 선생이 잘 가르치느냐'와 비슷한 질문이다. 학부형들은 "명문대에 갓 들어간 학생들은 공부하던 감각이 남아있으니 더 잘 가르치지 않겠느냐"는 이야기를 한다. 물론 일견 맞는 측면도 있다. 필자 역시 수능을 본 뒤 1년이 지나고 다시 수능을 봤을 때 더 좋은 점수를 받았다. 공부는 딱 3일 간 사회탐구와 과학탐구 교과서만 정리하고 봤다. 고3때 연세대 사회계열에 최종 합격한 성적이, 다시 시험봤을 때는(명목상 재수) 고려대 법대에 합격했다.

하지만 자기 자신이 수험생이 되는 것과 과외 선생이 되는 것은 별개의 문제다. 필자 역시 과외를 했고, 과외를 하는 대학 동기들을 무수히 많이 봐 왔다. 하지만 과외 준비를 학원 강사처럼 제대로 하는 경우는 없다. 지방에서 어렵게 올라와 고학을 하는 학생들을 제외하면, 대부분 술이나 먹고 다니는 경우가 많다. 과외를 직업, 교육이라고 생각하지 않고, 쉽게 돈 벌 수 있는 돈벌이 정도로 생각하기 때문이다. 수업 직전에 대학 캠퍼스에서 해답 좀 외워가지고 와서 가르치는 경우도 수두룩하다. 학부형이 현장을 지켜보지 않아서 그렇지, 과외하고 있는 모습을 CCTV 같은 것으로 본다면 입이 쩍 벌어질지도 모른다.

명문대생에게 맡기려 한다면, 차라리 비명문대에서 학부를 나오고 명문대에서 대학원을 다니는 대학원생에게 맡기는 것을 권유하고 싶다. 물론 전문적인 학원 강사보다는 강의의 질이나 관리하는 수준은 떨어진다. 그것은 어쩔 수 없다.

Q5. 속독법, 공부법 컨설팅이 필요한지 궁금합니다.

일단 속독법에 대해서는 평이 엇갈린다. 속독을 하면 글을 더 빨리 읽을 수 있고, 집중력이 생겨서 공부에 도움이 된다는 주장이다. 하지만 필자의 사견으로는 굳이 속독법을 배우면서까지 시간을 단축해서 공부해야 하는지 모르겠다. 대다수 학생의 경우, 게임만 좀 줄이면 천천히 공부해도 충분한 시간이 있는 것이 현실이다. 필자의 아버지 말씀에 따르면 "학원 30년 하면서, 고3 때 발등에 불이 떨어진 학생들을 제외하고 시간이 부족해서 공부를 못한다는 학생은 거의 못 봤다"고 한다.

공부법 컨설팅은 필수가 아니다. 해외 대학 출신, 컨설팅 업체 직원 출신이라는 공부법 전문가들이 컨설팅을 해 준다고 한다. "수학 공부는 이렇게 하세요"와 같은 식의 조언일 뿐, 틀린 문제를 직접 풀어주지는 않는 경우가 많다. 대학 가는 데 필요한 컨설팅은 합격, 불합격 판정을 예상해 주는 입시당락 인터넷컨설팅 서비스 하나만 이용해 보면 될 것 같다.

조기 유학은 글로벌 명품 인재의 길?

요즘 강남에서는 "5학년만 되면 한국을 뜰 준비를 한다"는 이야기가 있다. 워낙 중학교 때부터 조기 유학을 많이 가는 탓이다. 홍정욱 전 의원의 '7막 7장'이 1993년 발매된 이후 붐이 일기 시작한 것이 한해 1만명이 넘는 조기 유학생 배출로 이어진 것이다. 그나마 경제 위기로 1만명 가량 줄어든 것이라고 한다.

한국에서 조기유학생들이 중심이 되는 대외활동 박람회까지 생겨났다. 아이비리그를 꿈꾸는 유학생들이 사회를 대상으로 진행하는 활동에 대한 박람회다. 이 박람회에서 미국을 중심으로 한 조기유학파 우등생들은 자신의 대외활동에 대해 알리는 자리를 갖는다. 한 외고의 역사 동아리 등 국내 유학반 학생들 역시 발군의 실력을 나타냈다. 필자는 기자로서 학생들의 활동에 깊은 인상을 받았다. 하지만 이런 밝은 측면만 보기에는 조기 유학이 그리 긍정적이지만은 않다. 매년 조기 유학을 포기하고 돌아오는 학생의 숫자는 집계조차 되지 않는다.

유학생들, 왜 방학 때마다 학원으로 유턴하나

수학이 강하다는 소수 정예 전문 학원에는 유독 방학 때마다 유학생들을 넣으려는 어머님들로 붐빈다. 방학을 맞아 수학이나 과학을 한국 학원에서 가르치려는 학부형이다. 한국에서 그리 잘 하는 아이도 아니었는데, 부모가 욕심을 내서 미국으로 보냈다. 하지만 영어는 딸리고, 학교에서 두각을 나타낼 것이 수학 밖에 없었다. (미국의 일반계 중고교의 경우, 한국보다 훨씬 쉬운 수학을 가르친다. 물론 대학에서는 수준이 뒤바뀐다.) 이 때문에 중1 아들을 방학 때마다 한국으로 불러들이고, 학원 속에 살게 한다.

한 발 더 나아간 부모는 단지 수학만 가르치는 것이 아니라, SAT 과목을 한국에서 가르친다. 미국에서 학교 수업만 들어도 충분히 고득점이 나오는데, 굳이 한국에서 SAT 학원[32]을 보낸다. 미국 학교의 수업을 제대로 따라가지 못한다는 이야기다. 자연스레 학교 공부에 관심이 떨어지고, 나중에는 한국으로 돌아오겠다는 이야기까지 나온다.

이럴 거면 왜 '입시지옥'인 한국의 교육체계를 벗어났는지 궁금하다. 이도저도 아닌 경우가 된다. 유학을 하는 중간 중간 방학 때마다 학원에 의지하게 되면 완벽한 자기주도학습 교육체계인 미국에서는 결코 적응할 수 없다. 미국은 학교 수업을 중심으로 모든 것이 진행되는데, 수업에 집중하지 않고 수학 과외에 올인하는 아이가 과연 담임교사와 카운셀러로부터 좋은 추천서를 받을 수 있을까. 1~2년 정도 생활하다가 돌아오는 경우가 많다.

모두가 HYP 나와서 글로벌 인재?

조기 유학생이 많아지면서 한국 유학생들은 미국 대학에서 우수한 성적을 낸다. 하버드 · 예일 · 프린스턴 등 소위 HYP(Harvard, Yale, Princeton)라 불리는 빅3 대학에도 많은 한국인이 진학한다. 한국인이 하버드대 학부 수석졸업까지 차지하는 시대가 됐다. 하지만 이는 일부 천재들의 사례이다. 이 책의 공동연구에 참여한 조영석 박사 역시 컬럼비아대 치대에서 수석권의 성적으로 졸업, 이 학교 병원에서 임플란트 · 치주 전공의로 일하고 있다. 전체 치과대학원 학생 중 5% 미만이 받는 오퍼다. 모국어도 아닌 영어로 수업을 들으면서, 그것도 명문 중의 명문이라는 컬럼비아 치과대학원에서 전체 학생(미국인 포함)의 5% 이내에 드는 것은 쉬운 일이 아니다.

어정쩡하게 공부를 한 학생들은 자신의 고교가 소재한 지역의 주립대를 가면 잘 간 축에 속한다. 하지만 그게 끝이다. 한국에서 인정받는 명문대를 나온 것

---

32) 만점에 가까운 초고득점을 위해 SAT 학원을 추가로 수강하는 우등생에 대한 이야기가 아니다. 그들은 그냥 놔둬도 아이비리그에서 좋은 성적으로 졸업하고, 매킨지 등 글로벌 기업에서 활동하는 경우가 많다.

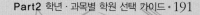

도 아니요, 한국에 친구가 있는 것도 아니다. 그렇다고 인맥이 탄탄한 것도 아니다. 졸업 전에는 그 주립대를 나온 한국인들이 국내에서 많이 활동한다고 했지만, 국내 대학을 졸업한 뒤 박사를 받으러 간 경우라 자신과는 관련이 없는 경우가 많다.

필자의 지인인 한 유학파 여성의 경우가 이렇다. 졸업 후 취업할 곳이 없었다. 기독교계 기관에서 일을 했지만, 전공을 살리지 못하고 방황했다. 자신의 관심과는 전혀 상관없는 곳에서 2년 여 기간을 방황한 뒤에서야 자리를 간신히 잡을 수 있었다.

그래도 미국은 좀 낫다. 적어도 미국 대학에 대해서는 한 수 접어주는 분위기라도 있기 때문이다. 요즘 학생들이 차선으로 선택하는 중국 대학들은 인정을 받지 못하는 경우가 더 많다. 왜냐하면 중국은 한국과 마찬가지로 '외국인 특례 입학' 제도가 있기 때문이다. 중국 대학 역시 한국과 마찬가지로 외국인 특례 전형으로 입학이 아주 쉽다. 이 때문에 중국에서 명문대를 나왔더라도, 국내 기업들은 한국인이 많은 외국인 전용 강좌를 듣고 졸업했는지, 중국 학생들과 경쟁하면서 졸업했는지를 확인한다. 외국인 전용 학부를 나왔다면 불이익이 있다.

무엇을 꿈꾸고 태평양을 건넜나

상당수의 학생에게 조기 유학은 득보다 실이 많다. 하지만 학원에서는 이를 알려주지 않는다. 보습학원은 보습학원대로, 유학 전문학원이면 그 나름대로, 자사의 이익에 맞게 진실을 가공해서 말한다. 한국으로 치면 카이스트에서 30살에 박사를 받을 법한 천재의 사례인데도, 미국에 있어 검증이 되지 않는다는 이유로 마구 "너도 할 수 있다"는 듯이 갖다 붙이는 경우가 많다. 사람은 자기가 믿고 싶은대로 사안을 바라보는 경향이 있다. 학원 선생이 "너도 글로벌 인재가 될 수 있다"고 하면, 그런 방향으로만 진로를 꿈꾼다. 그럴 때 '7막 7장'

같은 책의 한 구절 한 구절은 자신에게 좋은 동기부여가 된다. 필자인 홍정욱 전 의원과 자신의 지능 차이, 노력의 격차는 생각도 하지 않은채로.

유학을 떠나는 것은 나쁘지 않다. 하지만 자신의 능력과 열정을 감안한 뒤, 꿈과 목표를 세운 유학이 돼야 한다. 무작정 '중국에 가면 길이 있을 것'이라는 식의 유학은 필패(必敗)다. 한국 현실에 대한 도피처로 유학을 생각하는 부모도 잘못됐다. 한국에서도 중간 정도인 애가 외국어로 학교를 다니면 상위권이 될 것 같은가.

목표를 세웠다면 유학으로 잃을 것과 얻을 것에 대해서도 고민을 해야 한다. 조기유학을 떠나면 일단 한국에는 중고교 친구가 없다. 한국 사회에서 중고교 친구의 비중은 정말 크다. 대학 이후 만나는 '성인 시절 친구'와는 다른 '격의 없음'이 있다. 또한 중고교 시절은 평생 가는 친구 한둘을 건질 수 있는 시기이기도 하다. 일부 유학 서적에서는 "한국 친구들만 사귈 수도 있는 중고교 시절, 전 세계 친구들과 우정을 쌓으면서 '글로벌 인맥'을 구축해 간다"는 구절이 심심치 않게 보인다. 정말 그럴 것 같은가?

필자의 사견으로는 학부 유학은 일본 정부에서 진행하는 일본공대 유학 프로그램, 일부 미국 명문대 진학을 제외하고는 큰 메리트가 없다는 생각이다. 다들 학벌타파, 간판 따지지 않는 세상을 외치지만 현실은 어떠한가? 아예 실력이 월등하지 않는 이상, 간판으로 1차 평가를 하는 것이 현실이다. 비싼 돈 들여 유학을 간 이유가 무엇인지 생각해 볼 때다.

3
Part

사교육비를 줄여 주는
부모님표 관리법

66

왜 소수 정예 학원에서는 '관리'를 할까

관리라는 단어를 듣고 "뭐지, 학생 지도인가"라는 식의 생각을 한다면 사교육 아마추어이다. 관리는 거시적으로 학원에서 학생이 얼마나 사교육을 받아들이고, 실력이 늘었는지를 점검한 후 그에 맞춰 사교육 방향을 정하는 일련의 행위를 말한다. 미시적으로는 학원에서 각 과목별로 학생이 얼마나 진도를 나갔고, 그 진도를 얼마나 이해했는지 체크하며, 복습은 어떻게 진행했는지를 낱낱이 파악하고, 이를 정확히 기록한 후 그에 맞게 학원 강사에게 맞춤형 강의를 시키는 컨트롤 또는 핸들링의 과정이라 할 수 있겠다.

사실 관리는 본래 사교육 강의의 효율 극대화를 위해 원장 또는 상담실 장들이 생각해 낸 방법이다. 강사들은 수업을 멋드러지게 하는 것에만 신경쓰고, 학부형은 점수 하나로 모든 것을 파악한다. 학생들은 강의가 재밌으면 끝이다. 이 과정에서 수업을 제대로 들었는지, 외울 것을 제대로 외웠는지 파악하고, 더 나아가 학생의 이해 수준을 체크해 학원 강사의 강의 방향을 조절하는 역할이 필요하다. 바로 원장의 역할이 관리라 할 수 있다. 하지만 모든 사교육 수강생들이 이런 관리의 혜택을 보는 것은 아니다. 일부의 학생만이 개별적인 '학업 생활지도부'의 혜택을 받았다. 필자의 부친 역시 수강료를 많이 내는 학생이나 공부를 잘해서 명문대 진학이 확실시 되는 학생들을 '중점 관리 대상'으로 지정해, 관리기록부를 손수 작성하고 끊임없이 연구했다. 학부형이 방문했을 때(대개 이런 학생들의 학부모는 월 2회 정도씩 학원을 방문한다.)는 바로 그동안 공부한 내용을 깨알같이 기록한 관리기록부를 꺼낸다. 그걸 데이터 삼아 사교육의 방향과 강의 품질에 대한 피드백을 진행하는 것이다. 학생과 담당 강사를 불러 4자 대면을 하기도 한다. 부족한 부분에 대해서는 즉각 강의에 반영하고, 정 안 될 경우에는 학생이 모르는 파트에 대해서만 1~2주짜리 미니 과외를 진행하기도 했다.

 관리의 영역은 단지 기록에 그치지 않는다. 각 과목별로 복습이라 할 수 있는 단어 점검, 지문 읽기 점검, 관련 체크 및 미니 테스트 진행 등을 포괄한다. 학생이 단어를 외웠으면 이를 점검하고, 지문을 읽었으면 제대로 읽었는지 주제와 요지, 관련 개념을 문답식으로 확인하면 된다. 수학은 강사 책임 하에 다시 풀어보게 하거나 즉석 질문을 하면 된다.

적(과목별로 자신이 모르는 부분)을 알고, 나(실력)를 알게 되니, 백전백승이라. 자연스레 성적이 올라간다. 학원 원장 20년 경력의 한 수학 강사는 "관리만 잘 하면 적어도 학교 등급이 두 단계는 뛴다고 보면 된다"는 이야기를 했다.

관리는 알고 보면 '자기주도학습'을 지도하는 셈이다. 이 책을 여기까지 읽은 독자들이라면 아직까지 자기주도학습이 선생 없이 혼자 공부하는 것이라고 생각하는 사람은 없을 것이다. 선생이 가르친 부분을 스스로 복습하고, 이를 응용할 수 있는 힘을 기르는 것이 자기주도학습이다.

이번 장에서는 모두가 욕심에 찰 만큼 학원을 다닐 수 없기에, 흔히 사이드 과목이라 불리는 것들을 독학으로 해결하거나 부모와 공부할 방법을 제시하고자 한다. 또 소수 정예 학원에서 핵심 학원생들에게만 진행하는 관리 기법의 모든 것을 알려주고자 한다. 하지만 부모가 나섰다가 실패하는 과목 역시 간과할 수는 없다. 수학이 대표적이다. 수학 문제를 풀어줄 경우 부모로서 권위는 세울 수 있겠지만, 어설픈 풀이과정이나 지식으로 자녀를 망칠 수도 있다는 점을 잊어서는 안 된다.

왜 관리가 필요한가?

> 사실 관리[33]는 별 것 아니다. 공부를 제대로 했는지 체크하고, 제대로 공부할 수 있도록 상담을 통해 유도하는 것이다. 쉽게 말하면 공부를 얼마만큼 했는지 체크해 주는 조교 역할이라고 할 수 있다. 이전의 사교육 업계에서도 관리라는 개념이 아예 없었던 것은 아니다. 대개 강제 자율학습 분위기를 만들면서 공부를 시키고 "모르는 문제는 선생님께 물어보라"며 호랑이처럼 굴었던 수학 강사들의 모습에서 관리의 근원을 찾아볼 수 있다.
>
> 하지만 정말 별 것 아니라면 이 책에서 힘 줘서 소개할 필요까지는 없을 것이다. 관리는 언어나 수학 한 과목만 점수가

---

33) '성적 관리'라는 차원에서 관리(management)라는 단어를 썼지만, 실제로는 양육(bringing up students)과 점검(check), 조언(advice)을 결합한 개념이라 할 수 있다. '지속적인 점검과 조언, 동기부여'가 핵심가치라 할 수 있다.

안 나오는 우등생, 기초부터 다져야 하는 하위권 학생, 애매한 점수를 받고 있는 중위권 학생 등 다양한 계층에서 효과가 있었다. 그래서 소개를 하고자 한다.

2000년대 중후반 목동에서 필자의 부친과 필자 등이 사용하면서 정립한 방법으로, 나름의 이론적 배경을 두자면 경영학에서 말하는 KPI(핵심성과지표)와 관련지어 볼 수 있다. KPI는 하나의 목표를 설정해 두고, 이 목표가 잘 달성되는지를 확인할 수 있는 각종 지표를 체크한 뒤, 이를 바탕으로 점수를 매겨 평가하는 것을 말한다.

학원생 관리에 적용해 본다면 어떨까로 시작하게 되었는데 목표치를 세워두고, 매일·매주·매월 얼마만큼 달성했는지 공부를 시키면서 확인하는 것이다. 이때는 반드시 생활기록부가 있어야 한다. MS워드로 만든 '진도표' 양식 정도면 무난하겠다. 필자의 경우 이를 '목표달성일지'라고 불렀다.

효과적 관리가 대학을 바꾼다

중3(예) 겨울방학 공부 일지

12.29(목) 시작

○○ 중학교 홍길동(HP 010-0000-0000)

월	화	수	목	금	토
1:00-2:30	1:00-2:30	1:00-2:30	1:00-2:30	1:00-2:30	1:00-2:30
영어수업	수학수업	영어수업	수학수업	영어수업	수학수업
문법+독해 듣기+어휘	개념원리중3(상) 쎈수학문제풀이	문법+독해 듣기+어휘	개념원리중3(상) 쎈수학문제풀이	문법+독해 듣기+어휘	개념원리중3(상) 쎈수학문제풀이
2:30-4:00	2:30-4:00	2:30-4:00	2:30-4:00	2:30-4:00	2:30-4:00
영어듣기Test 영어어휘검사	수학문제풀이겸 사영어어휘검사	영어듣기Test 영어어휘검사	수학문제풀이겸 사영어어휘검사	영어듣기Test 영어어휘검사	수학문제풀이겸 사영어어휘검사
4:00-5:00	4:00-5:00	4:00-5:00	4:00-5:00	4:00-5:00	4:00-5:00
영어듣기Test 영어어휘검사	영어어휘검사	영어듣기Test 영어어휘검사	영어어휘검사	영어듣기Test 영어어휘검사	영어어휘검사

과 목 별 교 재

과 목		교 재	오늘의 공부 내용
영어 정규반	문 법	This is Grammar중급1.2 → 성문기본영어 →	
	독 해	AIM HIGH R/D (1-A→3-B)	
	듣 기	LISTENING TAPA 유형편-3 →	
	어 휘	This is Voca중급편(중2-고1) →	
영문법 특강		성문기본영어 고1영문법완성 100Grammar1.11-중학영문법완성	
수학 정규반		개념원리중3수학(상)-정규교재 신사고쎈중3수학(상)-심화문제	
수학 선행반		개념원리중3수학(하)-선행교재(첨삭) 신사고쎈중3수학(하)-심화문제 고1수학정석(상)-선행반	
국어 정규반		중3학교교과서명가문제 종합+문학+비문학	
과학 정규반		중3 비상오투과학 중3 천재체크체크과학	

앞의 표는 한 학생의 '목표달성일지'의 일부이다. 시간표를 위에 놓고 매일 진도를 오른쪽 아래 빈 칸에 기술하는 방식이다. 학원이 끝날 때마다 원장이 그날의 공부량을 강평하고 칭찬을 하는 방식으로 지도했다. 평범해 보이는 이 친구의 경우 흔히 엄마들이 말하는 '똑똑한데 공부를 열심히 하지 않아 성적이 안 나온다'는 유형의 학생이었다. 처음에는 내신 평균 80점이 간당간당하던 친구였는데, 3년간의 코칭 및 학원 강의를 통해 서울시내 대학에 무난하게 진학한 케이스다. 하지만 표에서 볼 수 있듯이, 처음 학원에 왔을 때는 공부를 열심히 하지 않아 공부하는 습관을 들이는데 애를 먹었다.

이런 학생은 관리일지를 통해 하나씩 공부해 가는 성취감을 얻을 수 있는 것은 물론, 공부에 재미를 붙일 수 있다. 학원 강의는 꾸준히 진행하면서 영어 단어부터 시작했다. 영어 단어를 얼만큼 외웠는지, 어디까지 외웠는지를 매일 기록했다. 그리고는 언어영역 복습을 시켰다. 다른 분야보다 제대로 지문을 읽고 숙지하도록 지도했다. 수학은 전적으로 수학 강사에게 관리까지 맡겼다. 첨삭지도반 소속 학생이었기 때문이다. 또한 매 방학 때마다 부족한 사회탐구 과목을 자습시키고 체크를 했다. 마음 같아서는 사회탐구 선택 과목도 1:1 과외를 붙이고 싶었지만, 학생 부모에게 무조건적인 희생을 강요할 수는 없는 노릇이다. 게다가 이것저것 들으라고 강권할 경우, 오히려 부모가 부담을 느껴 그만둘 수도 있는 상황이다. 형편에 맞게 사교육을 시키되, 원장이 책임지도해서 자습으로 해결할 수 있는 영역은 챙겨주려고 노력하는 것이 제대로 된 사교육이기 때문이다.

이 학생의 경우에는 학원에서 배운 진도 역시 별도의 스케줄표로 정리했다. 부모의 요청도 있었고, 학생에게 필요하기도 했다. 중위권 학생은 이 학원 저 학원을 떠도는 경향이 많다. 따라서 어떤 학원에서 무슨 단원을, 어떤 교재로 배웠는지 체크하기가 쉽지 않다. 앞에서 언급한 것처럼 수학에서 집합만 잔뜩 배우고, 영어에서는 부정사만 공부한 격이 될 수 있다. 하지만 학원에서 배운 내용을 쭉 정리하면, 월별 또는 분기별로 공부한 내용을 체크하기가 쉽다. 어찌 보면 학부형이 당연히 알아야 할 정보일 수도 있다.(공교육인 학교에서는 투명하게 커리큘럼과 진도를 공개하지만, 역설적으로 돈 내고 추가로 듣는 사교육기관인 학원에서는 커리큘럼을 낱낱이 밝히지는 않는다.)

우등생은 '취약 과목' 전담일지를

목표달성일지는 단순히 공부를 못하는 학생에게만 적용되는 것이 아니다. 중앙대 의대에 진학한 한 학생의 경우 수학이 문제였다. 국어, 영어, 과학탐구 모두 만점에 가까운 성적을 받았던 학생이지만, 유독 모의고사를 보면 수학의 신유형 문제에 약한 모습을 보였다. 이럴 때는 수학 강사의 도움을 받아, '수학 공부일지'[34]를 적어두는 것이 좋다. 자주 틀리는 문제가 무엇이고, 어떤 점을 모르는지 체크해 둔다면 더 좋

---

34) 후술하겠지만, 수학과 과학에는 부모가 절대 개입해서는 안 된다. 이 두 과목은 학원 강사의 전문성을 100% 인정해 줘야 한다. 부모가 진도에 간섭하거나, 관리노트를 들이대며 "왜 교육법이 이렇게 되느냐"는 식의 질문을 하는 순간 강의가 이상하게 틀어진다. 필자는 그동안 이공계 학문에 문외한인 학부형들이 진도를 운운할 때마다, '대충 빨리 넘어가려는' 강사들의 태도 때문에 그 자녀들의 실력이 제대로 쌓이지 않는 현장을 자주 목격했다.

다. 나중에 전 과정을 한 번 끝낸 뒤, 필요하다면 취약한 파트만 별도로 과외 등의 방법으로 보강할 수도 있기 때문이다.

필자의 경우에도 고교 시절 국어과목만 자체진도표를 만들었던 기억이 있다. 노트 한 권을 사서 맨 앞에는 이 달에 소화해야 할 내용에 대한 목표를 적었다. 가령 언어영역 문제집(기본편) 3권, 국어문법 학습지 1권, 비문학지문 읽기자료 2권이라고 하자. 그러면 노트의 각 페이지마다 날짜를 적고, 그날 뭘 공부했는지를 간략히 적었다. 'EBS 수능특강 언어영역 57~70p' '글동산 비문학 사회과학과의 만남 70~90p' 이런 식으로 간단하게 적어만 놓았다. 간략하게 적었지만 매주, 매월 공부를 정리할 때는 꽤 도움이 됐다.

아버지표 공부진도표를 만들어 보자

앞서 제시했던 관리표는 필자와 필자의 부친이 개발한 것이다. 일단 학원 시간표를 중심으로 자습시간과 학교 보충수업 등을 위에 적고, 오른쪽 아래편은 빈 칸으로 채워 넣는다. 그날그날 공부한 것을 밑에다가 적어 넣는 식이다. 한 달이면 30장 정도가 되며, 그것을 복사한 뒤 간이 제본을 해서 부모에게 한 부 준다. 그러면 학부형 역시 자녀가 한 달 동안 어떤 공부를 했는지 정확히 알 수 있다. 필요한 경우 원장이 부족한 공부 부분에 대해 한두 줄 기술해 넣을 수도 있다. 학생과의 면담을 통해 나타난 문제점을 적어 넣고, 보완할 수도 있다.

나름대로 열심히 만들었다고 하지만, 각각의 학생들에게 100% 개인화 (customization) 됐다고 보기는 어렵다. 가장 정확한 '맞춤형 진도표'

는 오히려 부모님이 만들어줄 수 있지 않을까 생각된다. 자녀의 공부를 체크하고 기록하는 습관. 이를 바탕으로 부모와 자녀가 공부에 대해 대화하는 분위기. 어찌 보면 우등생을 만들어 내는 첫 걸음은 이런 분위기에서 나오는 것일지도 모른다.

 부모들은 물론 맞벌이에, 회사생활에 굉장히 바쁘다. 하지만 1주일에 두 번 정도는 적어도 11시에 집에 오지 않겠는가. 매일 밤새 술 마시는 아버지들은 반성해야 한다. 아이가 공부하는데 주2회 정도는 일찍(사실 11시는 일찍도 아니다) 들어와서 10분 정도 아이가 공부한 것을 체크하고, 대화하는 습관을 길러야 한다. 아이가 잔다는 핑계도 금물이다. 수험생이 12시 이전에 잠드는 것이 말이 되나.

 이런 관리 기법에 대해, "IT기술을 활용하면, 어떤 인강을 들었는지부터 어떤 공부를 했는지 등을 수치와 그래프로 알 수 있다"는 이야기를 할 독자가 있을지도 모른다. 물론 기술적으로는 가능하지만 그 프로그램이 나오고 능숙하게 사용하기 전에 자녀가 수능 본다는 점을 꼭 기억해야 하겠다.

02

관리하는
부모의 마음가짐

66 필자는 학원에 찾아왔던 학부형들이나, 취재차 만난 부모들에게 진학상담 또는 공부법에 대한 조언을 자주 해 주는 편이었다. 기왕에 학원가에서 컸는데, 갖고 있는 노하우를 나누는 것이 좋다는 생각에서다. 하지만 대개 부모들은 "기자님이 말하는 대로 하면 좋겠지만, 애가 말을 들어먹어야 말이죠"라며 난색을 표한다. 자식 이기는 부모 없다지만 부모가 못 이기는 자식을 누가 바꿀 수 있을까? 궁극적으로 학생들의 공부 열의를 북돋아주는 사람은 부모가 되어야 한다.

우선 자녀에게 관심을 가져라

필자는 상담하기 전 학부형들에게 제일 먼저 "당신의 자녀는 어떤 아이인가요"라는 질문을 했다. 이에 대해 똑부러지게 답하는 학부형이 그리 많지 않다는 것이 문제다. 자기 자녀가 어떤 사람인지 알지 못하는데, 어떻게 아이에게 맞는 학원을 보내고, 어떻게 사교육을 시킨단 말인가. 어불성설(語不成說)이다. 따라서 자녀에게 관심을 갖는 것이 대학을 잘 보내는 첫걸음이라고 할 수 있다.

아이에 대한 관심은 별 것 없다. 담임 이름은 누구인지, 앞으로 어떤 대학, 어떤 학과를 가고 싶은지, 요즘 공부하는 문제집 이름은 무엇인지, 학원에서 듣는 수업에 대해 아이는 과목별로 어떻게 생각하는지 등이다. 단지 "애가 착하다", "학원 수업을 잘 따라간다", "공부를 성실히 한다" 같은 말로는 부족하다. 애가 어떻게 착하고, 학원 수업은 어떤 것을 수강하며, 학원 교재는 무엇이고, 강사의 스타일은 어떤지 궁금하지 않은가? 이와 같은 관심이 곧 자녀와 눈높이를 맞추는 것이요, 자녀의 공부에 대해 질의응답을 하고 이후 개선점을 찾을 수 있는 시발점이라 할 수 있다.

물론 일부 학부형은 자녀의 공부를 잘 쫓아다니면서 뒷바라지 하는 경우도 있다. 하지만 아직까지 상당수 학부모들은 자녀에게 무관심하다. 게다가 이런 학생 중 상당수는 중위권이다. "조금만 더 관심을 받으면 상위권으로 도약할텐데…"라는 생각이 드는 대목이다.

소싯적 생각하지 말고 이야기를 들어라

학원에서 많이 하는 말이다. 특히 아버지가 독학으로 성공한 전문직이거나, 자수성가한 사업가인 경우가 그렇다. 전자의 경우 "아버지는 어려운 환경에도 공부만 잘 했다"는 식의 이야기와 함께 꾸지람이, 후자의 경우 "그렇게 공부할 거면 그냥 아빠 밑에서 일이나 배워라"는 질타가 쏟아진다. 필자 역시 고교 시절 이런 이야기를 적지 않게 들었던 기억이 있다. 어머니는 이런 이야기를 했다. "엄마가 어릴 때는 집에 전기가 들어오지 않아서 새벽에 일어났고, 지우개가 없어서 고무신으로 지웠다." 전쟁 후 베이비붐 세대들이 어렵게 공부하고 힘들게 성공한 것을 모르는 것은 아니다.

하지만 자녀들은 어떻게 받아들일까. 학생들과 "콜라 한 잔 하자"면서 면담을 해 보면 "아, 짜증나요" 같은 반응이 나온다. 부모님이 어렵게 공부했고, 지금 자신을 어렵사리 학원까지 보내가면서 공부시킨다는 것을 깨닫는 중고생은 거의 없다. 정말 집이 위기에 봉착해 어린 나이에 철이 든 것이 아니라면 말이다. 그럴 때는 자녀를 있는 그대로 이해해 주려고 노력해야 한다. 공부가 어렵다면 어떤 것이 어려운지 들어주고, 관리법을 사용해 공부를 시킨다면 어떤 파트에 대한 지식이 필요한지 대화를 해야 한다.

대화를 통해 자녀의 공부에 대한 이해를 높인다면 공부 자체를 꾸준히 시키는 효과 외에 사교육비를 줄이는 효과도 나온다. 일단 자녀가 어떤 공부를 하고 있고, 어떤 애로사항이 있는지 알고 있다는 것은 나중에 학원장과 3자 대면을 하거나 학원 등록 시 과목을 선정할 때 도움이 된다. 자녀에 대한 정보 하나 없이 학원에 가서 원장이 하라는 대로 수강을 하면 공부에 효율성이 떨어질 수 밖에 없다. 자녀의 공부 욕구를 정확히 알고 있으면 주변 친구들을 모아 기존에 없는 강좌의 개강을 촉구하는 등 다양한 방법도 생각해 볼 수 있다.

매일 확인하라

사실 아무리 좋은 관리법을 설명하고, 학원에서 제대로 관리하더라도 부족한 점이 있는데 바로 '플러스 알파'인 부모의 관심이라 할 수 있다. 앞서 언급한 공부진도표를 중심으로 학생의 진도를 매일 확인하고, 학원 수업을 듣거나 복습·자습하는데 이해가 가지 않는 것을 체크해 주는 것은 학생의 공부에 큰 도움이 된다. 또한 반복적으로 이해가 가지 않거나, 공부하다가 부족한 파트가 있으면 한 달 가량의 단기 과외를 붙여주는 것도 효과적인 방법이다. 주구장창 수학 과외를 시키는 것이 아니라 이해가 가지 않는 확률·통계 파트만 2주 코스로 끝내는 식으로 훨씬 효율적인 공부를 할 수 있다.

확인은 공부 내용 자체를 확인할 수도 있고, 공부 사실을 확인할 수도 있다. 공부 내용의 확인은 이후에 나오는 방법을 참고하기 바란다. 공부 사실의 확인은 자녀가 오늘 무슨 공부를 했는지를 물어보고, 그 내용에 대해서 편하게 듣는 방법이다. 자녀에 대해 신뢰가 어느 정도 쌓여 있거나, 자녀가 공부 내용에 대해 부모가 질문하는 것을 간섭으로 느끼고 불편해 하는 경우 사용하면 된다. 하지만 공부를 잘하거나 열심히 하는 학생이 아니라면, 공부 사실만 확인하는 것은 단어 검사를 하는 등 공부 내용을 직접 확인하는 것에 비해 효과가 적을 수 있다.

남학생들의 경우 매일 확인하는 것이 좋은 동기 부여가 될 수 있다. 비교적 정신이 성숙한 여학생들과 달리, 남학생들은 고교생이 되어도 덩치만 크지 정신연령은 아직 어린 경우가 많다. 그럴 때는 꾸준한 확인과 칭찬이 꽤 쏠쏠한 공부 유도책이 될 수 있다. 매일 확인하고, 공부량이 미진한 것에 대해서는 따뜻한 조언을 하고, 이해가 안 간다는 점에 대해서는 과외 등 뭘 시킬 수 있는지, 학원에서 처리할 수 있는 부분인지 등을 고민하라. 학생 혼자 고민하는 것보다 효과도 높고, 부모가 집착·간섭하기보다 '공부 애로사항'을 덜어주는 사람이라는 생각이 들면 더 열심히 공부하게 된다.

 관리는 생각보다 손이 많이 가는 작업이다. 하지만 어쩔 수 없다. 자녀의 실력은 꽃과 같으므로 많이 관심을 갖고, 조심스럽게 다룰수록 성적이 잘 나온다. "일할 시간도 없는데 어떻게 애 공부까지 신경쓰느냐"는 불만을 가질 부모는 그냥 아이를 내버려둬도 좋다. 그러면 성적이 더디게 올라간다.

재수, 삼수에도 고3때 합격했던 학교에 가는 이유

'어떻게 공부를 하면 재수에 성공하냐'는 질문에는 참 답하기가 어렵다. 오히려 '어떤 학생이 통계적으로 재수에 성공할 가능성이 높냐'는 질문이 나을 것이다. 재수를 해 진학 결과가 좋은 대표적인 케이스는 고3 때부터 우등생이었던 경우다. 흔히 학원 용어로 '삐끗해서 재수한다'고들 한다. 이런 애들은 재수학원에서 기본 원리를 차근차근 가르치고, 평소 모의고사와 첨삭지도 등으로 감만 유지해 주면 거의 100% 명문대에 간다. 어려운 문제는 대부분 잘 풀기 때문이다.

아예 바닥을 기는 성적인 경우에도 재수를 독하게 하면 성공 가능성이 높다. 이럴 때는 국영수 위주의 기본기 교육이 먹힌다. 고교 시절 공부를 못한다며 "암기과목이나 파라"는 말을 들어왔던 친구들에게 국영수 기본기 교육은 처음에는 효과가 나오지 않지만, 재수가 끝날 무렵 꽤 높은 성취도 향상으로 돌아온다. 하지만 그걸 믿고 '더 오르겠지'라는 생각에 삼수를 했다가는 낭패를 보기 쉽다.

그 외에는 비슷하게 점수가 나온다. 재수를 한다고 해서 치열하게 공부를 하는 것도 아니고, 그저 재수 생활 1년을 고3때 하던 것처럼 '대충' 보내기 때문이다. 고3때 실력이 그대로 유지된다고 생각하면 된다. 과목별 성적에는 차이가 있을 수 있다. 고3때 부족했던 과목은 열심히 하고, 잘하던 과목은 소홀히 한다. 총점이나 전체적인 등급은 비슷하다. 이러면 삼수의 나락으로 빠진다.

재수에 있어 '필승 공식'이란 없다. 하지만 액션 플랜은 정해져 있다. 우선 고1의 마음가짐을 유지하는 것이다. 대개 재수 한 번 하면 자신이 입시 전문가라도 된 것처럼 행동한다. 물론 고3 후배들보다는 전문가라고 할 수 있지만 한 뼘 더 아는 것에 그치고, 그 마저도 고득점과는 큰 관련도 없다. 막상 수능에 신유형이 많이 나오면 점수가 낙엽처럼 우수수 떨어진다.

두번째는 기본기를 제대로 익혀야 한다는 점이다. 재수를 한다면 그 이유를 알아야 한다. 대개 상당수의 재수생은 고2~3년 때 문제집만 푸느라 각 과목별 기본 개념을 잊어버렸을 가능성이 높다. 하지만 수능에서는 적절한 암기가 고득점의 바탕이 되므로 이 구멍을 채워줄 수 있어야 한다. 또한 꾸준히 전 과목을 수불석권(手不釋卷)하는 태도가 필요하다. 적어도 고3때 보다 2배는 공부한다는 생각으로 임해야, 재수로 인한 매너리즘 때문에 수능에서 점수가 떨어지는 것을 감안하더라도 고3 때 수능 결과보다 더 좋은 학교에 갈 수 있다.

연애 · 술 · 담배는 반드시 삼가야 한다. 특히 재수생이 되면 법적으로 성인이 되기 때문에 대학생이 된 친구들과 함께 술을 먹거나 대학생이 된 여자친구와 놀아주느라 공부가 뒷전인 친구들도 적지 않다. 공부 좀 하는 학생들이 재수하면서 애인과 연애하느라 공부를 소홀히 하는 모습을 보면, 강사들의 마음도 찢어진다. 성과를 내야 강사의 능력도 인정받는 것 아니겠나. 아까운 인재가 스스로 길을 돌아가고 있으니 환장할 노릇이다.

"현명한 여자친구를 만나면 같이 공부도 하고 대학에서 CC(캠퍼스커플)도 하면 되잖아요"라며 대드는 학생들도 꽤 있다. 그게 가능하면 재수학원에서 왜 막겠나. 바로 윗 학년에 있던 선배의 예시를 드는 아이들도 있다. 1년 선배 두 사람이 3년 간의 연애 끝에 함께 S대 경영학과를 둘이 손잡고 갔다는 식이다. 주로 "그 선배랑 네 자신의 지능을 비교해 보라"는 말로 상담을 마친다.

03

국어·논술
공부에서의 관리

> 66 학원에서 학생들 공부를 점검할 때 정말 많이 하는 것이 국어
> 의 지문을 똑바로 읽었는지 확인하는 작업이다. 사실 부모나
> 일반인은 이해하지 못한다. 한 학부형은 내게 이렇게 말했다.
>
> *"애들이 잘 읽으면 점수가 나오지 않을까요. 우리말을 배우*
> *는 것인데 학원에서 뭐 그렇게까지 확인하는지…"*
>
> 하지만 6개월이 지나고, 언어영역 점수가 제자리를 맴돌면
> 이렇게 이야기한다.
>
> *"학원 강사 실력이 없어서 그런지 실력이 오르지 않아요."*
>
> 숱한 아이들을 언어영역 만점 만든 강사가 잘못일까, 학부형
> 이 잘못일까, 아니면 꼼꼼하게 학생 점검하다가 부모 항의에
> 방관하는 상담실장이 잘못일까.

국어 공부에도 관리가 필요하다. 물론 이론적으로는 부모님들의 말이 맞다. 수업 듣고, 문제 풀면, 언어영역 성적이 올라야 한다. 하지만 현실적으로는 그렇지 않다. 아이들은 지문을 한 번 읽고, 이해가 되지 않으면 다시 읽고 고민할 만큼 공부할 자세가 되어 있지 않다. 그러면 어떻게 될까. 지문은 대충 읽고 문제로 바로 눈이 내려간다. 그리고는 그럴듯한 선택지를 찍는다. 틀리면 그냥 해설을 외워버리고, 맞으면 검토도 안하고 넘긴다. 이런 식으로 문제를 풀면 100권을 풀어도 한 권 제대로 푼 효과가 나지 않는 것이다. 따라서 저녁 먹는 시간 등을 틈타 부모님이 국어 공부를 얼만큼 했는지 5~10분 정도 즉석 체크를 하는 습관을 들이면, 학생의 국어 과목 성적이 눈에 띄게 향상되는 것을 느낄 수 있을 것이다.

국어에서 무엇을 관리할 수 있나

사실 국어에서는 학생이 지문을 제대로 읽었는지 체크하는 것이 중요하다. 학생 입장에서는 자신을 무시한다고 생각하고 반항심을 가질 수도 있겠지만, 꾸준히 "'난 바보다' 라는 마음가짐으로 무조건 지문을 2회씩 읽으라"고 지도해야 한다. 비문학의 각 영역(인문, 사회, 자연과학, 공학, 철학, 정치, 경제, 문화 등)별로 다양한 지문을 읽어보는 것도 중요하다. 단순히 문제를 푸는 것 이상으로 텍스트를 소화해 내는 능력이 필요하기 때문이다. 지문을 제대로 읽었는지 체크하는 방법은 다음과 같다. 예컨대 지문 3개를 읽었다면, 각 지문의 요점이 무엇이었냐고 묻는 훈련을 하면 짧고 굵게 도움이 된다. 한 마디 정도로만 말하라고 하면 된다.

"주제가 뭐니"

"필자가 제시한 문제점은 뭐니"

"대안은 뭐였니"

 정도의 질문이면 된다. 이런 식으로 비문학을 체크해 주기 시작하면, 중위권~하위권 학생들의 경우 언어영역에서 10점은 오른다. 그동안 비문학 지문을 제대로 읽지 않고 찍는 경우가 많았기 때문이다. 최하위권의 경우에는 50점 이하의 점수에서 20점 이상씩 오르는 경우도 있다. 상위권 학생의 경우에는 '꼭 틀리는 마지막 비문학 한두 문제'를 족집게처럼 솎아내는 효과가 있다. 대개 상위권 학생들은 문학이나 고전은 유형 자체를 외워버리는 경우가 많아 대부분 맞추지만 비문학은 모든 지문을 외울 수 없기 때문에 새로운 유형이 나올 경우 당황하거나 끝까지 지문을 읽지 않고 문제를 푸는 경우가 많다. 그 때 꼭 한두 개 틀리는 비문학 문제를 부모의 관리를 통해 줄일 수 있다.

 고전은 중1 영어 체크하듯이 하는 것이 좋다. 부모와 자녀가 가볍게 영어 단어를 외우듯, 아래와 같이 대화형 체크를 해보도록 하자.

어머니 : 자, 지문 읽어봐.

아들 : 江강湖호애 病병이 깊퍼 竹듁 林님의 누엇더니, 關관東동 八팔百백 里니에 方방面면을 맛디시니(해석 : 자연을 사랑하는 병이 깊어 죽림에 누웠더니, 관동 관찰사라는 소임을 맡기시다니)

어머니 : 죽림과 연관되는 사자성어는 뭘까?

아들 : 천석고황(泉石膏肓)이요.

어머니 : 연하고질(煙霞痼疾)이란 성어도 있지.

물론, 고교생 자녀의 경우에는 부모님 앞에서 뭘 공부했는지 말하는 것을 부끄러워한다. 실제로 반발이 있는 경우도 있다. 하지만 간단한 체크, 부모님 앞에서 텍스트 읽고 해석하기 기법은 의외로 국어 성적을 탄탄하게 해 주는 효과가 있다. 대상이 부모님 대신 학원장이라는 것만 바꾸면 월 30만원씩 받으면서 관리하는 과정 중 국어점검 시간과 완전히 같다고 볼 수 있다.

논술에서 부모의 역할

논술을 잘 쓰려면 일단 텍스트를 많이 읽어야 하고 많이 써봐야 한다. 그리고 강사가 첨삭지도를 해 주는 것이 가장 좋은 수업방식이기도 하다. 하지만 아무리 첨삭을 받아도 논술 실력이 늘지 않는 학생들은 왜 그럴까. 서울대 강사 출신 선생님께 배웠는데, 왜 다른 애들보다 논술문의 구성이 허술해 보이는 것일까.

그 이유는 문장력과 배경지식 두 가지가 꼽힌다. 우선 문장력은 다른 사람의 잘 쓴 글을 읽어보면서 포맷을 연구해야 한다. 이럴 때 부모의 역할이 필요하다. 평소 취미처럼 잘 된 논술문이 있으면 오려 붙여 스크랩북을 하나 만드는 것이다. 주제별로 모아두면 더 좋다. "FTA 시대의 농업"과 같은 시의성이 있는 주제에서부터, "사형제는 필요악인가"와 같은 고전적인 주제까지 다양한 것이 좋다. 각 주제별로 예시답안이라 할 수 있는 답안을 쭉 모아둔다. 자녀는 시간이 날 때마다 읽어보고, 한 주제에 대해 여러 사람이 쓴 답안을 비교하면서 자신만의 최적해를 모색해 볼 수 있다. 기존의 논술책이나 논술 학습지에서는 한 문제에 하나의 답안만 있다. 게다가 그 답안 역시 '못 썼다는 느낌을 완전히 배제하기 위해' 최대한 현학적인 느낌을 살려 쓴다. 그런 답안은 아무리 읽고 필사해도 실력 증진에 도움이 되지 않는다.

가장 좋은 방법은 주변에 논술을 잘 쓰는 학생들의 답안을 잔뜩 얻어, 주제별로 정리하는 식이다. 필자의 경우 논술강좌를 크게 열었던 아버지 덕분에 특목고 학생들이 쓴 논술 답안지 1000장을 살펴볼 기회가 있었다. 논술 모의고사 10회분을 모은 것인데, 채점 및 첨삭지 작성을 마친 뒤 학생들에게 돌려주기 직전의 답안지를 밤새 복사해서 3권의 책으로 분철했던 기억이 난다. 그것을 금과옥조(金科玉條) 삼아 한 달 정도 스타일을 연구하고 나니, 그동안 논술 학원 강사가 이론적으로 말했던 '대안을 구체적으로 쓰라', '지문의 논제와 현실의 접점을 찾아라', '서론에서 임팩트를 줘야 한다' 등의 이야기를 현실감 있게 터득할 수 있었다. 이전까지는 논술 강사에게 "80점짜리 답안"이라는 평가를 들었다면, 이후에는 "잘 썼다. 90점 이상"이라는 말을 들었다. 주변에 선배가 없다면, 비슷한 성적의 학생 엄마들끼리 품앗이를 해도 괜찮다. 6명 정도의 엄마들이 같은 논제에 대해 20회 정도 논술 강좌를 진행하고, 그 답안지를 모아서 책으로 만든 뒤 나눠가져도 좋다. 물론 학생의 답이 정답일 수는 없으므로 각 논제별 모범답안을 별첨해야 할 것이다.

논술 실력을 기르는데 가장 좋은 방법은 신문 읽기라는 말을 많이 한다. 이때는 아버지의 역할이 필요하다. 아버지들이 신문을 읽다가, 시사 상식이 될 만한 페이지를 하나씩 오려서 스크랩을 하는 것이다. 신문은 어차피 봐야 하고, 오려 붙이는데 5분이면 된다. 그것은 좋은 NIE

노트요, 백과사전이 된다. 아버지의 지식 수준이 자녀보다 높은 경우가 많다. 비슷한 수준으로 생각해도 되기 때문에 수준에 대해서는 걱정하지 말고 그냥 하면 된다. 아버지표 신문스크랩은 기존의 논술대비 시사상식집 보다 더 최신의 덜 정제된 노트가 된다. 논술대비 시사상식집의 경우 저자의 취향에 따라 편향된 것이 많고, 중요 이슈를 제대로 파악하지 못한다는 문제점이 있을 수 있다. 오히려 상식적인 일반인인 아버지가 스크랩한 것이 나을 때가 많다. 아래와 같은 예시처럼 신문스크랩을 하고, 자신의 생각을 적어보면 어떨까.

· **매일경제**

FTA로 중소기업의 수출액이 상승 중이다. 수출량 증대의 이유로는 엄청난 기술력과 관세 철폐로 인한 가격 경쟁력을 들 수 있다. 중국의 저가 상품이 우세했던 과거와 달리 우수한 품질에 비해 싼 가격이 된 우리나라의 제품들의 수출량이 상승하고 있다. 이로 인해 우리나라의 제품은 글로벌 스탠다드에 등극했다는 평을 받고 있다. 따라서 외국 투자자들의 투자가 증대되고 있고 이 덕에 국내 중소기업의 성장이 가속화될 전망이다.

· 한겨레

한중, 한미 FTA로 인해 농업 분야에서 큰 타격을 입고 있는 것으로 집계되었다. 우리나라 농산품보다 적어도 7~8배 싼 가격으로 들어오는 중국산과 미국산 농산품으로 인해 우리 농업에 큰 변화가 예상된다. 우수한 품질로 밀어 붙인다 하여도 싼 가격 앞에 과연 장사가 있을까? 농업만이 아니다. 경공업 특히 섬유 분야에서 크나큰 피해가 예측되었다. 이로 인해 경공업 분야의 제조업들이 해외로 모두 이전해 산업 공동화가 예측되고 우리나라의 단순 노동력이 쓰일 곳이 사라져 실업자 역시 증대될 문제가 생길 수도 있다고 생각된다.

· 총평

FTA는 중소기업에게도 양날의 칼인 것 같다. 중화학 공업이나 정교한 기술을 요구하는 첨단 산업에는 희소식이 되어 수출량의 증대로 우리 경제 성장에 밑거름이 되고 있으나 1차 산업인 농업과 경공업에 속하는 제조업들에게는 절망에 가까운 소식인 듯하다. 물론 FTA로 정체되어 있던 농업과 제조업이 성장하는 계기가 될 수 있다는 의견도 있었으나 이미 망하고 난 다음에는 무슨 소용인지 궁금하다. 하지만 우리의 경제를 받쳐주는 첨단 산업과 중화학 공업의 성장은 매우 고무적으로 보인다. 어떻게든 농업과 제조업의 피해를 줄이기 위해 당사국과 좀 더 협상을 지속적으로 하거나 정부 차원에서 FTA로 이득을 얻은 것을 재분배 하는 정책을 실현하는 방안으로 나아가는 것이 좋다고 생각한다.

사실 귀찮을 수도 있겠지만, 필자는 엄마와 자녀가 함께 글을 써보는 것을 추천한다. 같은 주제를 놓고 쓰는 것이다. 어차피 대입 논술인데 한 번 도전해 보는 것이 어떨까. 게다가 요즘 엄마들 중 대졸이 상당수라는 점을 감안하면 별로 어려운 일도 아니다.

면접은 아빠 말고, 아빠 친구들!

수시 모집을 앞두고 면접 과외 요청이 들어오는 경우가 많다. 필자는 평가의 정량화를 위해서 면접을 봐서는 안 된다는 입장이다. 물론 미국처럼 제대로 인성과 학생의 생각, 진로 계획 등을 다각적으로 평가하기 위해 면접을 하는 것이라면 필요하겠지만, 한국 수시의 면접은 그렇지 않기 때문이다.

면접에는 두 가지 영역이 있다. 하나는 전공 지식, 다른 하나는 인성 및 시사이슈 등에 관한 논리력 등을 평가하는 부분이다. 가장 좋은 것은 특목고에서 이것만 연구하는 교사에게 직접 테스트를 받는 것이지만, 일반계 학생들은 그렇게 하기가 쉽지 않다. 학원을 다니려고 해도 강의 자체가 없을 뿐더러, 가격도 비싸다. 가격이 비싸다고 해서 효과가 있는지도 알 수 없다.

이럴 때는 아버지를 잘 활용하면 만점을 받을 수 있다. 아버지 주변에 까칠한 대졸 직장인들 3명만 섭외하면 된다. 하나는 40대 중반의 '꼰대' 아저씨, 하나는 갓 사회에 입문한 젊은 남성, 그리고 하나는 30대 초반 여성 정도면 되겠다. 이 중에 한 명을 학생이 지원하고자 하는 전공을 한 사람으로 해야 한다. 주요 시사 이슈에 대한 본인의 생각을 확인하는 한편, 전공에 대해 아는 것이 무엇인지, 취미가 무엇인지를 묻고, 더 나아가 앞으로 어떤 진로를 생각하는지를 비판적으로 물어보면 된다. 대개 학원 면접 강의에서 간과하는 예의와 인성 문제까지도 교정할 수 있다.

아버지가 술 한 잔 산다면서 "내게 분풀이 하듯 박살 내줘"라고 부탁하면 된다. 정말 정확하게 배울 수 있다. 실제로 대입 면접 현장에서 교수님들이 일부러 학생들을 압박하는 경우도 많은데, 이런 상황을 미리 연습해 볼 수 있다. 다만 아버지 동료들이 최신 시사상식 책 한 권 정도와 최근 신문 기사, 대학 홈페이지에 있는 면접 기출 문제는 읽어보고 와야 한다. 이런 자료는 아버지가 준비해서 동료들에게 미리 줘야 한다.

토론에 필요한 논리력을 채우고 싶으면, MBC 백분토론을 꾸준히 시청하게 하는 것도 괜찮은 방법이다. 백분토론이 지겹다면, tvN의 끝장토론도 괜찮다. 이런 프로그램을 보면서 토론 스킬을 기르는 것도 좋은 방법이다. 수험생을 위한 여가라고 생각하고 TV를 시청하게 하자.

야자 잘하는 법!

'피할 수 없으면 즐겨라.'

식상한 말이지만 야간자율학습을 하는 학생들에게는 진리 중의 진리라 할 수 있다. 많은 학생들이 만화책을 보며 킥킥대는 것이 현실인 이 상황에서, 어떻게 하면 야자 시간을 효율적으로 보낼 수 있을까.

우선, 야자 시간을 학교 공부 복습의 시간으로 삼는 방법이 있다. 복습에는 그리 많은 시간이 필요하지 않다. 노트필기와 교과서를 위주로, 그날 배운 것을 되새겨 보고, 부족한 노트필기를 보완하는 수준이면 된다.

다른 방법은 문제집을 푸는 것이다. 여러 가지를 조금씩 풀기 보다는 한 가지 문제집을 하루에 진득하게 푸는 것이 좋다. 필자도 고교 시절 하루에 사회탐구 문제집 2권씩 챙겨가서 야자 시간에 몽땅 풀어버리고 집에 들고 왔던 기억이 있다.

아니면 시간이 오래 걸리는 고전문학 독해, 영어 독해, 영단어 암기 등을 하는 것도 좋은 방법이다. 천천히 고전 텍스트를 읽으면서 그 의미를 파악하면 제대로 내면화할 수 있다. 자습실이 쥐죽은듯이 조용하면 고전 텍스트 독해의 효과가 배가된다. 영단어의 경우 자습실이 좀 부산스러울 때 사용하면 좋은 방법이다.

하지 말아야 할 과목도 있다. 영어 듣기다. 혼자서 이어폰을 끼고 문제를 들어가면서 푸는 것도 쉽지 않거니와, 야자 도중 쉬는 시간 벨이라도 치면 듣기 평가의 맥이 끊어진다. 마찬가지로 논술을 하는 것도 권하지 않는다. 한 번에 2시간가량의 시간[35]이 연속적으로 필요하기 때문이다.

야자를 할 때 기억할 것은 하나다. 야자 시간에 이 공부 저 공부를 30분씩 쪼개가면서 하는 것은 쉽지 않다. 하루에 2시간짜리 공부를 2가지 정도 하는 것이 야자를 효과적으로 하는 방법이다.

---

35) 논술은 2시간(또는 주어진 시간) 이내에 글 한 편을 완성하는 것이 관건이다. 이 때문에 중간에 선생님이 공지사항을 말씀하시고, 또 저녁 시간이 있고, 중간에 쉬는 시간도 있는 야자 시간에 논술을 하는 것은 효과적이지 않다. 집중이 중간에 흐트러질 뿐 아니라, 깊이 있는 글쓰기를 하기도 어렵다.

04

영어 공부에서의 관리

"영어는 영어 강사가 가르치는 것 아니에요?"

영어 공부를 원장이 별도로 검사하여 체크하고, 거기에 듣기 평가까지 진행한다고 하자 한 학부형이 이야기했다. 영어 전공도 아닌 원장이 왜 나서냐는 것이다. "영어 수업은 선생님이 하고, 저희는 확인과 자습지도만 한다고 보시면 됩니다." 반신반의하던 이 학부형은 결국 고1 아이를 맡겼다. 그렇게 선희(가명)와 학원의 인연은 시작됐다.

진단 결과 선희의 성적은 중위권이었다. 영어는 절반 좀 넘게 맞았지만, 그중에서 듣기평가는 젬병이었다. 꾀해야 5개 맞는 수준이었다. 이 학생에게는 영어 관리를 중점적으로 시켰다. 하루에 영어 단어 50개 암기. 다음날은 잊어버려도 좋다는 조건이었다. 영어 독해는 정규반에서 듣되, 모르는 단어를 매일 노트에 정리하고 암기하게 시켰다. 듣기 역시 스크립트를 10번 암송하게 했다. 문법은 기초가 워낙 없어 중학교

영문법을 1개월 동안 과외를 시키고, 고교 문제집으로 6개월 동안 별도의 과외를 시켰다. 1년 후에는 어떻게 됐을까. 영어 3~4개 정도만 틀리는 실력으로 바뀌었다. 단지 영어 선생이 잘 가르쳐서였을까? 성적이 오르면서 선희는 단어 공부에 더 열중했다. 고교 졸업쯤에는 영어가 만점 가까이 나왔다.

강사 보는 눈만 높아진 '우등생(?)' 덕영이

고등학생 덕영(가명)이는 수업만 듣고 관리에 신경을 쓰지 않아 망가진 케이스다. 아버지가 큰 법인을 운영하고 있어 경제적으로 풍족했던 덕영이는 공부를 하지 않아 부모님의 걱정을 샀다. 학원도 한 해에 몇 차례씩 바꿨다. "밑져야 본전"이라는 심정으로 꾸준히 학원을 찾은 어머니의 열성 때문이었다. 대부분의 학원은 덕영이에 대해 손사래를 쳤다.

필자가 만났던 덕영이는 예상대로 영어에 기초가 없었다. 공부에도 열의가 없고, 그저 선생에게 하나부터 열까지 다 알려달라는 식이었다. 결국 1:1 지도로 전환했다. 강사가 학생의 수준에 맞게 A부터 Z까지 다 알려주고, 반복까지 시켰지만 덕영이의 모의고사 외국어영역 성적은 반타작을 간신히 넘는 수준이었다.

이유는 단순했다. 수능 영어를 응시할 사람이 단어를 외우지 않았기 때문이다. 단어를 모르니 독해가 되지 않았으며, 마찬가지 이유로 듣기도 유형을 파악하지 못해 오답을 찍는 경우가 많았다. 문법은 두말할 나위없이 다 틀렸다. 막판에는 "문법은 3번 찍어라"라는 이야기까지 했다. 하나라도 맞으라는 심정에서 말이다. 하지만 다양한 학원을 다녀본 덕영이는 강사를 보는 수준만 높았다. 강사들의 강의력을 비평하는 것은 물론, "남아서 단어 외우고 가라"는 원장에게는 '나머지 공부'를 왜 하느냐며 반항하기도 했다. 그 시간에 다른 과목 학원을 가겠다고 했다. 결국 어떻게 됐을까. 재수 끝에 지방에 있는 한 대학에 진학했다.

이 두 가지 사례는 필자가 영어 관리에 대한 중요성을 강조할 때 주로 드는 예시다. 영어 성적을 올리는데 5할이 강사의 능력이라면, 나머지 5할은 학생의 노력이다. 강사의 능력 부분인 5할도 학생의 노력이 밑바탕이 된 다음에서야 실현가능한 점수다. 영어는 '기본기' 없이 아무것도 할 수 없는 과목이기 때문이다. 독해에도 어휘력이 바탕이 되어야 하고, 문법을 가르쳐도 복습을 하면서 외워야 하고, 듣기 역시 스크립트의 문장들이 뻔하게 반복된다는 점에서 외워야 한다. 하지만 어지간한 학생들은 절대 이것들을 스스로 외우지 않는다. 아니 외우지 못한다. 이걸 꾸준히, 재미있게 외울 수 있도록 지도하는 것이 바로 영어 과목에서의 관리법이라 할 수 있겠다.

독해 후 단어 체크는 꼭!

영어의 기본은 외우는 것이다. '제2 언어로서의 영어(English as a Second Language, ESL)'도 아니고, 그냥 생(生)으로 외국어이기 때문이다. 앞서 이야기했지만 어차피 외워야 할 수험과목인 영어, 그중에서도 어휘를 어떻게 효과적으로 외울 수 있을지가 문제다.

단어를 외우는 것은 영어 공부에서 꼭 필요하다. 단어의 범위는 사실 한정돼 있다. 우선순위 영단어, 알짜 영단어 같은 단어집을 3~5회 독하고, 주요 독해 문제집을 풀 때마다 나와 있는 단어를 외운 후 쪽지시험 형식으로 단어를 체크하는 것이다. 그 중에서도 독해 문제집에 있는 단어를 외울 때는 부모의 역할이 많이 필요하다. 단어장은 단어가 하나의 책으로 정리돼 있기 때문에 외우는 것과 체크하는 것이 용이하지만, 독해 문제집의 경우 대부분 해설집에 단어의 뜻과 발음기호가 함께 소개되는 경우가 일반적이다. 문제집의 뒤에 있거나 별책으로 있는 경우, 학생들이 외울 가능성이 그만큼 적어진다. 따라서 부모가 자녀의 문제집에 있는 단어를 따로 정리해서 시험을 보고 또 체크를 해 준다면, 학원에서 돈 주고 하는 어휘 첨삭지도만큼의 효과를 볼 수 있는 것이다.

부모가 독해 자체에 대해서 간섭을 할 필요는 없다. 영어를 잘하는 부모더라도 독해에 간섭을 할 경우 아이가 부담스러워할 수 있다. 또한 추리상상적 사고를 바탕으로 빈칸에 들어갈 단어를 추론하는 문제 등에서 부모의 잘못된 편견으로 학생에게 그릇된 사고를 심어줄 수 있다는 문제점도 있다.

3단계 크로스 단어 체크

〈예시1〉

어 휘 확 인 학 습 점 검

1	fortune		31	aspire	
2	infuriate		32	provoke	
3	recur		33	mold	
4	disgust		34	before	
5	foretell		35	leave	
6	dissolve		36	sharp	
7	classic		37	move	
8	soar		38	notice	
9	donate		39	substitute	
10	swear		40	plain	
11	art		41	dedicate	
12	concentrate		42	mumble	
13	vote		43	overhear	
14	badly		44	arouse	
15	room		45	wear	
16	school		46	touch	
17	sense		47	yield	
18	converse		48	bearing	
19	end		49	credit	
20	figure		50	state	
21	word		51	register	
22	address		52	refrain	
23	capital		53	dread	
24	count		54	enchant	
25	hand		55	complicate	
26	lesson		56	manufacture	
27	do		57	defy	
28	miss		58	stoop	
29	fast		59	contrive	
30	free		60	save	

확 인	월 일	(사인)

어 휘 확 인 학 습 점 검

1	관대한		31	대답하다	
2	모욕적인		32	기부하다	
3	비꼬는		33	변장하다	
4	온유한		34	평가하다	
5	겁많은		35	교육	
6	보충하다		36	고안하다내다	
7	추궁하다		37	대화하다	
8	지지하다		38	통곡	
9	탐험하다		39	유의하다	
10	투자하다		40	닮다	
11	추구하다		41	낭비하다	
12	검사하다		42	체육	
13	활용		43	방해하다	
14	수용하다		44	빼다	
15	반응하다		45	조심하다	
16	소멸하다		46	안내하다	
17	청렴		47	예의	
18	옷을 입다		48	시들게하다	
19	기술하다		49	수확하다	
20	분류하다		50	민족	
21	남겨두다		51	등록하다	
22	분배하다		52	금지하다	
23	명백한		53	우울한	
24	양육하다		54	복잡한	
25	여분의		55	외국인	
26	생각이떠오르다		56	구하다	
27	지배받는		57	경례하다	
28	오래가다		58	규제하다	
29	감동시키다		59	숨다	
30	무료		60	처형하다	

확 인	월 일	(사인)

〈예시3〉

어 휘 확 인 학 습 점 검

번호	어휘	발음기호	뜻
1	ultraviolet	[ ]	자외선
2	underprivileged	[ ]	권리가 적은
3	controversial	[ ]	논쟁의
4	conviction	[ ]	유죄판결
5	hypothesis	[ ]	가설
6	illuminate	[ ]	비추다,밝게하다
7	daunt	[ ]	위압하다
8	via	[ ]	-을거쳐
9	deleterious	[ ]	해로운
10	dispatch	[ ]	전보
11	oscillation	[ ]	진동
12	derive	[ ]	끌어내다
13	detrimental	[ ]	해로운
14	versed	[ ]	정통한
15	distraction	[ ]	주의산만
16	concentration	[ ]	집중
17	sport	[ ]	운동
18	durable	[ ]	지속되는
19	autonomous	[ ]	자치권이있는
20	essentially	[ ]	본래
21	refined	[ ]	정제된
22	exploit	[ ]	공훈
23	abreast	[ ]	나란히
24	abrupt	[ ]	갑작스러운

확 인	월 일	(사인)

　단어의 체크는 위의 3가지 예시를 랜덤으로 섞어서 사용하면 된다. 첫 번째 예시는 일반적인 영어 쪽지시험의 형태로, 1단계 수준이다. 단어를 보고 한글 뜻을 쓰는 형식이다. 급할 때는 영어 단어를 부모가 읽어 주고 학생이 한글로 구술하면 되겠다. 두 번째는 스펠링에 신경 쓰는 2

단계 수준이다. 내신 시험을 앞두고 사용하면 좋다. '소비' 라는 뜻의 단어 'consumption' 에서 p가 묵음이거나 잘 발음이 되지 않는다는 점에 착안, 주관식 답안지에 p를 빼먹는 것과 같은 실수를 방지하기 위해서는 뜻을 제시하고, 그 스펠링을 적어 보는 쪽지시험을 봐야 할 때가 있다. 3번째는 발음기호를 검사하는 3단계 수준이다. 대개 뜻과 철자만 외우고 읽는 방법은 넘어가 버리는 학생들을 위한 쪽지시험이라고 할 수 있다. 읽는 방법을 모르고 영어 단어를 외운다면, 그 효과는 반감되고 암기의 기간도 줄어들어 며칠 뒤 기억에서 멀어질 수 있다. 이를 방지하기 위한 방법이라 하겠다. 3가지 방법을 랜덤으로 사용하면, 학생이 꼼꼼하게 외울 수 있다. 틀린 문제는 3일 정도 뒤에 반드시 재시험을 보는 것이 좋다.

듣기는 부모와 함께 외워라

'스크립트 외우기' 라고들 한다. 무식한 영어 듣기 방법이지만 그 효과는 가장 파워풀하다. 방법은 단순하다. 일단 듣기평가 한 회분을 듣는다. 그리고는 채점을 한다. 당연히 많이 틀린다. 그러면 해설지를 보면서 해설을 이해한다. 그리고는 스크립트에서 모르는 단어를 외운다. 마지막으로 스크립트 자체를 암송한다. 대개 10회 정도 암송하면 안 보고 외울 수 있다. 그리고는 넘어간다. 물론 이 과정에서 단어는 별도로 정리해서 체크를 한다. 이런 방식으로 주당 2회씩 52주(1년)를 하면 100회분에 가까운 듣기평가를 외워버리게 된다. 필요하면 한 번 더 반복해도 좋다. 무식해 보이지만 수능 듣기의 상당수가 EBS 스크립트를 약간 비틀어서 낸다는 출제경향을 감안한다면 효과적이다. 독해나 문법은 약간만 비틀어도 새로운 지문처럼 느낄 수 있지만, 듣기는 비틀어 봤자 외운 스크립트에서 크게 차이가 안 나기 때문이다. 잘 모르겠으면 그냥 EBS 듣기 문제집만 마구 반복하면 된다.

듣기는 부모와 자녀가 함께 외우는 것을 권한다. 부모와 자녀의 수준도 비슷할 뿐더러, 듣기의 경우 외국 방송을 보거나 비즈니스 등 부모에게도 충분히 도움이 되기 때문이다. 따라서 함께 외우고, 함께 듣고, 함께 생각하는 것이 좋다. 나도 영어를 다시 배우고, 자녀의 듣기 성적도 만점 맞게 하는 방법이다. 학원에서도 영어강사들이 귀찮다는 이유로 듣기를 약간 소홀히 하고, 가르치기 편하고 폼나는 문법과 독해에 치중하는 경향이 있다. 그 빈 틈을 부모가 채워줘야 한다.

문법에는 부모의 개입 신중해야

흔히 '구닥다리 영어'에 일가견이 있다는 아버지들이 가끔 낭패를 보는 대목이다. "선생님, 제가 학력고사 때 영어 만점을 받아서요. 영어는 제가 집에서 가르치겠습니다."라며 자신 있게 이야기했지만, 정작 문법을 가르치려고 하면 쉽지 않다. 아버지가 공부할 때는 성문종합영어만 달달 외우면 그 문제 그대로 시험에 나왔는데, 요즘 문법 문제는 지문을 읽다가 틀린 것을 바로 잡아야 할 때도 있고, 빈칸에 들어갈 단어를 골라야 하는데 각 단어의 뜻이 제각각인 경우도 다반사다. 이런 과정에서 '부정사의 용법', '시제의 종류' 같은 수준으로 문법을 가르쳐봤자 도움이 되지 않는다. 또한 행여나 부모가 정확하지 않은 지식으로 문법을 가르치다가 오히려 자녀의 성적을 떨어뜨릴 가능성이 있다. 시간이 조금 더 걸리더라도 학원에서 차근차근 가르칠 필요가 있다.

05

사회탐구
관리는 어떻게

66 요즘 사회탐구 학원에 다니는 학생들은 별로 많지 않다. EBS
에서 거의 출제된다면서 "고3 때 EBS 풀면 되겠네"라는 안
일한 생각하고 있다가, 고2 방학 때 인강 수강해서 앞부분 듣
다가 말고, 고3 되어서는 그냥 포기하다시피 하는 경우가 있
다. 하지만 엄연히 사탐은 충분한 배점이 있어 중요하다. 조
금만 잘 관리하면 수능 총점을 10~20점도 올릴 수 있는 것이
바로 사회탐구다. 하지만 사회탐구는 철저히 암기 위주다. 주
입식 교육의 끝을 보는 것 같다는 이야기까지 나온다.

신세한탄할 시간에 빠른 암기법, 효과적인 암기 확인법을 찾
아보는 것이 빠르다. 여기서 부모가 해 줘야 할 부분은 암기
확인이라 할 수 있다. 교과서를 쭉 읽고 주요 단어를 외우며,
문제집을 풀어 보는 것은 스스로 할 수 있다. 그런 공부의 빈
틈을 메워주는 것이 부모표 관리법의 목표라 할 수 있겠다.
여기서는 사회탐구를 독학하는 학생이 많다는 점을 감안, 10

점을 더 올릴 수 있는 공부법 위주로 서술하였다. 관리를 하는 학부형들은 이 공부법에 따른 포인트 위주로 공부 내용을 체크하면 될 것이다.

국사는 그림 · 도표 · 제목 위주로 외워라

사회탐구에서 가장 공부하기 난해한 과목이 바로 국사다. 물론, 일부 공부 안 하는 학생들은 다른 과목에 비해 국사 점수가 잘 나온다면서 '자신있는 과목' 운운 할지도 모른다. 하지만 이는 TV에 나오는 사극의 영향이다. 막상 다른 과목과 함께 공부 좀 해 보면 현실이 그렇지 않다는 점을 알 수 있다.

대부분의 학생들은 국사 공부를 어려워한다. 책을 읽고 이해하는 것은 어렵지 않은데, 정작 문제를 풀 때는 아리송한 두 개의 보기 사이에서 고민을 하고, 결국 오답을 선택하게 된다는 것이 그 이유다. 그것이 바로 국사 문제의 묘미라 할 수 있다. 역으로 정확한 인물과 뜻, 맥락을 알고 있으면 절대 오답을 할 수 없다는 이야기이기도 하다.

◀ 단양 적성비

◀ 중원 고구려비

  위 그림은 필자가 국사 책에서 그림 또는 사진이 갖는 중요성을 강조할 때 주로 예를 드는 사진이다. 두 개의 그림 차이는 무엇일까. 하나는 단양적성비다. 충북 단양에 있고 신라가 단양 일대의 고구려 영토를 차지하여 국경을 넓힌 내용이 담긴 기념비이다. 다른 하나는 중원 고구려비이다. 충북 충주에 있으며, 5세기 고구려에서 만들어진 것으로 추정된다. 남한에 있는 유일한 고구려비로, 광개토대왕 때 만들어졌다는 학설도 있으나 고구려의 영토 확장이 두드러졌던 시기인 장수왕 때 만들어졌다는 학설이 지배적이다. 한반도 중부 지역을 두고 삼국 영향력의 부침(浮沈)에 따라 국경이 달라지는 모습을 볼 수 있다.

  이 두 개의 그림이 중요한 이유는 두 비석을 구별하는 것이 어렵기 때문이다. 의외로 많은 학생들이 두 비석이 헷갈려 오답을 찍는다. 왼쪽 귀퉁이가 부서져 있으면 중원고구려비, 오른쪽에 금이 가 있으면 단양

적성비이다. 국사책에 나오는 비석 사진은 이 두 가지가 거의 유일하다. 사진이 아닌 한문 글귀로 나오는 '국강상 광개토경 평안호태왕' 구문 정도가 더 있겠다. 교과서의 사진을 주로 사용하는 수능 경향을 생각하면 무조건 외워둬야 하는 사진이다.

이 비석 사진과 함께 연관해서 외워야 하는 것은 고구려 · 백제 · 신라 삼국의 흥망성쇠를 나타내는 3가지 시대다. 교과서별로 나름대로의 그림으로 ① 고구려의 영토가 컸던 시기 ② 백제의 영토가 컸던 시기 ③ 신라의 영토가 컸던 시기 등을 나타내고 있으니 꼭 알아 두어야 한다. 각 시대별 유물 또는 주요 인물과 연관 짓는 것 역시 중요하다. 그것이 바로 그림으로 풀어보는 수능 국사다.

그렇다면 엄마는 어떻게 아이를 관리할 수 있을까. 국사책의 그림(사진 포함)을 '단어장' 형태의 노트에 붙인다. 그림은 보통 100개 정도가 될 것이다. 요즘에는 국사 교과서 속에 있는 그림만 모아서 발간한 참고서가 있으니 그걸 두 권 사서 잘라 붙여도 된다. 그리고 나서는 자녀에게 각 뒷장에다가 그 시대와 연관된 개념을 적으라고 하면 된다. 그림이 무엇이고, 그 시대는 언제인지 말이다. 공부를 꾸준히 한 학생이라면, 그 시대에 연관된 문화 · 경제 · 산업 · 군사 · 외교 이슈를 키워드 정도만 적어두라고 해도 좋다.

엄마는 그 단어장을 바탕으로 가끔씩 체크만 하면 된다.

"이 그림은 뭐니?"

"이 그림이 있던 시기에는 누가 집권했고, 당시 정세는 어땠니"

"ＯＯＯＯ는 이때 유물이 맞니?"

모르면 인터넷을 찾아보면 된다. 그럴 때 쓰라고 있는게 인터넷이다. 바로 스마트폰이나 노트북으로 검색한다. 이렇게 하면 그림 형태로 출제되는 통합교과 문제에서 100% 적중이 가능하다.

연표 역시 빼놓을 수 없다. 대다수의 학생들은 국사를 통시적으로 이해하고 공부하는 능력이 부족하다. 이럴 때는 큰 종이 한 장에 국사책을 완전히 요약하는 방식으로 접근해야 한다. 2000년대 초반까지의 우등생들은 A3 용지 앞뒤에 고조선부터 일제시대까지 깨알 같은 글씨로 요약했다. 다른 학생들은 이걸 큰 글씨로 복사를 했다. 필자 역시 친구들별로 다른 버전의 연표를 몽땅 복사해서 집안 벽에 붙여놓고 매일 암송했던 기억이 있다. 연표를 놓고 외우는 이유는 국사 수업시간에 배웠던 내용을 상기시키는 동시에 각 시대와 연관지어 외우기 위해서다. '소도'가 단지 삼한 사회에서 제사를 지내는 신성한 구역이었고, 이곳에서 제사에 참석하는 자는 죄인이라도 처벌하지 않았다는 내용만 외워서는 부족하다. 삼한 시대에는 어떤 나라가 있었고, 이때의 정세는 어땠다 정도는 알아야 한다. 이를 위해 연표가 필수적이다.

수능이나 내신시험을 앞두고 교과서의 제목별로 마무리를 해야 한다. 각 소(小)챕터의 주요 단어를 지문으로, 챕터들의 소제목을 보기로 제

시하는 경우가 있기 때문이다. 단순한 비유를 하나 들자면,

문제〉소지섭, 이연희, 김수로, 장동건의 공통점은?

① 한류스타   ② 가수 겸 배우   ③ 코믹 배우   ④ SBS 출연 배우

답은 4번이다. 한류스타가 아닌 사람이 있고, 가수를 겸업하지 않는 배우도 있으며, 코믹 연기를 안 해본 배우도 있기 때문이다. 글을 작성한 시점에 소지섭과 이연희는 드라마 '유령', 김수로와 장동건은 드라마 '신사의 품격'에 출연했다. 책을 찾아보면 'SBS 출연 배우'라는 챕터 안에 "드라마 '유령'은 첨단수사 드라마로 소지섭과 이연희가 주연이며, 장동건의 컴백으로 관심을 모은 '신사의 품격'에는 김수로와 김민종의 코믹 연기도 돋보였다"는 식의 서술이 있을 것이다. 이해를 돕기 위해 연예인을 예로 들었지만, 국사 시험 문제 중 반드시 이런 유형의 문제가 한 문제 정도는 꼭 나온다. 따라서 마지막 정리 과정에서는 교과서의 소제목별 정리를 소홀히 해서는 안 된다.

근현대사는 인물 위주로

근현대사의 경우 논란이 많다. 왜냐하면 당시에 살았던 인물들이 아직 실존하는 경우가 많기 때문이다. 논란이 될만한 의미 부여나 역사적 평가에 대해서는 말을 아끼는 경우가 다반사다. 따라서 현대사를 공부할 때는 인물 위주로 해야 한다. 각 인물이 어느 시대에 있었는지, 그 시대에 세계적인 이슈는 무엇이었는지, 그 인물의 주요 업적은 무엇인지, 반대파는 없었는지 정도를 외워주면 된다.

현대사 파트에서는 이따금씩 오늘날의 현실과도 연관된 문제가 나온다. 엄연히 지금 이 순간도 현대사의 한 시점이기 때문에 일견 타당하다. 이는 신문을 꾸준히 읽으면서 이슈를 챙겨야 한다. 시간이 없다면 등하교시 집에 있는 신문의 1면 톱이라도 읽어보는 습관을 기르기 바란다. 시간이 된다면 신문의 종합면과 국제면, 사회면 정도는 챙겨봐도 좋다. 단, 경제면, NIE면은 보지 않아도 된다. 민감한 경제 이슈는 수능에 나오지도 않을 뿐더러, 사회적 평가가 엇갈리기 때문이다. 또한 최근 일간지들의 경제 섹션은 좀 성의 없게 만드는 경우가 많아 별로 읽을 만한 기사가 없다는 평도 독자들 사이에서 나온다. 파괴력 있는 기사는 대개 경제 섹션 말고 본지에 들어온다.

모두가 기피하는 윤리, 그 공부법은

윤리는 어렵다는 이유로 학생들이 기피하는 경우가 많다. 하지만 비교적 단순하기 때문에 한 번 외워두면 대부분 만점을 획득할 수 있는 과목이기도 하다. 필자의 경우 중위권 이상의 학생이라면 과감히 윤리를 선택하기를 권유했다.

윤리에서 가장 많이 틀리는 파트는 서양철학이다. 서양철학 파트는 앞서 제시한 국사의 연표 방식으로 자신이 정리하는 것이 가장 효과적이다. 아니면 윤리 강사들이 정리한 B4~A3 사이즈의 1장짜리 요약에 자신이 못 외우는 부분을 깨알같이 적어도 된다. 한국 교과 과정에서 윤리과목의 서양철학 파트는 키워드와 해당 인물 정도를 연관짓는 수준에서 출제되기 때문에 키워드 위주로 적어놓고, 그 종이를 금과옥조(金科玉條)처럼 반복하여 외우면 된다.

주요 키워드를 외워 두는 것은 문제풀이 속도를 높이는 지름길이라 할 수 있다. 이데아-플라톤, 무위자연(無爲自然)-노자, 네 자신을 알라-소크라테스, 유신론적 실존주의-키에르케고르, 실존은 본질에 앞선다-사르트르 이런 식이다. 물론 동·서양 철학사를 전공한 전문가들이 보면 탄식을 할만한 수준이겠지만, 수능에서는 분명히 효과가 있다. 단순하게 기억해야 절대 잊어버리지 않는다. 각 키워드별로 인물을 연관해서 외워두면 그 다음에 통합교과적으로 추론을 하는 것도 쉽게 풀어낼 수 있다. 인물을 다르게 기억하고 있으면, 제 아무리 사고력 있게 판단해도 틀리게 되는 것이다.

동양 철학은 인물과 말씀 위주로 외워야 한다. 동양 철학사에 나오는 인물들이 남긴 말은 주로 한자어인 경우가 대부분이다. 한자어의 뜻까지도 기억해 줘야 한다. 도표로 논쟁을 정리해야 할 때도 있다. 이(理)가 먼저냐, 기(氣)가 먼저냐는 논쟁이 그렇다. 이럴 때는 표 형태로 그림을 그린 다음 이(理)를 왼쪽, 기(氣)를 오른쪽에 놓는다. 그리고는 상대방에 대한 반박을 화살표를 치고 적어두면 된다.

확인은 어떻게 하면 될까. 자녀가 공부하면서 적어둔 노트를 보고, "이거 설명해 보라"는 식으로 설명하면 된다. 아니면 "기는 이에 대해 뭐라고 비판을 했을까" "이발기승(理發氣乘)은 누가 말했을까(정답: 이이)" 같은 질문이면 적절하다.

법과사회 · 사회문화는 개념 위주로

법과사회는 이전에 공통사회, 정치 등의 과목에 나누어 수록되어 있던 파트를 하나로 묶은 것이라고 할 수 있다. 상대적으로 쉽다는 점에서 학생들이 많이 선택한다. 사회문화 역시 공부 한자 하지 않아도 많게는 80%까지 득점할 수 있기 때문에 일반계 중위권 학생들이 선택하는 경우가 많다.

법과사회, 사회문화에서 오답을 하는 경우는 개념을 풀이하는 문제일 것이다. 법과사회는 교과서에 나오는 몇 가지 주요 법령 및 법 개념에 대해서 기억하고, 사회문화는 인류학적 개념 등 몇 가지만 외워두면 된다. 교과서 전체를 통틀어 20여 가지가 채 안 된다. 그리고는 교과서를 처음부터 끝까지 다섯 번 정독하고 문제집 한 권 정도 풀어보면 상당 부분 맞출 수 있다.

어려운 과목은 과감히 버려라

학생들 사이에서는 본인의 실력으로는 만점을 못 맞을 선택 과목을 "학교에서 가르친다"는 이유로 선택하는 경우가 있다. 경제, 세계사, 지리(세계지리, 한국지리, 경제지리[36]) 등이 그렇다. 상위권(10% 이내) 학생이 아니라면 선택하지 않는 것이 낫다. 필자도 하위 30% 학생에게 경제를 과외하다가 정말 애를 먹었다. 아무리 가르쳐도 이해를 하지 못

---

36) 미대를 지망하는 학생들은 지리 교과가 더 나은 경우도 많다. 그림을 그리기 때문에 지도 및 도표 인지 능력이 뛰어나기 때문이다. 상담을 통해 3가지 사회탐구 선택 과목을 세계지리, 한국지리, 경제지리로 선택하는 경우도 있다.

했다. 경제는 그래프 이해가 문제 풀이의 절반을 차지할 정도로 중요하다. 세계사는 통시적 관점이 국사보다 더 많이 필요하다. '오스만 제국 시기에 동양에는 어떤 나라가 있었는가'와 같은 주제에 대해 이야기할 수 있어야 하는데, 중하위권이 하기에는 무리가 있다. 지리 역시 윤리보다 더 꼼꼼하게 외워줘야 한다. 따라서 현명한 선택이 필요하다. 반타작도 못하는데 끙끙대면서 경제를 붙들고 있지 말고 그냥 사회문화를 공부하라는 이야기다. 하위권 이과 학생이 물리2를 선택해서 계속 공식이나 외우고 앉아 있는 것과 같은 이치다. 고2 초반에 얼른 생물2나 화학2로 갈아타야 한다.

06

부모님이 챙겨주는
암기과목 관리법

66 이번에 얘기할 메인 타깃은 중학생 자녀를 둔 부모이다. 고교
생들의 경우 중학교 때의 시행착오로 기본적인 암기과목 준
비는 다 몸에 익었기 때문이다. 매 학기 중간·기말 고사 기
간마다 질문을 받는 내용은 "도대체 어떻게 암기과목을 준비
할 수 있을까."이다. 부모가 한 번 거들어 주면 아이의 성적
이 5점씩 오르는 암기과목 관리법을 알아봤다.

그림카드를 만들자

채썰기와 깍둑썰기의 차이점은 무엇일까. 어슷썰기는 무엇일까. 깍둑
썰기는 주로 깍두기를 만들 때 쓰고, 정육면체 또는 직육면체 모양으로
잘라 한 입에 먹기 편하게 만드는 것이 특징이다. 채썰기의 경우 얇게
채를 썰듯이 자르는 방법으로, 파무침이나 오이, 배를 썰 때 주로 사용
한다. 물론 살림을 해 본 부모 입장에서는 "이게 무슨 공부냐"는 말이
나올 법 하지만, 엄연히 교과 과정이고, 남학생들이 특히 어려워 하는
부분이다. "채썰기와 어슷썰기가 헷갈린다"는 아이들도 있다.

이런 경우에는 그림카드 형식을 응용하는 것이 좋다. 도화지 재질로 된 단어장을 큰 사이즈로 구입, 앞면에는 사진을 붙이고 뒷면에는 이름을 적으면 된다. 그림이 헷갈려 2문제를 틀리는 남학생들에게는 제격인 방법이다. 필자는 중1 남학생의 과외에서 이 방법으로 점수를 꽤 올린 경험이 있다.

이 방식은 국사에서도 사용할 수 있다. 국사는 교과서에 나오는 그림만 모아서 낸 문제집이 있을 정도로 그림이 차지하는 비중이 크다. 이럴 때 앞에서 설명한 그림카드 방식으로 국사책에 나온 유물 사진들을 암기할 수 있다.

블랭크(blank) 치기

한글로는 '빈칸'인 블랭크를 친 본문을 제시하는 방법은 암기과목의 학교 시험에서 단골 출제 요소다. 엄마가 교과서를 복사해 블랭크를 몇 개 치고 주면 시험 직전 좋은 암기 도구가 될 수 있다. 방법은 교과서를 복사한 다음, 주요 단어에다가 수정액을 칠하면 된다. 아래의 예시를 보자.

물이 높은 곳에서 낮은 곳으로 흐르듯이, 전선에 전기가 흐르려면 전기도 높이의 차이가 있어야 한다. 이러한 전기의 높이차를   (이) 라하며 단위로는   를 사용한다. 건전지와 꼬마전구를 연결한 전기회로에서 꼬마전구에 불이 켜지는 이유는 전원으로 사용한 건전지의 (+)극과 (−)극 사이에 전기의 성질을 띤 물질, 즉 전자가 전선을 따라 이동하기 때문이다. 이와 같은 전자의 이동을   (이)라 하며 단위로는   를 사용한다.

여기서 빈 칸에 들어갈 단어는 차례대로 '전압, 볼트(V), 전류, 암페어 (A)' 이다. 사실 이 개념들을 모르는 것은 아니지만, 대개 암페어를 '암 패아' 로 써서 오답처리 되거나, 암페어의 표기를 소문자 a로 썼다가 틀 리는 경우를 방지할 수 있다. 사회 교과에서는 인물 이름을 헷갈리는 경우가 있는데 이 블랭크 기법으로 막을 수 있다.

시간 없으면 구술로, 한자·제2외국어는 '써보기'

시간이 없는 학부형들은 별 생각하지 말자. 그냥 자습서를 하나 사서 구술 문답식으로 물어보면 된다. 밥상머리에서 확인하는 것이다. 저녁 식사 또는 간식을 먹을 때 슬쩍 물어보는 방법으로, 자녀의 반항도 나 름대로 적다는 점에서 좋다.

"내일 시험 뭐 보니? 엄마랑 같이 확인할까?"

정도로 시작해 볼 수 있다. 교과서를 펴고 부모가 모르는 것들 위주로 물어보면 그게 바로 요점 체크라 할 수 있다.

"옴의 법칙 말해봐"
"전류는 전압의 크기에 비례하니, 반비례하니"
"봄철 계절 음식에는 뭐가 있을까?"

와 같은 질문이면 된다.

완전한 암기과목은 아니지만, 제2외국어나 한문 같은 과목은 작문을 구술로 시키는 것이 꽤 도움이 된다. 부모의 권위도 세우고, 시험 점수를 올리는데도 도움이 된다는 점에서 꽤 괜찮은 방법이라 할 수 있다. 부모가 문장을 한글로 읽으면 자녀가 외국어로 적을 수 있도록 지도하자. 특히 한자는 필순이나 획수가 틀리면 바로 오답이다. 제2외국어 역시 표기를 잘못하면 바로 오답이 된다. 꾸준한 학습으로 주관식 훈련을 극복하는 것이 중요하다.

아이가 암기과목 요약 노트를 못 만들어요.

요즘 학부형들은 별 걸 다 걱정한다. 암기과목 요약 노트를 엄마가 대신 만들어 줄 참인가. 물론 이 책에 나오는 관리기법의 상당수는 자녀가 스스로 하기에 귀찮지만, 막상 하면 효과가 있는 것을 부모가 거들어 주는 것이 주요 내용으로 수록돼 있다.

하지만 암기과목 요약 노트 자체를 만들어 줄 필요까지는 없다. 부모는 보조적 조력자일 뿐이다. 더구나 부모가 만들어 준다고 해서 자녀의 점수가 오르지도 않기 때문이다. 게다가 암기과목은 별도로 요약 노트를 만들 필요도 없다. 이미 자습서에 다 요약이 되어 있기 때문이다.

정 암기과목에 자신이 없는 자녀라면, 요약노트 대신 키워드만 정리하면 된다. 예컨대 신사임당, 율곡이이, 정도전, 이순신, 세종대왕, 측우기, 훈민정음 등의 키워드를 정리하는 식이다. 그리고는 하나씩 운을 뗀다. "신사임당"하면 신사임당에 대해서 자녀가 말하게 하는 식이다. 그러면 신사임당에 대한 내용은 정확히 암기가 되고, 별도의 요약 노트도 필요 없다. 잘 모르겠으면 자습서를 보고 다시 외우면 된다.

부모의 관리에 있어서 주의할 점

아무리 이 책이 사교육비를 절감하고, 싸게 자녀를 가르치는 왕도(王道)를 담은 책이라 하더라도, 결코 "부모가 봐 주는게 만능이다"라는 이야기를 하지는 않는다. 이 책의 3장에서 서술하는 관리기법은 일종의 '자기주도학습'을 위한 보조적인 조력 방법이며, 사교육이 필요한 학생에게는 반드시 적절한 학원이나 과외가 수반되어야 우수한 성적이 나온다.

부모가 관리에 나서면 오히려 성적이 떨어지는 사례도 있다. 필자가 지켜봤던 한 학생 역시 그랬다. 사교육을 시키지 않으면 불안해했지만, 자습(복습)의 영역에서는 엄마가 나서기를 좋아했다. 특별히 사대를 나오거나 학원 강사를 했던 것도 아닌데, 이 엄마는 유독 아이의 공부에 신경을 쓰면서 사사건건 간섭을 했다. 학원 강의 진도에 시비를 거는 것은 기본이고, 학원 교재 선택까지도 "이 교재가 좋다"면서 언성을 높였다. 강사들은 "이런 극성 엄마는 처음"이라며 "아이가 별로 실력이 없는 것이 더 신기하다"고 했다. 10년 이상의 경력이 되는 강사들은 한눈에 그 학생의 문제점을 파악했다. 엄마는 들은 게 많아서 이런 저런 훈수를 두는데, 아이는 변변한 공부를 해 본 적이 없다는 점이다. 그 중에서도 영어와 수학의 기본기가 부족했다.

관리를 잘 하면 좋지만, 잘못할 경우 아이를 망칠 수 있다. 아이를 망치지 않기 위한 '관리 시 주의할 점'을 알아봤다.

수학에 참견하면 반드시 재수한다

수학이 중요하다는 것은 모두가 알 것이다. 문제는 아버지들이 중요한 과목이라는 생각에 자꾸 참견을 한다는 점이다. 특히 수학 문제를 직접 풀어주겠다면서 나서는 아버지들이 가장 위험하다. 중학교 이후에 아버지가 나서면 아이의 학력 수준이 떨어질 수 있다는 점을 반드시 기억해야 한다. 과학 역시 마찬가지다. 아버지, 어머니가 과학을 알아봤자 얼마나 알겠나. 괜히 잘못 확인했다가 아이의 지식을 잘못된 방향으로 흐르게 할 수 있다. 얼마전 신문에서 "학원비가 없어 아버지가 수학 가르친다"는 기사를 보고 깜짝 놀란 기억이 있다. 가정 형편이 어려우면 EBS나 인강 사이트를 이용하길 바란다. 수학 · 과학 과목에 아버지가 나서면 될 일도 안 된다.

아빠 전공 뽐내지 마라

필자가 기억하는 한 친구는 아버지가 명문대 영문과 교수였다. 고교 중간고사 정답에 대해 아버지가 불만을 갖고 편지를 보냈다. 영어 어학 이론으로 봤을 때 문법 문제의 답이 1번과 2번 복수 정답이 되어야지, 2번 단독 정답은 안 된다는 이야기였다. 물론 그 당시에는 교사가 복수 정답을 인정해 줬지만, 수능에서 복수 정답 이의신청이 받아들여지기란 하늘의 별 따기다. 아버지만 믿고 소수 답안을 과감히 찍었다가 오답이 될 수도 있는 것이다. 실제로 필자와 만났던 한 현직 수학 교사는 "학생이 시험 답안에 어필하는 습관은 장기적으로 득보다 실이 더 많다"고 했다.

이 분은 그나마 명문대 교수라도 됐다. 그렇다면 대다수의 학부 출신 아버지가 나선다면 어떻게 될까. 어쭙잖은 어학 이론, 공학 이론 등으로 나섰다가 문제 몇 개를 더 틀릴 수 있다. 몇 문제를 이렇게 틀리면 자녀의 대학이 바뀔 수 있다는 것을 알아야 한다.

암기과목은 '책 보고' 체크하라

사회탐구 과목 또는 암기과목에 대해 체크를 할 때, 책을 보지 않고 확인을 하다 보면 실수가 있을 수 있다. 가령 센카쿠 열도에 대해 일본과 중국이 영유권 다툼을 하고 있는데, 엄마 혼자서 일본과 베트남 간 영유권 갈등이라고 착각하고 있는 경우다. 물론 책을 읽는 학부형들이야 "어떻게 저런 것을 모를 리가 있느냐"고 말하지만 엄연한 현실이다. 국사의 경우 더욱 그렇다. 학창시절 국사 공부 좀 안 해 본 엄마가 어디 있겠나. 가정 · 기술의 경우도 그렇다. 시침질하는 방법, 음식에 들어가는 재료(recipe) 등 다양한 분야에서 엄마와 교과서의 간극이 있다. 절대 나서지 말고 '교과서대로' 확인하라. 수험장에서는 교과서가 법이다.

자녀를 믿지 마라

쓸쓸한 내용이지만 학생들은 아직 애다. 어른이 아니라는 이야기다. 만화책이 보고 싶거나 공부하기 귀찮아서 공부를 소홀히 할 가능성이 충분하다. 그걸 하나하나 체크하고, 꾸준히 공부를 이어갈 수 있도록 이끌기 위해 관리를 하고 진도를 체크하는 것이다. 하지만 자녀가 "공부했다"고 말한 것에 대해 순진하게 믿어버리는 순간, 자녀의 진도에 대한 부모의 장악력은 떨어진다. 자녀는 공부를 안 하고서도 했다고 하니, 비어버린 진도를 채울 기회도 없어진다. 엄마와 자녀 사이에 '공부한 것'이라는 붕 뜨는 내용이 생겨나는 것이다.

진도는 꼼꼼하게 체크해야 한다. 그리고 딴짓 하느라 빼먹은 부분이 있으면, 잘 타일러서 공부를 하게 해야 한다. 그렇지 않고 '혼날까봐 공부했다고 거짓말했다'거나, '공부했다고 해서 확인 안 했다. 그 파트는 실력이 될 것'이라고 믿고 있다가 고3 때 낭패를 볼 수도 있다. 대개 고1 때 함수 파트를 제대로 공부하지 않았거나, 과학에서 물리파트 중 운동의 법칙 부분을 스킵한 경우, 영어에서 문법책 중 가정법·특수구문·시제 등을 빼먹고 책을 '완독'한 경우 등을 예로 들 수 있겠다. 하지만 너무 검열하듯이 체크하기 보다는, 부드럽게 점검하되, 꼼꼼하게 복습하도록 유도하는 것이 올바르다.

자녀의 스펙 관리, 뭘 어떻게 해야 하나

각 과목별 자녀 공부 관리법에 대해서 강의를 하면 으레 받는 질문이 있다.

"스펙은 어떻게 관리해요?"

"사실 스펙은 관리보다는 스스로 잘할 수 있게 방임을 하는게 나은데…"라는 생각이 들기도 하지만, 나름대로의 방법을 세우도록 조언한다. 자녀의 발전을 위해 스펙까지 고민하는 부모님들의 사랑을 저버리기도 난감할 뿐더러, 잘못된 '스펙 멘토(?)'들의 말에 호도되는 일을 방지하기 위해서다. 게다가 요즘 사교육계에는 불황을 타개하기 위해 스펙 관리나 자소서 대필, 면접 시뮬레이

션까지 하는 학원도 생겨나고 있다. 하지만 이들 중 상당수는 스펙 비전문가다. 이 책에 스펙에 대한 내용을 넣는 이유 역시 "학원에서 스펙으로 속지 말라"는 취지에서다.

요즘 '스펙 쌓기'라는 말은 신문지상에서 별도의 각주 하나 없이 나올 정도로 일반 명사가 됐다. 생산제품의 조건을 나타내는 'specification'에서 유래됐다고 하지만 정확한 어원은 전해지지 않는 단어다. 스펙이 중요시되는 풍조는 입학사정관제가 도입되고, 이른바 대외활동이 얼마나 중요할지에 대해 감을 잡지 못한 상황에서 "되는대로 열심히 해 보자"는 심리 때문에 생겨났다고 한다. 반은 맞고 반은 틀렸다. 진로 목표, 학업 과정과 연관이 있는 스펙의 경우 '스토리가 있는 스펙'으로 인정받을 수 있겠지만, 닥치는대로 이것저것 하는 경우에는 큰 도움이 되지 않는다.

하지만 현실은 그리 녹록지 않다. 당장 회사에만 가도 "삼촌 덕분에 어디서 인턴하면서 경력을 쌓은게 수시 때 면접 질문으로 나오더라"는 이야기가 나온다. 필자가 재직하고 있는 중앙일보 산하 영자지 중앙데일리에서 고교생 인턴 기자를 선발한다. 기자의 삶을 체험하고, 독자로서 생각을 정리하는 기회를 주는 것인데, 매년 수백 명의 지원자가 도전한다. 영어가 꽤 유창해야 한다는 전제가 있는데도 말이다. 학생들의 경쟁 열기를 느낄 수 있는 대목이다. 이런 와중에 자녀로부터 "나는 아버지가 뭐 안 해 줄까"라는 이야기가 나올 법하다. 하지만 대학 교수도 아니고, 유엔 직원도 아닌 아버지가 특별히 해 줄 것이라고는 진로에 대한 환상을 버리라는 이야기 뿐. 아이는 실망만 한다.

그렇다면 평범한 직장인 아버지가 자녀를 위해 해 줄 수 있는 효과적인 스펙 관리 및 지도법은 무엇이 있을까. 권지용 TND인재개발연구회 회장(연세대 전기전자공학과 박사과정 수료), 김태호 한국경제 기자(부산일보 주최 대학생 토론대회 우승자 출신), 조현우 멘토(SBS미디어크리에이트, 전 스펙업 Q&A멘토), 백재영 멘토(성균관대 경영학과, 삼성카드), 조영석 박사(컬럼비아대)와의 공동연구를 바탕으로, 부모가 손쉽게 지도할 수 있는 스펙 가이드를 소개한다.

'하나의 주제가 있는 스펙'이 중요하다

"스펙은 왜 필요한가"라는 질문에는 "대학 잘 가려고"라는 답 외에 다른 것은 생각하기 힘들다. 대학에서도 사실 똑똑한 학생을 뽑고 싶은데, 이를 완곡하게 말하려니 참 어려울 것이다. 지원자와 선발 대학이 서로 돌려서 말하다가 나온 용어가 바로 '잠재력'이다. 사실 미국 대학에서는 정말로 잠재력이 있는 학생을 뽑으려고 노력한다고 한다. 다른 성적 지표가 낮더라도 게임에 빠져 천부적인 아이디어와 창의력을 가졌다면 명문대 컴퓨터공학과에 입학하는 일이 미국에서는 흔하다.

하지만 한국에서는 그렇지 않다. 일단 창의적인 인재가 없다. 입시 지옥에서 무슨 창의력이고 잠재력이란 말인가. 고만고만한 학생 사이에서 그나마 잠재력이라는 지수로 평가할 만한 아이를 선발하면 그만이다. 하지만 고교생이 무슨 잠재력을 어필할 포인트가 있겠나. 정말로 학교에서 공부 열심히 하고, 선생님 존경하던 아이들은 아무런 잠재력 어필 포인트가 없다. 이 때문에 '엣지'를 찾아야 하고, 그것이 스펙이 된다.

스펙은 내가 '어떤 인재인지'를 나타낼 수 있어야 한다. 이를 위해 '테마가 있는 스펙'이 필요하다. 자신이 지원하려는 대학의 학과에서 어떤 공부를 하고, 이를 바탕으로 어떤 사람으로 클지를 제시할 수 있어야 한다. 그 목표를 위해 학창시절 어떤 생각을 했고, 어떤 준비를 했는지까지도 맥을 같이 할 수 있어야 한다. 즉, 하나의 '테마'로 일목요연하게 연결될 수 있어야 한다는 이야기다.

또한 잠재력의 측면에서 본다면, 스펙은 작은 것에서 큰 것으로 차근차근 쌓아가는 모습이 보여 주어야 한다. 작은 환경 활동에서 시작해, 환경 글쓰기 대회에서 입상하고, 더 나아가 지역사회에서 작은 환경 캠페인을 이끌고 있는 학생의 모습은 자연스럽다. 하지만 주요 환경 이슈에 대해 전혀 모르고 있다가, 고등학생이 되자 갑자기 초등학생들에게 환경 지킴이 활동을 이끌겠다고 나서는 모습은 아무리 봐도 부자연스럽다. 특히나 해외에 가서 삽자루를 들고 사진이나 찍고 있는 학생들을 보고 있자면 한숨이 나올 지경이다. 이런 학생들의 상당수는 고교 3학년이 되면 자기소개서에 '세계 여러 나라의 친구들과 교감을 하고, 다양성과 봉사정신, 리더십을 함양하기 위해 많은 활동에 참여하였다' 는 자소서 한 줄을 쓰고는 끝이다. 교수님의 질문 하나 받을 수 없다.

따라서 스펙은 작은 것에서 큰 것으로 키워나가되, 하나의 주제와 맥락이 있어야 한다. 하지만 대학가 일각에서는 "스펙이 없어도 열정이 있는 인재라면 취업한다"는 식의 유언비어가 퍼져 있다. 스펙과 스토리, 자기소개서에 대한 개념을 모르고 떠드는 것인 만큼 속아서는 안 된다.

스펙의 구성 요소는?

중고생들의 스펙으로는 독서 경험, 대외 활동, 수상 경력, 봉사활동, 어학 능력 등이 있다. 그 중에서 가장 중요한 것은 독서 경험이라 할 수 있다. 몇 년 전 까지만 하더라도, 독서 경험보다는 대외 활동의 비중이 컸던 것이 사실이다. 2000년대 중반만 하더라도 해외에서 뭔가 해 오면 일단 한 수 접어주는 경향이 없지 않았다. 무용담처럼 들려오는 이야기지만, 대학 교수인 아버지가 자녀를 위해 중국 현지에서 웅변대회를 열어 이를 스펙으로 썼다는 말도 전해진다. 하지만 최근 몇 년 사이 외부 활동에 대해서는 스펙으로 인정하지 않도록 규제하는 강력한 교육부 방침이 있기에 모두 무용지물이 되었다.

수상 경력의 비중 역시 대외 활동의 비중 축소 추세에 휩쓸려, 상대적으로 줄어들고 있다. 이런 경향을 틈타 그 효과가 톡톡히 인정된 것이 바로 독서 노트라 할 수 있겠다. 실제로 몇몇 특목고에서는 독서 경험과 이를 정리한 독서 노트가 수시 모집에서 위력을 발휘했다는 이야기가 심심치 않게 들려온다. 한 외고의 교사는 "평소 국제정치와 국제기구에 관심 갖던 학생에게, 꾸준히 신문의 국제면을 읽히고 자신의 생각을 노트로 정리하게 했다"면서 "3년간 꾸준히 생각을 정리한 노트는 이후 수시 서류 전형(자소서) 및 면접에서 큰 도움이 됐다"고 했다. 그 학생은 서울대 외교학과에 진학했다고 한다.

대외 활동의 경우 진로 학습과 연계되는 방향으로 변해가고 있다. 교육부와 각 시도 교육청에서는 진로 지도 교과 과정을 충실히 이행하기 위한 다양한 지침을 내놓고 있다. 학생들이 공부를 하는 과정 속에서 진로에 대한 고민을 하고, 이를 체험해 보면서 앞으로 자신의 미래를 향해 뛰는 인재가 될 수 있기 때문이다. 필자 역시 서울시교육청에서 주관한 진로박람회에 한국기자협회를 대표해 참가하면서 많은 학생들의 순수한 열정을 느낄 수 있었다.

봉사활동은 꾸준히 하는 것이 기본이다. '티나는 활동'을 한다고 결코 눈여겨보지 않는다. 요즘에는 동남아는 물론이고 탄자니아, 케냐까지 가서 봉사활동 하는 친구들도 있다. 차라리 용산 쪽방촌 가서 혼자 사시는 할머니들 다리 한 번 주물러 드리는게 더 낫겠다. 어학 연수는 토플 만점 수준이 아니면 큰 도움이 되지 않는다. 특히 해외 유학을 준비하는 중고생들의 경우 봉사활동을 더욱 전략적으로 할 필요가 있다. 봉사활동과 자신의 진로 목표, 학습 의지 등의 정합(整合) 여부를 전형과정에서 면밀히 평가하기 때문이다.

스펙의 등급을 매긴다면

『대한민국 20대, 스펙을 높여라』, 『자기소개서 잘 쓰는 법』 등 일련의 스펙 관련 서적을 냈다는 이유로 학부형들에게 자녀의 스펙을 평가해 달라는 이야기를 심심치 않게 듣는다. 때로는 일부 교사(대개 이공계 교과를 전공한 분들)로부터 "아이의 스펙이 잘 드러날 수 있는 자소서 작성을 조언해 달라"는 이야기도 듣는다.

필자가 스펙에 대해 전능한 전문가는 아니지만, 학생들의 진로에 조언을 하는 선배의 입장에서 몇 마디 한다면, 스펙은 크게 3가지 등급(상·중·하)으로 나눠볼 수 있다.

먼저 '하' 등급은 닥치는대로 이런 저런 활동을 모조리 따라다닌 학생들이다. 초등학교 때부터 캠프면 캠프, 과학상자면 과학상자, 해외 교류를 한다면 장구 연주 등 얼굴 팔리는 곳은 무조건 가는 '정치인 스타일 스펙'이다. 하지만 왜 하는지, 무엇을 즐겨하는지, 어떤 대외 활동에 자신이 있는지 등 자신에 대한 고려는 없다. 심지어 이런 학생 중 일부는 중학교에 들어가면 대개 공부해야 한다면서 각종 활동을 끊는다. 그리고는 부모가 대충 만들어 온 가짜 증빙자료만 덩그러니 갖고 있다. 공부를 잘하는 것도 아니고, 이 학원 저 학원 떠돌다가 공부도 중간 수준이다.

'중'급의 스펙은 활동 하나라도 관심을 갖고 꾸준히 하는 것이다. 거창한 활동은 아니지만 하나의 활동에 관심을 갖고 초·중·고를 거치면서 관심을 지속해나간 경우다. 동네 어린이들과 함께 양로원에서 장기자랑을 우연찮게 시작했고, 학생들의 모습을 좋아하는 어르신들에 착안해, 매 분기마다 코미디 쇼를 진행하는 학생의 모습이라면 신선하다. 이런 학생들이 사회복지학과 수시 면접장에서 받는 질문의 질은 나쁘지 않을 것이다. 컬럼비아대 치과대학원을 거의 톱으로 졸업한 조영석 박사의 경우 고교 시절부터 진행했던 병원 봉사활동이 대학, 대학원까지 이어지는 매개가 됐다고 한다. 쉬워 보이는 단순 봉사활동도 '강산이 변한다'는 10년이라는 오랜 기간동안 하기는 어렵기 때문이다.

'상'급으로 꼽을 수 있는 스펙은 자신이 주도적으로 키워온 활동이 주변 사람들에게 전파되는 경우다. 필자가 중앙일보 1면 톱으로 썼던 사당초등학교(당시) 오형지 양 등의 '그린아이즈' 활동이 그랬다. 당시 관악산 등산로에 있는 쓰레기장을 6개월 간의 노력 끝에 깨끗한 공원으로 바꾸고, 이후 지속적인 캠페인과 꽃 심기, 주변 청소 등을 진행했다. 결국 쓰레기장은 '나팔동산'이라는 이름으로 다시 태어났다. 구청에서도 혀를 내두를 정도로 바뀐 모습에 등산객들은 물론, 주변 학생들에게도 귀감이 됐다고 한다. 이런 학생들이 중·고교에 진학하여 환경 문제에 대한 이론적 배경을 쌓고, 더 나아가 우리 집 앞 쓰레기장부터 바꾸는 캠페인을 한다면 어떨까.

외국에서는 학생들의 활동이 지역사회를 바꾸는 계기가 되는 경우가 많다. '나무심기 전도사'로 이름을 날린 독일의 펠릭스 핑크바이너(Felix Finkbeiner, 뮌헨국제학교)의 경우, 그가 지역사회에서 '환경을 위해 나무를 심자'며 시작한 활동이 유럽 전역과 세계 각국의 몇 십만 명에게 나무 심기 서약을 받아내는 활동으로 커지기도 했다.

이 때문에 스펙을 쌓기보다 즐겨야 한다는 이야기가 많다. 자신이 하고 싶은 꿈, 자신이 가고 싶은 학과를 선정한 뒤, 그 타깃에 맞는 스펙과 경력 설계가 필요하다. 의사가 되겠다는 학생이 법무부 법경시대회에서 입상을 하고, 일제 강제 징용 피해자들을 위한 봉사활동을 했다면 그 맥락은 다분히 억지같다는 생각이 든다. 오히려 어릴 때부터 10여 년 동안 병원에서 거동이 불편하신 할머니들께 세수 봉사를 하고, 환자 구호 활동에 참여했다는 이야기가 더 스펙에 도움이 된다.

부모는 어떤 역할을 할 수 있을까

지금까지의 분석을 통해, '억지 춘향이' 식 스펙의 '하' 등급, 학원에서 말장난 조금 친 자소서로는 절대 합격에 도움이 되지 않는다는 결론을 내 볼 수 있다. 부모는 말 그대로 '자기주도 스펙'을 뒷받침해 주는 조력자의 역할을 맡아야 한다. 아이의 관심을 불러 일으키는 스펙 육성이 필요하다.

진로 활동에서는 부모가 맡을 역할이 크다. 일단 자신이 원하는 진로에 대해 체험을 제대로 해 보고, 이를 바탕으로 공부를 심화시키는 과정이 필요하기 때문이다. 가령 파일럿을 꿈꾸는 아이라면, 부모가 지인 파일럿과의 식사 자리라도 한 번 만들고, 관련 외국 서적을 소개해 주는 등의 조력을 해 줄 수 있다. 관련 과목이라 할 수 있는 물리학 등을 꾸준히 학습하고 어학 실력을 기를 수 있도록 도움을 줄 수 있다.

봉사활동에서도 부모는 스파링 파트너의 역할을 할 수 있다. 사실 많은 봉사활동 현장에 가 보면, 부모들은 아이를 차로 실어만 오고 봉사활동에는 참여하지 않는 경우가 많다. 하지만 이는 점수를 위한 봉사에 그칠 수밖에 없다. 가족이 하나가 되어 봉사활동을 여가처럼 해야 그것이 진정성 있고 장기전이 될 수 있다. 필자의 기억에 남는 활동 중에 엄마들과 함께 세제를 쓰지 않는 수세미를 만들어 보급하는 여학생 그룹이 있었다. 이따금씩 수세미를 제작하고, 이를 홍대 등 번화가에서 보급하는 활동이었는데, 학생들이 이런 활동을 시작한 것이 몇 년 되었다고 했다. 엄마는 차 안에서 기다리고, 아이만 활동하고 있으라는 방관적 태도로는 결코 이렇게 할 수 없다. 하지만 독서 노트에 한해서 부모는 보조적 역할에 머무는 것이 올바르다. 자칫 아이의 독서 노트가 산으로 갈 수 있다. 학교에서 독서반 등을 통해 제대로 배우고 정리할 수 있도록 응원만 해주자.

사교육 재테크를 위한 '엄마의 자격', 불혹의 지혜가 절실하다.

가장 최근에 충격으로 다가왔던 것 중에 '초등 1학년 철학반' 이야기가 있다. 한 학원 강사 출신 엄마가 필자의 아버지에게 했던 말이다. "아이가 학교도 들어갔고 하니, 논리력과 사고력, 문장력을 기르는 논술 대비 철학강좌를 시켜야 할 것 같아요." 잘 나가던 강사(과학) 출신 어머니도 이러는데, 아무것도 모르는 초등생 학부형들은 어떨까.

요즘 학원가에는 불경기 때문에 학부모를 '혹하게 만드는' 사람들이 너무나 많다. "나만 따라오면 수학영재가 될 수 있다", "서울대를 수십 명 보낸 선생님이다" 등의 수식어는 기본이다. 하지만 그 누구도 진실을 말하지 않는다. 그렇게 여기저기 혹하다가 아이는 나이만 먹고, 고교에 들어와서 학비가 더 드는 것은 당연지사다. 고3이 되어 허겁지겁 50만원짜리 논술을 보내도 실력이 늘지 않는 것이다.

요즘 신문을 보면 학원의 종말이 오는 것 같기도 하다. 중앙일보 2012년 7월 11일자 1면 톱 기사 '사교육 주름잡던 대치동 학원 권력 20년 만에 추락'이라는 기사를 보면, 요즘 학원가의 고군분투를 한눈에 알 수 있다. 경기가 어려워지고, 절대적인 학생 숫자가 줄어들면서 학원은 어려움을 겪고 있다. 이 불황을 타개하기 위해 있는 학생들에게 최대한의 수익을 내기 위한 시도가 늘어나고 있다.

하지만 이는 일시적이다. 경기는 반드시 다시 부양되게 마련이며, 수능도 EBS에서만 출제하면서 변별력을 갖추기도 어려워졌다. 수능이 어려우면 어려운대로 '고난도 문제'에 대비한 과외가 성행하고, 쉬우면 쉬운대로 '막판 뒤집기'를 위한 학원 강좌가 생겨나는 것이 학원의 생리다.

학원 경기가 어려울 때는 어려운대로 돈을 거둬들이려는 학원들에 놀아나고, 학원 경기가 좋을 때는 사교육 광풍에 휩쓸리는 것이 오늘날 초중고 학부형들의 모습이라 할 수 있겠다.

사교육을 잘 시키기 위한 엄마의 자격은 무엇일까. 바로 불혹(不惑)의 지혜라 할 수 있겠다. 불혹은 세상 일에 정신을 빼앗겨 판단을 흐리는 일이 없다는 뜻으로 40세를 지칭하는 말이기도 하다. 하지만 오늘날 한국의 40대 학부형들은 불혹이 아니라 매일 혹하는게 현실이다. 영어학원 원장이 한마디 하면 여기로 혹하고, 수학학원 강사가 다른 말을 하면 귀가 또 저쪽으로 팔랑거린다. 이리저리 왔다갔다하는 엄마의 마음은 물론이고, 교육 정책까지 요동친다. 물론 사교육의 기본기, 실력 배양 방식과 커리큘럼의 뼈대는 같지만, 평가 도구는 변화무쌍하다. 그 와중에 우리 아이만 여기저기 휘둘리고, 다른 아이들은 뚝심있게 공부해서 좋은 대학에 가게 된다. 따라서 엄마 스스로가 자녀의 사교육에서 중심을 잡고 가는 것이 무엇보다 중요하다.

자녀를 위한 '스케줄표'를 마음속에 품고 있는 것 역시 중요하다. 자녀가 국·영·수·사·과 등 주요 과목에서 어떤 단원을 공부하고 있는지 알고 있는가? 교재 이름은 무엇이고, 자녀가 어떤 점을 어려워하는가? 자녀가 어려워하는 점에 대해 학원 강사는 대안을 제시하고 있는가? 끊임없이 반문하는 태도가 필요하다. "내가 조금 피곤하면 자녀가 조금 더 좋은 대학에 간다"는 생각을 해야 한다.

이렇게 이야기하고 보니, 대한민국에서 엄마 노릇하기 참 어렵다. 맞벌이 하느라 학교에 시험감독 갈 시간도 부족한 엄마가 무슨 아이 공부 내용을 관리하고, 어떤 단원을 공부하는지 체크하며, 논술·면접·영단어 등에서 역할을 해야 한다니 말이 되느냐고 불평하는 독자도 있을 것이다. 하지만 어쩔 수 없다. 스마트폰 등 문명의 이기를 최대한 활용해 전업맘들이 하는 것 이상의 효과를 내야 한다. 그것이 숙명이다. 직장맘들이 학교 다닐 때 고생하던 것을 생각해 보라. 그것보다 지금 자녀 공부 관리하는 것이 어려운가? 귀찮은 것은 아닌가? 무작정 학원에 보내놓고 엄마는 나몰라라 하는 것이 뒷바라지라면, 오늘날 모든 어머니는 자녀를 서울대 의대에 보냈어야 할 것이다.

이 책은 무작정 학원에 보내놨다가 '함정' 때문에 낭패를 보고 자녀가 고교에 진학한 뒤 많은 돈을 지불하면서 새롭게 가르치는 '봉 학부형'들을 위한 발칙한 지침서로 기획되었다. 이 때문에 분량의 상당 부분을 학원에서 어떤 식으로 마케팅하고, 여기에 학부형들이 어떻게 '낚이는지' 설명하는데 할애하였다. 그 다음에는 학원비를 싸게 들이면서 공부를 제대로 가르칠 수 있는 방법을 서술했다. 끝 부분은 자녀의 학습 효과를 배가시킬 수 있는 소위 '관리법'에 대해서 서술했다. 이해가 가지 않거나, 필자의 의견에 동의할 수 없는 부분도 있겠지만, 천천히 읽어본다면 각 가정마다 저마다의 사교육 비법을 만들어 낼 수 있을 것이다.

학원을 피할 수는 없다. 그렇다면 즐기고 최대한 활용해야 한다. 가장 싸게 제대로 가르칠 방법을 끊임없이 궁리하고, 또 고민해야 한다. 엄마가 정보를 많이 찾아볼수록, 자녀가 듣는 학원 강의의 효과를 키울 수 있다. "엄마의 부족한 정보력 때문에 아이를 망친다"는 이야기가 있는데 이 역시 걸러서 들어야 한다. 부족한 정보력의 엄마가 학원장의 말을 현명하게 들으면 사교육비도 줄일 수 있고 아이가 공부를 잘할 수 있지만, 정보에 관심 자체가 없는 엄마는 그 어떤 사교육을 시켜도 아이에게 양질의 사교육을 시킬 수는 없다. 그래서 부모의 관심이 필요한 것이다.

1년간 씨름하던 책이 드디어 끝났다. 학원 운영의 노하우와 치부 모두를 보여주는 동시에, 그간의 역사와 단절을 해야 하는 과정이 고통스러웠다. 하지만 욕 먹을 각오로 독자에게 도움이 되는 책을 쓰자는 생각 하나로 버텼다. 이 책은 단지 책을 한 권 내는 것으로 끝나지 않는다. 사교육을 어떻게 하면 더 싸고 쉽게, 효과적으로 할 수 있는지, 자녀의 공부법을 어떻게 코칭할지 등 공부에 관한 모든 질문을 환영한다. cbssuk@hanmail.net으로 메일을 보내주기 바란다.

우리 모두 스마트하고 현명하게 사교육을 시키자. 돈 적게 들이고도 자녀를 명문대에 보낼 수 있다면 사교육의 목적은 달성된 것이라 볼 수 있다. 독자 여러분 모두 '사교육의 함정'에서 벗어나기를 기원한다.

서울 목동에서
2012년 10월
이현택